科特迪瓦阿比让港口扩建项目技术与管理论文集

Papers on Technology and Management
of Abidjan Port Expansion Project

主编　陈汨梨　杨 涛

中国港湾工程有限责任公司
CHINA HARBOUR ENGINEERING COMPANY LTD.

河海大学出版社
HOHAI UNIVERSITY PRESS
·南京·

图书在版编目(CIP)数据

科特迪瓦阿比让港口扩建项目技术与管理论文集 /
陈汨梨,杨涛主编. -- 南京:河海大学出版社,2022.8
ISBN 978-7-5630-7476-1

Ⅰ. ①科… Ⅱ. ①陈… ②杨… Ⅲ. ①港口建设—技术管理—科特迪瓦—文集 Ⅳ. ①U65-53

中国版本图书馆 CIP 数据核字(2022)第 031898 号

书　　名	科特迪瓦阿比让港口扩建项目技术与管理论文集 KETEDIWA ABIRANG GANGKOU KUOJIAN XIANGMU JISHU YU GUANLI LUNWENJI
书　　号	ISBN 978-7-5630-7476-1
责任编辑	王　敏
责任校对	吴　淼
封面设计	徐娟娟
出版发行	河海大学出版社
地　　址	南京市西康路 1 号(邮编:210098)
电　　话	(025)83737852(总编室)　(025)83722833(营销部)
经　　销	江苏省新华发行集团有限公司
排　　版	南京布克文化发展有限公司
印　　刷	南京迅驰彩色印刷有限公司
开　　本	787 毫米×1092 毫米　1/16
印　　张	18.25
字　　数	433 千字
版　　次	2022 年 8 月第 1 版
印　　次	2022 年 8 月第 1 次印刷
定　　价	240.00 元

目录
CONTENTS

港口施工

胸墙裂缝开展机制及控制措施 …………………………………………………… 003
深水大厚度换填砂加固地基在重力式码头中的应用 …………………………… 015
码头基槽深水深层无填料振冲施工技术研究 …………………………………… 023
非对称异型沉箱浮游稳定计算 …………………………………………………… 028
长周期波影响的河口防波堤施工技术 …………………………………………… 036
复杂水文条件下防波堤拆除与重建施工技术 …………………………………… 044
河口无掩护旧堤水下大块石安全拆除工艺研究 ………………………………… 049
混凝土表面色差形成的原因分析及控制措施研究 ……………………………… 053
模板制作工艺优化在 Core-loc 块体预制中的应用 ……………………………… 058
阿比让港口扩建项目沉箱重力式码头沉降位移观测与分析 …………………… 066
无填料振冲密实法在码头深基槽工程中的应用 ………………………………… 073
科特迪瓦某重力式码头胸墙开裂原因分析及裂缝控制对策 …………………… 079

疏浚施工技术

"V 型探槽"管线探测工艺在弗里迪运河底不明管线探测中的应用 ………… 091
深水域水下摄像工艺在海床表面物探中的应用 ………………………………… 103
阿比让港口扩建项目 1 号取砂区开挖坡比稳定性研究 ………………………… 109
多船型、多工艺吹填造陆施工技术 ……………………………………………… 114
跨沉箱虹喷工艺在阿比让港吹填工程中的应用 ………………………………… 118
泥驳直抛砂垫层施工工艺及其平整度提高措施的研究与应用 ………………… 123
浅谈抓斗船淤泥开挖质量控制 …………………………………………………… 126
航道疏浚中水下不明管线探测方法研究与应用 ………………………………… 133

水下地形测量误差分析及对策探究 …………………………………………… 141
RTK 定位测量的误差分析及提高精度的关键探究 …………………………… 144

安全管理

提升建筑安全生产管理水平的措施 …………………………………………… 149
安全系统工程在项目安全文化建设中的研究 ………………………………… 152
海外疏浚吹填工程中 OHSAS、SMS 双体系的具体应用 …………………… 156
大型非自航疏浚船舶复杂条件下靠泊补给的安全管理 ……………………… 160
提升航道疏浚施工中根源式安全隐患排查水平的措施 ……………………… 164
抓斗船在封航施工中的安全管控措施 ………………………………………… 168
自航挖泥船在狭水道施工的安全管控 ………………………………………… 172
浅谈如何打破安全管理之"墨菲定律" ……………………………………… 176
浅谈通航水域沉管的安全技术管理 …………………………………………… 180

综合管理

质量管理体系在阿比让港口扩建项目中的应用 ……………………………… 187
国际工程管理中的若干风险评估及应对策略 ………………………………… 191
提升疏浚吹填工程技术管理工作的有效途径 ………………………………… 195
平台公司海外大型 EPC 项目质量管理实践 ………………………………… 199
项目测绘队建设与管理的具体措施 …………………………………………… 205
条码技术在海外建设项目仓储管理中的应用 ………………………………… 210
国际工程项目工效降低索赔案例分析 ………………………………………… 214
海外项目施工船舶通航协调沟通机制研究 …………………………………… 219
如何在项目管理上落实 ISO9001 质量管理体系要求 ……………………… 224
海外项目工程质量管理浅析 …………………………………………………… 229
第三方物流服务在海外扩建项目中的具体应用 ……………………………… 233
关于非自航 200 m³ 抓斗船"东祥"海上拖航调遣的总结 ………………… 237
构建海外专业人才培养新模式——以科特迪瓦项目部人才培养工作为例 … 242
浅谈船舶柴油机主要机械故障诊断和排除 …………………………………… 246

设计技术

阿比让港工程地质条件及特殊地质条件成因分析 ………………………………… 253
阿比让港软弱地质条件下不同勘探方法对比研究 ………………………………… 258
重力式码头抛石基床倒坡预留研究 ………………………………………………… 266
重力式码头前护底防螺旋桨冲刷计算方法 ………………………………………… 273
中欧规范关于重力式码头地基承载力计算方法的对比 …………………………… 277

港口施工

胸墙裂缝开展机制及控制措施

陈汨梨[1]，杨彦豪[1,2,3]，迟永利[1]

(1. 中国港湾西部非洲区域公司，科特迪瓦阿比让 06BP6687；2. 中交四航工程研究院有限公司，广东广州 510230；3. 中交交通基础工程环保与安全重点实验室，广东广州 510230)

摘 要：针对阿比让港口扩建项目胸墙浇筑后产生裂缝的问题，进行了统计分析和深入研究，发现裂缝具有"一再从中部开裂"的特征。通过对胸墙内部温度监测以及收缩应力分析寻找减少该类裂缝的途径，发现降低水化热温差和收缩温差可以减少裂缝。现场采用一系列试验，最终得到了较为理想的裂缝控制措施，即换用低水化热的矿渣水泥并加强养护。通过这些有针对性的举措，最终有效地控制了裂缝的产生。本文指出了胸墙温度收缩裂缝的开展规律，并给出了相应的控制裂缝措施，为后续类似工程裂缝控制提供重要的参考。

关键词：胸墙裂缝；控裂；温度监测；矿渣水泥

1 概述

1.1 工程概况

阿比让港口扩建项目是科特迪瓦近年来最大的项目，也是中国港湾在该国乃至西非市场非常重要的项目，具有重大的政治、经济和社会影响力。本项目中新建码头为重力式沉箱结构，上部为现浇混凝土胸墙，混凝土强度为 C40。胸墙尺寸为 19.41 m×4.90 m×2.80 m，属于典型的大体积混凝土。国内外类似项目显示[1-6]，大体积混凝土极易产生裂缝，尤其是近年来混凝土强度等级不断提高，这种现场更加普遍。裂缝问题是工程中普遍存在的一个施工难题，而且一直以来未得到很好的解决。

1.2 裂缝控制原则

裂缝宽度和深度超过一定程度后不仅影响美观，还将会降低设施的使用功能与耐久性，严重时还会引起建筑物的破坏。但并非所有的裂缝都会对胸墙产生不利影响，相关规范[7]给出了水运工程大体积混凝土裂缝宽度限值，如表 1 所示。

表 1 大体积混凝土结构最大裂缝宽度限值

单位：mm

环境类别	淡水环境			海水环境			
	水上区	水位变动区	水下区	大气区	浪溅区	水位变动区	水下区
裂缝宽度限值	0.25	0.30	0.40	0.20	0.20	0.25	0.3

对于裂缝的控制并不是完全杜绝任何裂缝的产生，而是将其控制在规范要求范围

内。因此，大体积混凝土施工应在合理的前期策划前提下，不断优化施工过程、改进施工工艺，以不断改进胸墙浇筑质量。

1.3 裂缝分类

码头胸墙裂缝有多种形式，可划分为龟裂、横向裂缝、纵向裂缝、斜向与交叉裂缝；按深度也可划分为表面裂缝与贯穿裂缝[2]。引起裂缝产生的原因主要有：①地基不均匀沉降；②混凝土内外温差；③混凝土干缩；④自生收缩变形；⑤塑性收缩[3-4]等。

2 胸墙裂缝情况

2.1 工程概况

胸墙所采用的混凝土强度等级为C40，利用溜槽和吊罐进行浇筑，每段混凝土浇筑方量为250 m³左右。采用P·O 42.5水泥、Ⅰ级粉煤灰、泻湖砂＋机制砂、5～40 mm级配碎石以及聚羧酸减水剂配制。配比如表2所示，出机坍落度为82 mm，30 min后坍落度为80 mm。初凝时间3 h，终凝时间4 h。

表2 胸墙混凝土配合比

单位：kg/m³

水泥 P·O 42.5	细集料		粗集料			外加剂	粉煤灰	水
	机制砂	泻湖砂	5～10 mm	10～20 mm	20～40 mm			
331	492	211	138	321	688	2.69	83	153

胸墙结构示意图如图1所示。

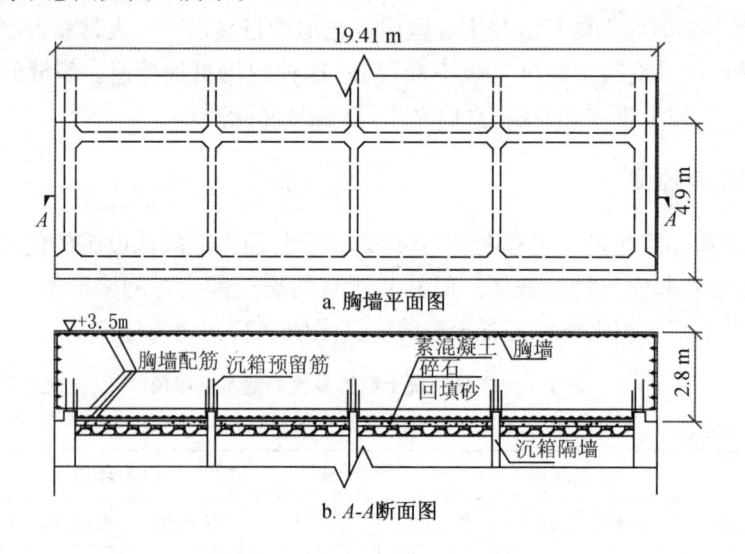

图1 胸墙平面及断面示意图

胸墙采用一次性浇筑，收面时刮除表面浮浆。顶面混凝土初凝前进行二次振捣并采用多次抹面，以减小混凝土内部微裂缝，提高混凝土的抗裂性。浇筑完成后采用土工布覆盖,并洒水养护14 d以上。

2.2 裂缝描述

胸墙浇筑3 d后拆除模板,拆模后发现胸墙上存在裂缝,其中后沿竖墙居多,属于竖向裂缝,大部分从顶部延续至底部。对后沿竖墙上裂缝位置及宽度 d(单位:mm)进行统计后绘制于图2中。

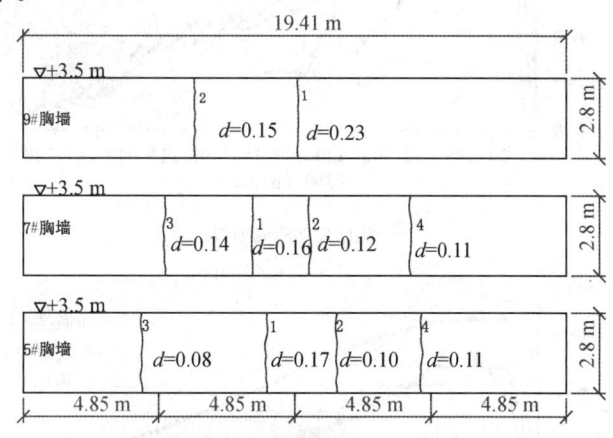

图2 胸墙后沿竖墙裂缝分布

从图2中可以看出,裂缝垂直于胸墙长度方向,为竖向直裂缝[8]。裂缝宽度较小,大部分均小于0.2 mm。每段胸墙1/2附近均存在裂缝,且裂缝宽度相对较大;1/4和3/4附近也会出现裂缝,但是缝宽较小。裂缝出现的时间并不一致,以图2中9#胸墙为例,裂缝1在拆模后即出现,但最初裂缝约为0.12 mm,两个月后裂缝变为0.23 mm;裂缝2最初并未贯通,3周后逐渐贯通至底部。其他胸墙也是1/2附近的裂缝发展较早,1/4和3/4附近发展相对较晚。

这种裂缝出现时间较早,并且每条裂缝长度沿竖向延伸至整个结构外表面,对结构的外观及耐久性有一定影响,此类裂缝为本文重点研究对象。

3 裂缝产生原因分析

3.1 温度监测

胸墙浇筑前在胸墙的中间截面位置,由上到下埋设3个温度传感器,下部传感器距离底部10 cm,中间传感器位于胸墙的正中间,上部传感器距离顶部10 cm。胸墙浇筑后每隔1 h自动采集1次内部温度,图3为温度变化与时间的关系曲线。

从图3可以看出胸墙浇筑后24 h内温度即达到最高峰,中心温升最大为59.9 ℃(混凝土入模前温度约为30 ℃),最高温度达到89.9 ℃。顶部由于外界影响,温度呈现周期性升高与降低趋势,该处温度下降相对较快,一周后基本达到自然温度;而胸墙中心和底部温度变化较慢,经过两周仍然无法与外界温度持平。

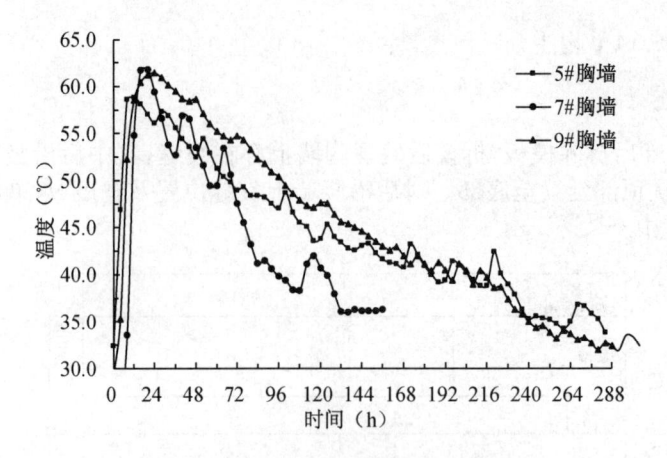

(a) 胸墙顶部测温曲线

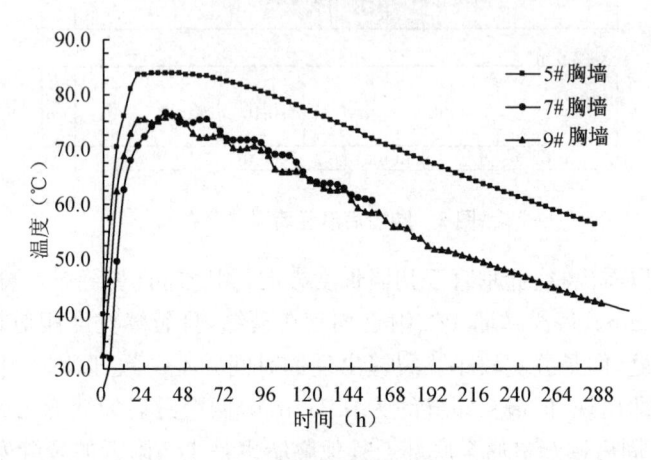

(b) 胸墙中心测温曲线

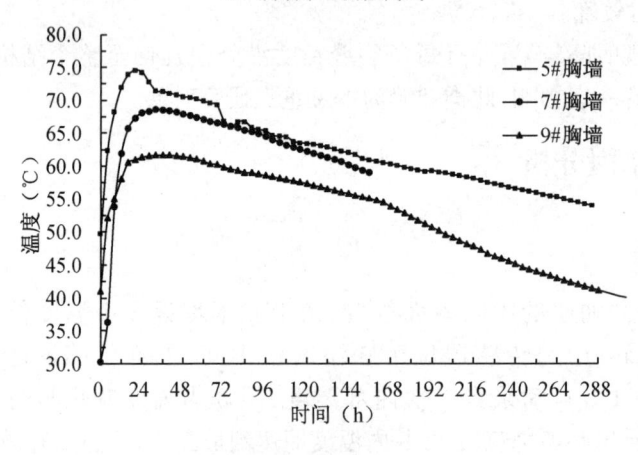

(c) 胸墙底部测温曲线

图 3　胸墙内部温度与时间变化曲线

《水运工程大体积混凝土温度裂缝控制技术规程》[7](以下简称《规程》)规定,混凝土内部温度不应高于 70 ℃,并且降温速率不宜大于 2 ℃/d。但是从测温曲线中可以看出,胸墙浇筑后温度上升很快,一天之内最高温度即达到了 70 ℃以上,5♯胸墙最高温度甚至达到了 89.9 ℃,3 个胸墙最高温度均持续 2 d 以上;胸墙底部和中心温度下降速率基本小于 2 ℃/d,但是顶部温度下降速率均大于 2 ℃/d,其中 5♯胸墙顶部温度下降最快,达到了 4.42 ℃/d。

上述温度测量显示 5♯胸墙内部温度最高,超过规范要求达 20 ℃;并且温度下降速率最快,达到规范要求的 2.5 倍。结合图 2 裂缝分布图可知,5♯胸墙裂缝发展最多,这说明胸墙内部温度及下降速率对于裂缝发展影响较大。同时,也证明图 2 中显示的裂缝是由于混凝土内部温度过高引起的。

3.2 裂缝发展机制

混凝土初凝时内部水泥即发生水化反应,从而放出热量使胸墙内部温度升高,在温度应力的作用下胸墙内部产生压应力并向外膨胀;当温度逐渐下降时,混凝土将开始收缩。但是从图 1 中可知,胸墙位于下部沉箱上,并且被沉箱顶部隔墙以及预留钢筋约束,这种约束将极大地限制混凝土的收缩,由于这种约束胸墙混凝土收缩时将产生拉应力。混凝土抗拉强度远小于抗压强度,当内外温差过大时,产生的拉应力可能超过混凝土抗拉强度,此时胸墙就会有裂缝产生。

本工程胸墙高长比为 2.8/19.41＝0.144＜0.2,王铁梦[8]针对此类高长比小于 0.2 的混凝土结构裂缝进行了研究,认为远离端部靠近中部区域全截面受力较均匀(均匀受拉或受压),因此假定远离端部的横截面内应力相等,采用弹性理论给出了内部最大应力公式:

$$\sigma_{\max} = -E\alpha T\left[1-\frac{1}{\cosh\left(\beta\frac{L}{2}\right)}\right]H(t,\tau)\leqslant \sigma' \quad (1)$$

其中:$\sigma_{\max}$ 为混凝土结构内部最大应力,正值表示压应力,反之表示拉应力;

E 为混凝土的弹性模量;α 为热膨胀系数;

T 为温差,包括三部分:水化热温差 T_1、气温差 T_2 和收缩温差 T_3,正值表示混凝土升温,反之为降温;

其中 $T_3 = \dfrac{\varepsilon_y}{\alpha}$,($\varepsilon_y$ 为收缩变形,α 为 10^{-5});

$\beta = \sqrt{\dfrac{C_x}{hE}}$,$C_x$ 为基础阻尼系数,h 为混凝土结构高度;

$H(t,\tau)$ 为应力松弛系数;

σ' 为混凝土的极限强度,当结构受拉(压)时,为极限抗拉(压)强度。

当水化热温差、气温差和收缩温差之和为正值时,T 为正,$\sigma_{\max}$ 为负,即引起压应力;当水化热温差、气温差和收缩温差之和为负值时,T 为负,$\sigma_{\max}$ 为正,即为拉应力。胸墙内部拉应力分布如图 4 所示。

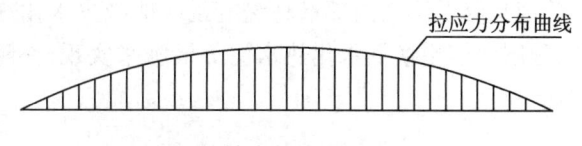

图 4　胸墙内部拉应力分布曲线

从图4可以看出，T 大于零时内部拉应力呈对称分布，其中胸墙中部截面的拉应力最大。当其拉应力达到混凝土的极限抗拉应力时，将在中部出现第一条裂缝，此时胸墙分为两段。由于中间裂缝的影响，一分为二的胸墙内部拉应力将重分布，每段的拉应力分布与图4相似，如图5所示。

图5 出现第一条裂缝后拉应力分布图

当图5中每半段胸墙内部拉应力达到混凝土的极限抗拉应力时，则又会在中间出现1条裂缝，每半段胸墙又被一分为二。此时，胸墙被3条裂缝分成4段。如此持续下去，直到胸墙内部最大拉应力小于极限抗拉应力，此时裂缝将不再增加。这种裂缝开展非常有规律，总是"一再从中部开裂"。

实际工程中，由于混凝土内部结构并不均匀，存在微观裂缝情况。当拉应力接近极限抗拉应力时，裂缝可能沿着内部薄弱的微观裂缝开展，因此裂缝可能出现在结构中部附近而非正中间。这种规律与前述本项目观察到裂缝开展情况基本一致：图2中其中9#胸墙裂缝1在胸墙的1/2处，裂缝2在其1/4附近；7#胸墙裂缝1和2在1/2附近，缝3和4分别在1/4和3/4附近；5#胸墙裂缝与7#基本相同。

4 控制裂缝措施

通过3.2节分析可知，温差 T 受3个因素影响：水化热、气温和混凝土收缩。胸墙内部温度监测显示，胸墙内部升温过高、过快，水泥水化热较大，但是胸墙底部的沉箱约束处于潮位变动区，其温度上升并不大，因此水化热温差 T_1 较大；由于施工地处在赤道附近，年平均气温 26~28 ℃，昼夜温差 10 ℃ 左右，因此气温差 T_2 不大；对于收缩温差 T_3，其值与用水量和水泥用量有关，用水量和水泥用量越高，混凝土收缩越大。

本项目胸墙出现的裂缝满足从中部有序开裂的规律，因此可以从公式(1)中寻找减少或避免裂缝的有效措施。

从公式(1)中可以得到，减小胸墙浇筑长度 L 以及降低温差 T 均可以减小最大拉应力。从减小胸墙浇筑长度来看，只要浇筑长度小于某一定值，其内部最大拉应力不超过混凝土的极限抗拉应力，胸墙就不会开裂。从开裂结果看，裂缝仅能够使胸墙裂成4段，可以推测这种浇筑工艺条件下，如果浇筑长度仅为1/4的胸墙长度，就不会产生裂缝。但是，考虑到内部配有钢筋，分4段浇筑不仅需要图纸变更所需周期较长，而且浇筑工作量也将大大增加，影响项目工期。因此，本项目不采用分段浇筑方式。

减小温差 T 可以有效减少裂缝产生，由于受到当地气候条件限制，本项目主要通过降低水化热温差 T_1 和收缩温差 T_3 来实现减小 T。

降低水化热温差关键是降低胸墙内部最高温度延缓或减少水化热释放，可以通过添加缓凝型高效减水剂、分层浇筑更换低水化热水泥等措施来实现；而降低收缩温差 T_3 主要通过加强养护来实现。

4.1 添加缓凝型减水剂

从 3.1 节图 3 可知,普通硅酸盐水泥添加一般型减水剂时,胸墙浇筑后 24 h 内温度即达到最高峰。混凝土试块标准养护条件下的抗压强度增长很快,图 6 为 9♯胸墙的强度发展曲线:

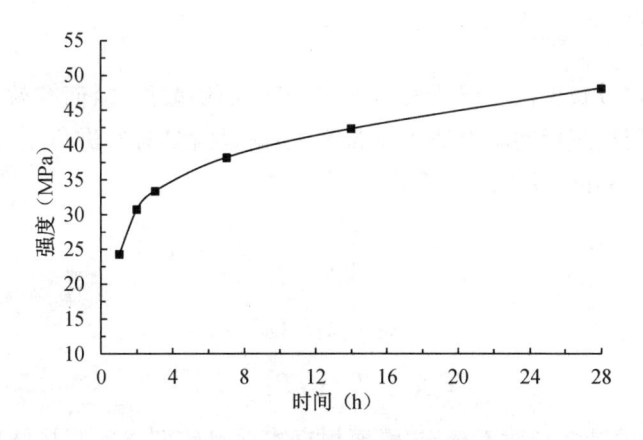

图 6 9♯胸墙强度增长曲线

从图中可以看出,9♯胸墙 3 d 的强度即达到了 30 MPa 以上,为目标强度的 75%。这说明水泥的水化反应过快,强度增长过早,这是导致胸墙内部温度较高的直接原因。

为了使热量缓慢释放从而降低温度,换用缓凝型高效减水剂代替一般型减水剂。通过现场试配,确定最佳掺量为 0.8%,采用这种混凝土进行了 13♯胸墙浇筑。

浇筑过程中发现添加缓凝型高效减水剂的混凝土虽然其坍落度满足施工要求,但是其黏性较大,流动性小,这对于现场施工带来诸多不便;此外,振捣时混凝土粗细粒料极容易离析,石子很快沉入下部,上层浮浆较多,面层产生龟裂的可能性增大。

浇筑完成后对内部温度进行测量,中心温度随时间变化曲线如图 7 所示。

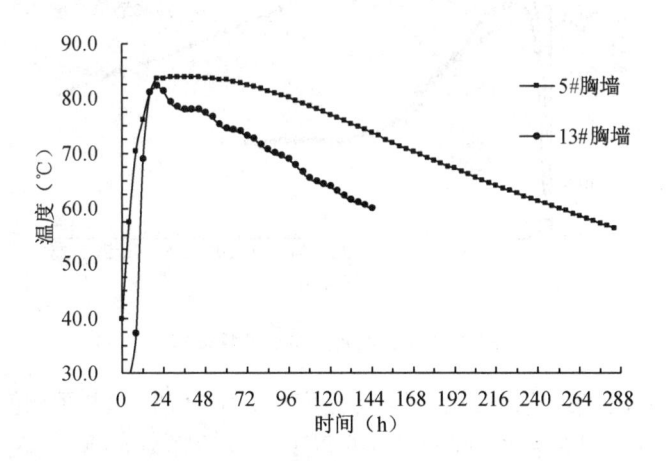

图 7 13♯胸墙中心温度曲线

从图 7 中可以看出，相比于 5♯胸墙而言，13♯胸墙在浇筑初期中心温度上升缓慢；然而，一定时间以后，内部温度快速升高并且超过了 80 ℃。这说明缓凝型高效减水剂可以有效延缓混凝土的早期水化，但是这种缓凝作用并不能长期持续，也无法达到预期的使水泥缓慢水化放热的效果。

鉴于该措施的降温效果一般，并且混凝土的工作性较差，因此后续不再采用该方法。

4.2 分层浇筑

分层浇筑既可以减少每一层总放热量，又可以加快散热，从而有效降低胸墙内部温度。为了预测分层浇筑后胸墙内部最高温度，根据《规程》对其进行了计算。下式为《规程》中混凝土绝热温升以及内部最高温度计算公式：

$$T(t) = \frac{WQ}{Cp}(1 - e^{-mt}) \tag{2}$$

$$Q = k_1 k_2 Q_0 \tag{3}$$

$$T_{\max} = T_p + \varepsilon T_a - T_{co} \tag{4}$$

由于《规程》中诸多参数不确定，需要根据本项目前期温度测量结果对参数进行拟合，进而利用该参数预测后续温度。基于该思路，首先利用已有温度监测数据反算出本项目所用的水泥水化热总量 Q_0，结果显示该值是国内常规经验值的 1.48 倍，这在一定程度上也说明本项目混凝土早期强度过高的原因。采用该参数预测得到的最高温度为 70.76 ℃，相比于不分层，温度下降 10 ℃左右。基于该计算结果采用分层浇筑方法对 8♯胸墙进行了施工，两层间隔时间为 4 d。

各层内部温度监测结果如图 8 所示。

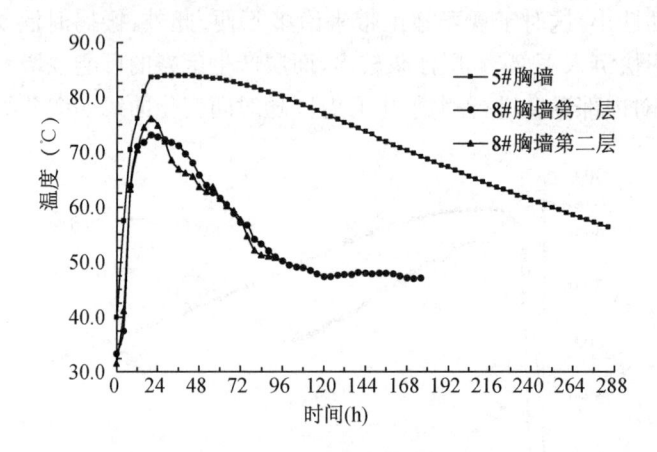

图 8　8♯胸墙各层中心温度曲线

从图 8 可以看出，第一层浇筑后其内部温度最高仅为 73 ℃，与预测值十分接近，并且温度下降速度较快，2 d 后温度即降至 70 ℃以下，4 d 后降为 55 ℃。第二层内部温度最高为 75.8 ℃，较第一层高，这可能是因为下部混凝土温度还未降至常温，影响了第二层散热。第二层温度下降速率与第一层类似，均比 5♯胸墙下降快得多。

8#胸墙裂缝开展情况如图9所示。

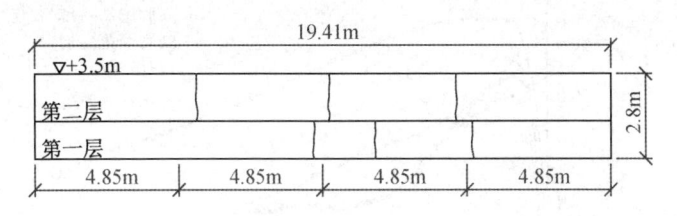

图9 8#胸墙后沿竖墙裂缝分布

从图9中可以看出,该段胸墙裂缝较5#和7#少,但是每层仍然各有3条裂缝开展。并且裂缝发展基本符合"一再从中部开裂"的规律,属于温度引起的裂缝。这可能是由以下原因导致:1)内部温度超过了70 ℃,仍然过高;2)从公式(1)可知,其他条件不变,仅厚度 H 减小时,应力将增大。因此,分层后每一层的厚度减小,虽然温度相对降低了,但其内部应力可能增大,裂缝难以避免。

综上可知,虽然分层浇筑可以在一定程度上降低胸墙内部的最高温度,但是降温能力有限,并且由于层厚减小,内部应力变大,这都无法有效减小裂缝的开展。此外,分层浇筑后增加了工作量,对项目工期有所影响。鉴于此,未进一步采用该方法。

4.3 换用矿渣水泥

胸墙浇筑所采用的普通硅酸盐水泥,由于受到当地生产工艺限制,其水化热过高,反应过快,这导致胸墙内部温度快速升高到70 ℃以上,并且长期保持高温水平。

为了从根本上降低胸墙内部温度,必须换用低水化热水泥,并重新配置混凝土。在与水泥厂家进行多次沟通后,决定采用矿渣水泥进行试配。配合比如表3所示,出机坍落度为95 mm,30 min后坍落度为90 mm,初凝时间4 h,终凝时间5 h。

表3 矿渣混凝土配合比

单位:kg/m³

水泥 P·S 42.5	细集料 机制砂	细集料 泻湖砂	粗集料 5~10 mm	粗集料 10~20 mm	粗集料 20~40 mm	外加剂	水
410	490	210	137	320	685	3.28	164

采用该配合比的混凝土进行15#胸墙浇筑,浇筑后对其内部温度、强度变化以及裂缝情况进行了监控。

1) 温度监控

温度监控显示,15#胸墙内部最高温度为69.1 ℃,低于《规程》规定的70 ℃,比普通硅酸盐水泥最高温度下降20 ℃左右,其温度变化曲线如图10所示。

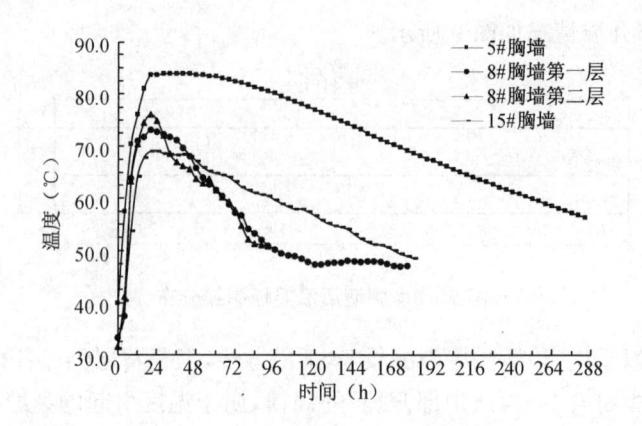

图10 15♯胸墙中心温度曲线

2) 混凝土强度

对15♯胸墙所用的混凝土取样并标准养护后,给出其强度变化曲线,如图11所示。从图中可以看出,相比于9♯胸墙而言,本段胸墙的前3 d强度小得多;随时间发展,两种混凝土强度基本持平。这说明矿渣水泥配置的混凝土水化反应较慢,早期强度增长也较缓,水泥的水化反应速度较为缓慢。

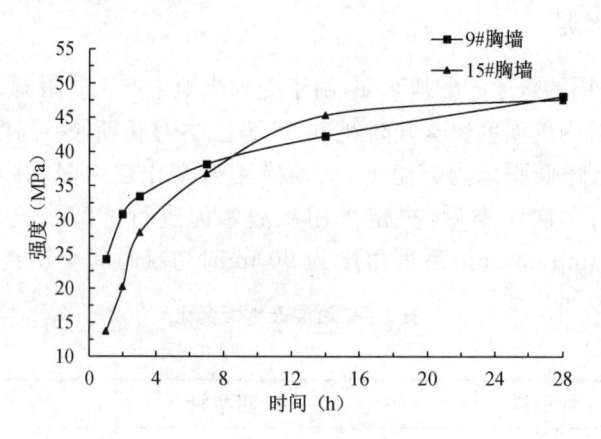

图11 15♯胸墙强度曲线

3) 裂缝开展情况

浇筑完成两周后对裂缝情况进行排查,并将其绘制于图12中。

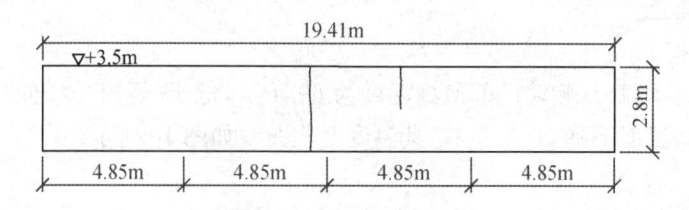

图12 15♯胸墙后沿竖墙裂缝分布

可以看出本段胸墙裂缝较少,仅有一条完整裂缝,另外一条长度较短。这说明由于矿渣水泥水化热较低,并且水化反应较慢,胸墙内部温度得到有效控制后,裂缝也在一定程度上有所减少。采用矿渣水泥在不增加其他成本条件下,可以有效地减少胸墙裂缝,因此后续采用该方法施工。但是,胸墙裂缝很难避免,只能采取各种措施最大程度上减少其出现。

4.4 其他措施

(1) 加强养护

如果胸墙浇筑在白天进行,收面时采用遮阳棚遮挡,避免太阳直射造成混凝土表层水分蒸发过快形成干缩裂缝。前期收面结束后采用土工布覆盖并洒水养护 14 d,但是由于养护工作量大,养护人员无法确保胸墙顶部以及侧面一直处于有水状态;此外,由于土工布仅遮盖在胸墙上,四周土工布自然悬挂无法贴紧胸墙,因此胸墙四周经常处于干燥状态。故对该养护方法进行了改进,顶部采用土工布和薄膜,薄膜下土工布上方布设针刺小孔的塑料软管通水养护。同时,四周用细绳将土工布与薄膜紧固在胸墙上,确保湿润的土工布紧贴胸墙侧面。这种养护方式不仅可以有效减少干缩裂缝,还起到保温保水作用,减小内外温差,使温度下降不至于过快,从而减少本项目出现的贯通裂缝。

(2) 内部布设冷却水管

为了降低胸墙内部温度,对各段胸墙内部铺设两层冷却水管。并且对比分析了塑料水管和金属管对于降温的效果,结果显示:相同条件下,内部铺设金属管的胸墙通水后,出水口水温比入水口处升高 5.6 ℃,而采用塑料管作为冷却水管时,其温度仅升高 2 ℃ 左右。可见塑料管由于其导热性较差,带走的热量有限,降温效果较差。因此,后续全部采用金属管作为胸墙内部的冷却管。

(3) 胸墙顶面切缝

由前述分析可知,胸墙裂缝基本出现在 1/2、1/4 和 3/4 的位置,因此在该位置切缝,以引导裂缝发展。当胸墙顶面强度达到 10~15 MPa 时(1 d 后),采用混凝土切缝机切 3 条缝,以将胸墙均匀分为 4 份。切缝宽度为 5 mm,深度不大于 30 mm。

4.5 裂缝控制效果

通过前述措施发现,添加缓凝型减水剂和分层浇筑并不能减少水泥水化热释放以降低胸墙内部温度,从而无法降低水化温差。由于矿渣水泥自身水化热较低、水化反应速度相对较慢,因此可以有效降低水化温度,从而减少裂缝产生。胸墙浇筑完成后加强养护,可以减小混凝土收缩,从而减小收缩温差。本项目后续采用矿渣水泥,同时加强养护并在胸墙内部铺设双层冷却水管,结果显示胸墙裂缝得到了有效的控制。

5 结论

(1) 通过对本项目胸墙产生的裂缝进行深入研究,发现其具有"一再从中部开裂"的特征。结合这一特点给出了胸墙内部最大应力公式,从中寻找减少裂缝的方法,即降低水化热温差和收缩温差。

(2) 采取添加缓凝型减水剂、分层浇筑以及更换矿渣水泥的方法,进行了 3 段胸墙浇筑,通过监控内部最高温、强度发展以及裂缝开展情况,分别对 3 种措施的效果进行了评估。

（3）添加缓凝型减水剂后，混凝土虽然在几个小时内温度上升缓慢，但是后续温度依然快速上升，该措施无法起到使水泥缓慢放热的效果；分层浇筑虽然可以在一定程度上降低每层胸墙内部的最高温，但是由于其厚度变薄，内部应力可能增大，裂缝仍然显著发展。

（4）更换矿渣水泥后，由于其水化热较低、水化反应及强度增长较为缓慢，因此内部最高温度基本降低20℃左右，并且小于70℃，胸墙裂缝明显减少，本项目后续采用了该措施。

（5）为了进一步减少裂缝开展，在胸墙内部布设两层金属管并通冷却水降温；在胸墙顶部上下分别铺设土工布和薄膜，土工布上方布设针刺小孔的塑料软管通水养护；胸墙顶面切缝引导裂缝发展。这些措施对于减少裂缝，保证胸墙表面质量起到非常重要的作用。

参考文献

[1] 肖维，王迎飞. 重力式码头胸墙面层混凝土裂缝形态及控制措施[J]. 水运工程，2015(10)：196-200.

[2] 施松华. 码头构件裂缝成因分析与防治措施[J]. 中国科技在线，2016(5)：364-366.

[3] 向元锋，王强，郭赞辉. 码头胸墙大体积混凝土裂缝成因及防裂措施[J]. 中国水运（下半月），2014，14(11)：314-315+378.

[4] 胡英杰，王海林. 码头胸墙产生裂缝的原因及对策[J]. 水运工程，2011(5)：147-150.

[5] 熊建波，邓春林，徐兆全，等. 海港重力式码头胸墙和面层混凝土裂缝控制[J]. 中国港湾建设，2014(4)：30-33.

[6] 邓春林，熊建波，刘行，等. 某码头胸墙混凝土裂缝控制技术[J]. 水运工程，2014(7)：159-162+168.

[7] 中交武汉港湾工程设计研究院有限公司. 水运工程大体积混凝土温度裂缝控制技术规程：JTS 202-1-2010[S]. 北京：人民交通出版社，2010.

[8] 王铁梦. 工程结构裂缝控制："抗与放"的设计原则及其在"跳仓法"施工中的应用[M]. 北京：中国建筑工业出版社，2007：58-71.

深水大厚度换填砂加固地基在重力式码头中的应用

廖世强[1,2]，陈汨梨[1]

(1. 中国港湾西部非洲区域公司，科特迪瓦阿比让　06BP6687；
2. 中交四航局第三工程有限公司，广东湛江　524022)

摘　要：在黏土、粉土等软土地基上建造重力式码头，必须进行可靠的地基加固处理，费用一般较高，故相应的工程实例比较少。本文以西非某泻湖内港口扩建项目为例，提出采取深水开挖深槽换填中粗砂并振冲加固地基可满足建造大型沉箱重力式码头需求。实践中总结出深水开挖超深换填砂基槽及其防淤控淤技术、深水回填砂技术及前后砂样变化特性、深水振冲技术及效果特征、最佳振冲参数、码头沉降特性等，可为类似工程提供借鉴。

关键词：重力式码头、换填砂地基、振冲砂技术、加固效果、码头沉降特性

0　前言

重力式码头兼具码头结构和挡土结构双重功能，具有悠久的使用历史，由于其优越的耐久性，在几种基础结构中，通常会优先考虑。但是重力式码头结构对地基承载力要求较高，在以往的国内外码头工程中，重力式码头多建在岩基、密实砂土或坚硬黏土等地质条件较好的地方。在过去的几十年里，港口建设选址多数地质良好。随着岸线开发力度的加大，越来越多的港口建设选址不得不面对较差的地质情况。在松散砂土、黏土、粉土等软土地基上建造重力式码头，必须进行可靠的地基加固处理。对于软弱地质，常用的加固处理方案有：碎石桩、挤密砂桩、水泥搅拌桩、高压旋喷桩和开挖换填等。

振冲法[1]已被证明适用于中粗砂地基，该地基可采用无填料振冲，我国《建筑地基处理技术规范》(JGJ79—2012)[2]对振冲密实法的适用对象及条件作出如下规定：

(1)适用于挤密处理松散砂土、粉土、粉质黏土、素填土、杂填土等地基，以及用于处理可液化地基。饱和黏土地基，如对变形控制不严格，可采用砂石桩置换处理。

(2)对大型的、重要的或场地地层复杂的工程，以及对于处理不排水抗剪强度不小于20 kPa的饱和粘性土和饱和黄土地基，应在施工前通过现场试验确定其适用性。

(3)无填料振冲挤密法适用于处理粘粒含量不大于10%的中砂、粗砂地基，在初步设计阶段宜进行现场工艺试验，确定不加填料振密的可行性，确定孔距、振密电流值、振冲水压力、振后砂层的物理力学指标等施工参数。

对于重力式码头，以往的工程案例中多采用开挖换填方案，其中大吨级重力式码头多采用块石作为换填料，如烟台港西港区2.5万t级码头工程，码头结构为重力式，采用换填块石加固地基，换填最大深度为-22.5 m；广州港南沙港区三期工程15万t级集装箱码头，码头结构为重力式，采用换填块石加固地基，换填最大深度为-30.0 m；厦门港嵩屿港区10万t级集装箱码头，采用重力式码头结构，换填块石加固地基，换填厚度14~17 m。对于其他结构码头有采用换填砂加固地基案例，如广州黄埔港新沙一期工程格型

钢板桩码头,桩区采用换填砂振冲加固地基,换填厚度 4.5 m,标高为－12.5～－17.0 m,上覆最大水深 16.0 m;深圳盐田港一期钢板桩码头,采用换填砂加固地基,换填厚度 9 m,标高为－13.0～－23.0 m,上覆水深 16.0 m;珠海高栏港国际集装箱码头接岸围埝抛石堤地基采用换填砂振冲加固,换填厚度 12.5 m,标高为－17.5～－32.0 m,上覆最大深水 21.0 m。

按以往经验,采用换填块石的建设成本通常比较高,其石料采购,石料陆水运输、水上抛石、水下夯实等成本均较高,另外换填块石厚度较大时,通常需要分层抛石,分层夯实,分层数量多,抛石与夯实施工工期也比较长。

当码头施工现场附近有丰富的中粗砂砂源,采用中粗砂作换填料,并采用振冲法对换填砂振冲密实,采砂回填及振冲密实的施工成本将大大降低,具有较大的优势。西非某港口扩建项目沉箱重力式码头基床地基进行了大规模超深换填砂加固实践,取得良好的技术与经济效果,可为类似项目的设计和施工提供借鉴和参考。

1 工程概况

西非某泻湖内港口扩建项目包含扩建 3 个集装箱码头泊位,泊位总长 1 312 m。码头结构设计水深－18.5 m,码头面高程＋3.5 m,港池疏浚标高近期－16 m,远期－18.0 m,后方填海造陆 37.8 万 m^2。采用沉箱重力式结构,设有 66 件矩形沉箱,沉箱长 19.35 m、宽 16.0 m、高 19.5 m,单件沉箱重约 3 244 t。

2 地基与基础方案设计

码头选址地质在深度方向上软硬相间,在平面方向上强弱混杂,分布不均,持力层埋藏深。有淤泥层、细砂-粗砂层、松散砂层、密实砂层、黏土(局部夹杂腐木层)、部分黏土层、腐木层以及部分埋深较大的松散砂层不满足重力式码头承载力及沉降的要求。设计采取大开挖换填中粗砂(含泥量≤5%),并振冲密实的加固方案。换填砂基槽底宽均为 23 m,换填深度以槽底地质的标准贯入试验(标贯)(SPT)击数 $N \geqslant 15$ 击进行控制,换填砂振冲加固后表层 2 m 以下标贯击数 $N \geqslant 22$ 击。换填砂地基上采用厚度 6 m 的抛石基床,抛石基床后沿设置倒滤层,沉箱后方直接回填中粗砂。整个项目换填砂深度从－24.5～－43 m 不等,相应厚度从 0～18.5 m 不等,换填砂总量约 30 万 m^3。特征断面如图 1 所示。

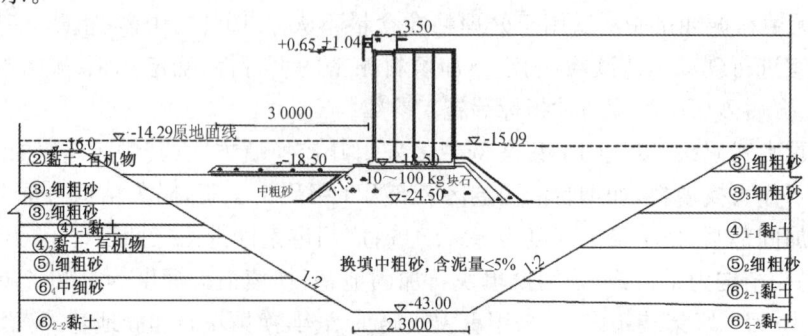

图 1 码头换填砂地基典型断面图

3 施工技术

3.1 超深换填基槽开挖与防回淤措施

基槽开挖过程、开挖后、回填砂前的防回淤控制是关键工序。槽底淤泥厚度过厚,造成回填砂后形成新的软弱淤泥夹层,或出现流泥侵入换填砂层,导致换填砂含泥量超标,使换填砂振冲密实度达不到要求。基槽开挖按先清淤,后挖基槽,分段实施,快挖快填的原则实施。

基槽分段开挖前,先进行基槽周边约 150 m 范围内的清淤开挖,然后再开挖基槽。清淤开挖最后一层采取纵横搭接半斗、不满斗开挖,减少淤泥残留。基槽开挖过程中每挖完一层,采用多波束测深仪测量,确保开挖边线与边坡满足设计。采用多波束测量高差法、地质钻机取样法和水下柱状淤泥取样器取样法等综合技术监测槽底及回填砂层间淤泥厚度,回填砂前槽底淤泥厚度按不大于 20 cm 进行控制。

3.2 深水回填砂

从提高振冲砂质量效果来分析,换填砂一次性回填,一次性振冲的工艺最佳,但通过试验发现受水深、换填砂颗粒级配、含泥量、振冲器性能等影响,在深水换填砂振冲中,振冲器一次振冲深度比陆上或浅水振冲砂要小很多。100~180 kW 电动振冲器一次振冲深度仅为 4~5 m,230 kW 液压振冲器一次振冲深度约为 7~8 m。换填层较厚时需采用分层回填,分层振冲的施工工艺。回填标高按回填厚度 5%~8% 预留振冲沉降量。

回填砂采用耙吸船取砂,自行定位,开舱门直抛,或抓斗船取砂,开体驳运输,定位驳船辅助定位,开体直抛回填。回填砂为中粗砂,贝壳含量少,含泥量均小于 5%。对回填到基槽后通过钻孔取样筛分,并根据 Mitchell[3] 给出了适合于振冲加固的颗粒级配范围曲线图绘制回填砂前后筛分曲线图如图 2 所示,从图中可以看出,槽底附近的砂含泥量比回填前要变大,最大达 12%,其余部位的砂的细颗粒变少,含泥量更小,其原因是受水深水流的影响,回填砂在水中漂落过程中会产生一定的漂移,颗粒分离。总体来说,换填砂适合采用无填料振冲法加固。

3.3 深水振冲砂

3.3.1 振冲施工船机

在平板驳船甲板上安装履带吊,履带吊吊单台振冲器进行振冲。由于振冲水深大,采取振冲器及导管全潜入水下的振冲工艺[4]。

3.3.2 振冲参数

振点布置及点距、下插速度、底部留振时间,分段提升高度,分段留振时间等振冲参数与砂的质量、振冲器性能等有关[4-8],通过现场试振得到较佳参数:振冲点采用正三角形布置,电动 100~132 kW 振冲器较佳点距 2 m,电动 180 kW 振冲器较佳点距 2.5 m,液压 V230 型振冲器较佳点距 3 m。振冲器下插速率控制在 8~10 m/min。底部留振时

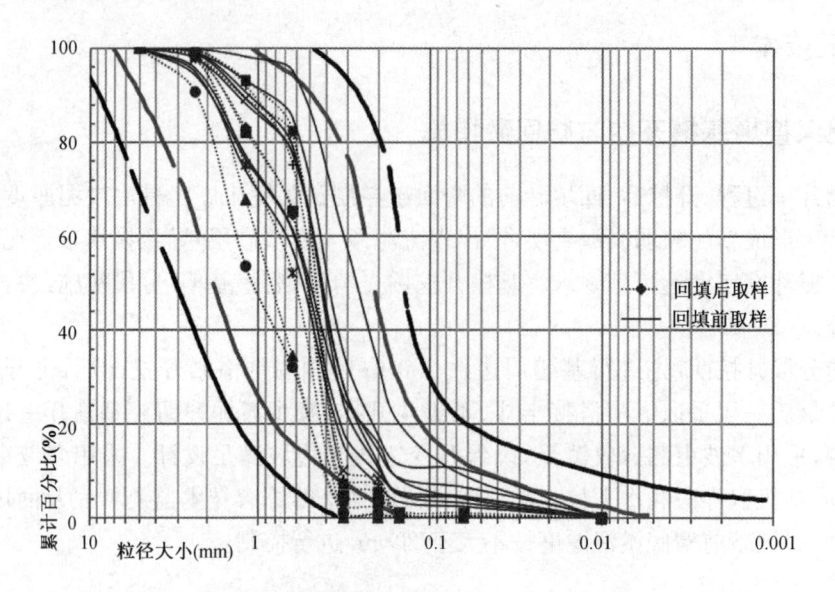

图 2　换填砂回填前后取样筛分曲线对比图

间宜 30 s,分段提升高度 50 cm,分段留振时间 30 s,并使电流或油压达到试验段的密实值。换填砂基槽底为砂质时,振冲头宜插入基底约 50 cm;基底为黏土时,振冲头宜高于底面约 50 cm,防止扰动基底。分层回填,分层振冲时,上下层搭接约 1 m。

3.3.3　振冲流程

工作船抛锚定位→吊立振冲器→振冲器对准点位→启动振冲器并匀速下插→下插振冲器至振冲底高程→留振→分段提升振冲器,分段留振,直至拔出砂面→移动振冲器至下一振冲点位。

4　振冲加固效果

4.1　检测方法

采用标准贯入试验(SPT)检验振冲质量效果。回填完或振冲完成 3 天后开始检测,以实际贯入击数为检验标准。检测孔位布置在设计安沉箱位角点及中部附近,标贯点位于砂面以下 2 m、4 m、6 m……处,直至实际换填基底。

4.2　换填砂振冲前自然密实效果

测试段换填顶标高 −24.5 m,换填底标高 −32.0 m,层厚 7.5 m,施工采用耙吸船取砂回填。在换填砂回填完成约 1 周时间后开始检测,随机抽检 8 孔勘察孔的振前 SPT 值,见表 1。从表中可看出,深水换填砂未经振冲加固的自然密实条件下 SPT 值离散性较大,最小值为 4 击,最大值为 24 击,均值 12 击,绝大部分达不到设计要求的 22 击。

表 1 试验段换填砂振前自然密实条件下 SPT 击数抽查汇总表

标高(m)	孔号							
	S_1	S_2	S_3	S_4	S_5	S_6	S_7	S_8
−24.50	—	—	—	—	—	—	—	—
−26.00～−26.45	11	13	15	10	12	11	9	6
−28.00～−28.45	16	19	11	13	8	13	8	4
−30.00～−30.45	18	17	9	24	4	14	8	4
−32.00～−32.45	14	18	15	11	12	20	9	12
−34.00～−34.45	14	12	8	18	10	15	11	6

4.3 电动 100 kW 振冲器分层振冲效果

测试段采用 100 kW 电动振冲器振冲。最初采用一次回填、一次振冲的工艺,经试振发现该电动振冲器一次振冲深度只有 4～5 m,达不到换填层厚。后采取挖除一层约 3 m 厚换填砂后,再按分层回填、分层振冲、分层检测的工艺实施,最后整层一次验收检测。分层振冲一次振冲深度达到分层厚度,验收检测一次通过,检测结果见表 2。从表中 SPT 值来看,水下换填砂分层振冲的密实度有显著的提高,大于设计要求值 22 击。

表 2 换填砂电动振冲器分层振后 SPT 击数抽查汇总表

标高(m)	孔号							
	H_1	H_2	H_3	H_4	H_5	H_6	H_7	H_8
−24.50	—	—	—	—	—	—	—	—
−26.00～−26.45	38	48	33	47	50	26	44	23
−28.00～−28.45	34	50/25	38	48	50/23	50/20	44	29
−30.00～−30.45	50/20	45	50/21	44	50/25	26	50/24	32
−32.00～−32.45	37	29	42	47	49	50/20	50/21	38

注:表中 50/20 表示打入 20 cm 时的标贯击数达到 50 击,以下相同。

4.4 液压 230 kW 振冲器分层振冲效果

最深换填段(换填顶标高−24.5 m,底标高为−43.0 m,厚度 18.5 m)采用分 3 层回填及振冲工艺,控制层厚 6.5 m。采用 ICE 公司生产的输出功率相当于 230 kW 的液压振冲器 V230 型进行振冲,过程施工顺利,振后其中 2 个设计沉箱位内的 8 个检测孔的 SPT 结果见表 3。从 SPT 结果来看,V230 型液压振冲器的振冲效果要比电动振冲器更好,击数更高,多数大于 50 击。

整个换填区除存在极个别孔的个别标高处的 SPT 值达不到 22 击,经一次复振后达标外,其他均一次振冲合格。

表3 换填砂液压振冲器分层振后SPT击数抽查汇总表

标高(m)	孔号							
	O-17	O-18	O-19	O-20	O-21	O-22	O-23	O-24
−24.50	—	—	—	—	—	—	—	—
−26.50~−26.95	38	30	31	51	34	52	40	47
−28.50~−28.95	50/8	54	25	44	39	50/10	46	50/5
−30.50~−30.95	50/20	50/17	50/15	50/10	50/17	50/8	50/15	50/15
−32.50~−32.95	50/20	50/19	50/12	50/19	50/18	50/18	50/10	50/14
−34.50~−34.95	50/19	50/15	50/17	50/24	50/20	50/17	50	50/18
−35.50~−35.95	50/21	50/22	50/8	50/22	50/22	50/18	50/15	50/16
−38.20~−38.65	50/17	50/15	50/20	47	50/27	50/20	50/19	50/27
−40.20~−40.65	50/22	50/15	50/24	42	23	50/16	50/21	50/20
−41.90~−42.35	50/17	50/11	50/21	50/28	50/28	50/18	50/28	50/15

4.5 码头沉降特性

换填砂加固段码头抛石基床厚度6 m,采用2 m厚分层抛石,分层夯实工艺施工。地基沉降与抛石基床压缩沉降的监测结果有如下沉降特性:大部分沉箱累计总沉降量为100~150 mm,少数沉箱沉降小于100 mm或大于150 mm,最大值180 mm。沉箱安装完成经过一个潮涨潮落后开始监测沉箱沉降,至箱内回填前沉降值均小于5 mm,占总沉降量2%;箱间倒滤井及箱内回填砂后有较大的沉降,沉降量占总沉降量约50%~55%;箱后回填砂后沉降又有较大发展,沉降量占总沉降量约28%;箱后回填砂振冲再次引起沉箱的沉降,占总沉降量约20%。多数沉箱顶出现后倾位移,少数沉箱出现前倾位移,位移值均小于30 mm。胸墙混凝土浇筑及胸墙后方回填完成后,胸墙累计沉降量4~8 mm。各施工荷载工况完成约15 d后沉降趋于基本稳定,荷载发生变化后又会有沉降变化。

典型沉箱位沉降量及沉降曲线如表4、图3所示,表4中沉箱编号38♯~42♯对应换填标高−24.5~−32.0 m加固区,沉箱编号80♯~84♯对应换填标高−24.5~−43.0 m加固区。图3为41♯沉箱沉降位移曲线。施工过程沉箱安装预留沉降量150 mm,满足预期。

表4 换填砂加固区码头沉降特征值

沉箱编号	38♯	39♯	40♯	41♯	42♯	80♯	81♯	82♯	83♯	84♯
沉箱累计沉降(mm)	139	136	138	151	173	124	121	138	122	95
沉箱累计位移(mm)	20	23	15	14	1	4	14	9	6	7
胸墙累计沉降(mm)	5	5	5	2	2	2	4	2	2	2

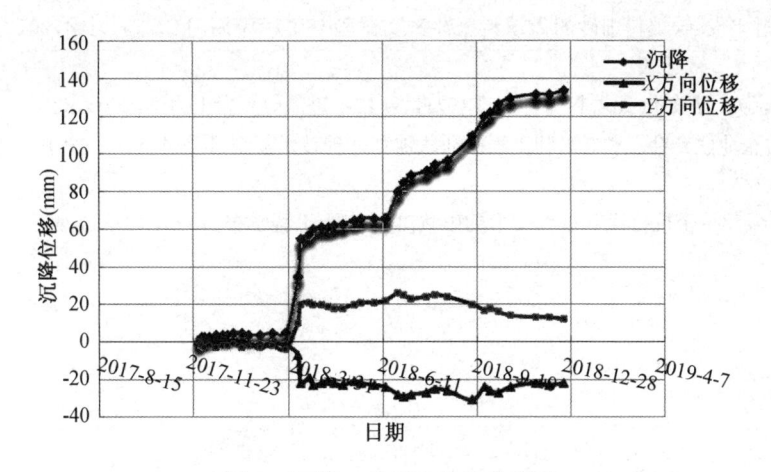

图 3 沉箱 41♯沉降位移曲线图

注：X 负值代表沉箱向码头长度方向位移，Y 正值代表向沉箱后沿方向位移。

5 结论

深水换填中粗砂地基未经振冲的自然密实状态下的 SPT 值普遍为 5~15 击，大于 15 击的极少，水深对砂的自然密实度影响不大。采用振冲法可大幅提升深水换填砂的密实度，SPT 值普遍达到 30 击，部分甚至达 50 击以上，满足重力式码头地基需求。

在深水深基槽大厚度换填砂振冲中，当厚度较大时，一次性整层回填，会存在振冲困难，可采用分层回填、分层振冲、分层检测的施工工艺。功率 180 kW 以内的电动振冲器一次振冲深度普遍为 4~5 m，输出功率 230 kW 的液压振冲器一次振冲深度有 6~7 m，施工中宜优先采用液压振冲器。

换填砂地基经振冲加固后地基承载力及密实度比较均匀，码头沉降比较均衡。箱内回填、箱后回填、箱后回填砂振冲三个工况下大部分沉降量释放完成。胸墙浇筑前宜完成沉箱箱后回填砂的振冲。

对于持力层埋藏较深的码头选址，采取开挖深槽换填中粗砂并振冲加固地基可满足建造大型沉箱重力式码头需求。换填用砂就地取材比换填块石节省大量材料费，节省加固措施费用，加快施工进度，有良好的技术经济效果。

参考文献

[1] 楼晓明,于志强,徐士龙.振冲法的现状综述[J].土木工程与管理学报,2012,29(3):61-66.

[2] 中华人民共和国住房和城乡建设部.建筑地基处理技术规范:JGJ 79—2012[S].北京:中国建筑工业出版社,2013.

[3] MITCHELL J K. Soil improvement：state-of the art report [C]//Proceedings of the 10th International Conference on Soil Mechanics and Foundation Engineering. Stockholm：Publications Committee of X. ICSMEE, 1981, 4：509-565.

[4] 冯强,孔丽艳.水下深层振冲法在港口工程中的应用[J].水运工程,2000(7):54-58.

[5] 何开胜,过兴发.吹填粉细砂的无填料振冲密实试验与工程应用[J].岩土力学,2012,33(4):1129-1133.
[6] 周健,王冠英,贾敏才.无填料振冲的现状及最新技术进展[J].岩土力学,2008,22(1):37-42.
[7] 中国电力企业联合会.水电水利工程振冲法地基处理技术规范:DL/T 5214—2016[S].北京:中国电力出版社,2016.
[8] 郑建国.振动挤密桩桩距对振密变形的影响[J].岩土工程学报,1992,14(s1):94-99.

码头基槽深水深层无填料振冲施工技术研究

潘志刚[1]，杨彦豪[1,2,3]，黄军辉[1]

(1. 中国港湾西部非洲区域公司，科特迪瓦阿比让 06BP6687；2. 中交四航工程研究院有限公司，
广东广州 510230；3. 中交交通基础工程环保与安全重点实验室，广东广州 510230)

摘　要：振冲法常被应用于码头后方堆场的地基加固，但将其用于处理重力式码头水下基槽却较为鲜见。本文研究旨在对深水深层振冲法的理论研究进行完善，为类似项目施工提供经验，为重力式码头地基处理设计提供新的思路。

关键词：深水深层；振冲施工；振冲器下沉困难；换填砂；含泥量

1　项目简介

科特迪瓦阿比让港口扩建项目，新建一座现代化的集装箱码头，新建一座滚装泊位和一座通用杂货泊位。

地质情况复杂，地层在深度方向上软硬相间，在平面方向上强弱混杂，土层分布不均匀，从上到下依次为淤泥、细砂-粗砂、黏土、中粗砂，局部夹杂腐木层。

在本项目的码头地基设计，鉴于地质的复杂性，需将基础下的软弱层进行挖除，采用换填砂振冲处理，处理后SPT击数不小于22。

2　深水深层换填砂振冲施工技术及研究

2.1　换填砂振冲施工及主要问题

对该区域进行振冲施工时，经常遇到振冲器无法下沉到设计处理高程的情况，无法使下部土体得到振冲密实。采用75 kW、100 kW和132 kW的振冲器均进行了多次尝试，功率高的振冲器下沉深度就稍大，但仍无法下沉到5 m以上深度。以往常规振冲，遇到振冲器难以下沉时，多采用增加辅助水管的方法[1]增大振冲器的穿透能力，但采用该措施时，效果不显著。

2.2　振冲器下沉困难原因分析

（1）土体级配及含泥量的影响

施工过程中发现，回填砂的含泥量及级配对振冲影响很大。主要表现在两方面：①含泥量大小影响换填砂后的水下自密实特性，含泥量越小，砂的自密实程度就越高，对应的SPT击数就越大；②吴建平等[2]在进行重塑含黏粒砂土的动模量和液化势研究时指出，黏粒在砂土颗粒之间起到"润滑作用"。这导致土体抵抗剪切变形能力降低，在同样的激振力作用下，振冲器周围的砂更容易产生液化，土体强度迅速降低，对振冲器的阻力很小，易于振冲器下沉。

振冲器下沉困难的情况在换填砂振冲施工中较为常见,然而在原位砂振冲中很少出现。原位砂是由自然沉积而成,土体中各粒径颗粒较为连续;而换填砂采用耙吸船或泥驳直抛的方法时,因水深大,砂土体中的细颗粒会随水流漂动,导致某些换填区域细颗粒的缺失,而某些区域细颗粒含量较大。

① 砂的级配和含泥量对水下自密实影响

Z1 区和 Z2 区完成换填砂施工 2 周后,对其进行了振冲前 SPT 检测,结果如图 1 所示:

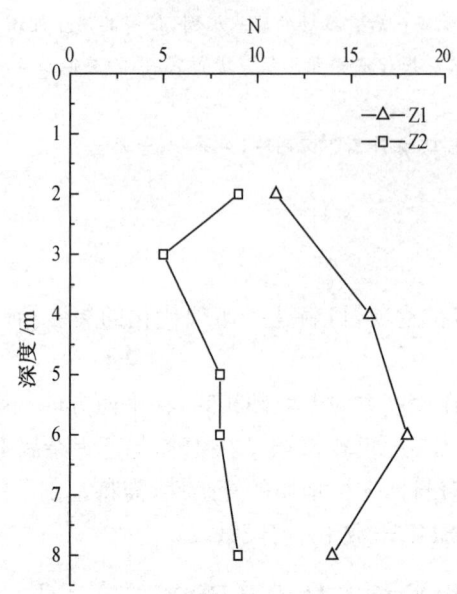

图 1 Z1 和 Z2 区换填砂 2 周后 SPT 击数

从图 1 可以看出 Z1 区由于级配不良,且含泥量较小仅为 1.02%,换填砂抛至 24 m 的深水中,通过自密实其 SPT 击数约为 15 且均大于 10。而 Z2 区级配较好且含泥量为 7.36%,其自密实后 SPT 击数均小于 10。当下部土体密实度较大时,振冲器与土体的内摩擦角以及承载力系数也相应增大。当振冲器的侧摩阻力和端阻力变大时,振冲器下沉时受到的阻力变大,振冲器下沉就困难。

② 砂的级配和含泥量对于振冲液化影响

施工时发现,即使有些土体密实度很大(SPT 击数高),但是振冲器仍然可以很容易下沉。图 2 给出了 Z1 及 Z3 区振冲前的 SPT 曲线,从图中可以看出,虽然 Z3 区的 SPT 击数很高,但是现场采用 100 kW 振冲器再次振冲该区域时,仍然可以轻松下沉;然而对于 Z1 区,虽然 SPT 击数不超过 15,但是 100 kW 振冲器仅能下沉 3.5 m 左右,并且对比本区域加固前 Pre-SPT 和加固后 Post-SPT1、Post-SPT2 值可知,振冲器头部未能到达的区域的土体无法被加固,如图 3 所示。

因此砂的级配和含泥量对于振冲施工影响大,级配良好的砂振冲时振冲器易于穿透,并且土体密实度大大提升;而对于级配不良且含泥量较小的砂,容易发生振冲器下沉困难的情况。

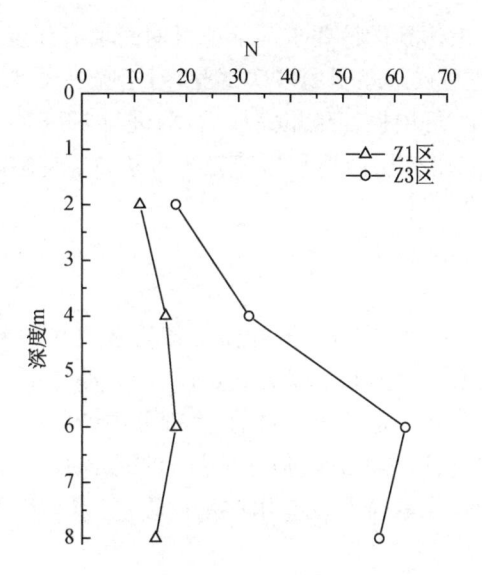

图 2　Z1 区及 Z3 区振冲前 SPT 对比图　　图 3　Z1 区加固前后 SPT 对比图

（2）水压和水量的影响

本项目选用的水泵功率为 75 kW、扬程为 100 m、流量为 45 m³。施工时水泵上压力表显示出水水压为 0.8 MPa 左右，因水管路径太长，且存在较多的接头、转弯等，所以管道的沿程阻力和局部阻力较大，造成较大的水头损失。经过现场流量测试发现，振冲器在水面以上时，流量约为 550 L/min；而当振冲器沉入水下的砂中时（30 m 深），其流量仅为 350 L/min，流量减小为原来的 63.6%。由此可见，深水深层砂振冲时，在振冲器受到水压下，出水量大幅减小。

（3）振冲器的激振力的影响

在换填砂振冲施工时，发现 75 kW 振冲器下沉到一定深度后就无法继续进行下沉。而采用 100 kW 和 132 kW 振冲器时，振冲器下沉深度稍大，但仍然无法继续下沉。试验结果显示，振冲器的功率越大，激振力越大，对周围土体的液化作用越明显，其下沉能力越强，振冲器下沉深度相对就大。

3　振冲施工下沉困难解决的措施

基于前述研究可知，砂的级配和含泥量、水压和水量、振冲器功率等是影响振冲器一次振冲厚度的重要因素。施工时，首先选择合格的砂源，确保砂的级配和含泥量满足设计和规范要求。但现实中，很难大量找到上述研究中提及的具有最佳含泥量和颗粒级配的砂，只好从现场施工工序的调整和目前国产振冲设备改进方面加以考虑。通过采取以下有效措施，基本解决了项目的深水深层振冲加固地基的问题。

3.1　分层振冲

振冲器所受的侧摩阻力和端阻力是影响振冲器下沉的关键因素，在无法使回填砂的颗粒级配及含泥量达到最优时，减小层厚，就可以相对减小振冲器所受的侧摩阻力和端阻力，振捣器就可以穿透该层，使振冲处理结果达到设计要求。本项目的回填砂深度大，现有国产的振冲器无法一次下沉到设计处理高程。经现场多次试验，对于振冲器来说，最佳分层厚度为 6 m，振冲器可以穿透此厚度，每层振冲施工完成后，均进行 SPT 自检，合格后再进行下一层回填、振冲，实践证明，采用分层回填和振冲施工方法，虽然施工功效稍低，但却能很好地解决振冲器下沉困难的问题。

3.2 采用高压水泵

根据现场振冲试验，因受深水压力及管路阻力的影响，振冲器配备的常规水泵无法满足深水深层砂振冲的需要。采用高压水泵增大水压和水量方式，来辅助振冲器下沉是非常必要的，通过现场多次试验，证明此方法具有一定效果。目前，大部分国产的振冲器出水口均位于振冲头末端，仅能向下冲水。建议后续遇到类似本项目的深水深层砂振冲施工时，在设备选用方面，可以跟振冲器生产厂家联合开发专用供水设施，可以从以下 4 个方面加以考虑：

（1）采用高扬程和大流量的水泵；（2）最好将供水管道集中在振冲杆的内腔，减小振冲器的侧摩阻力；（3）综合考虑水泵扬程、流量、管道接口和出水口数量的适配性，尽量减少不必要的水头损失；（4）调整振冲器头部出水口的分布，除了现有的振冲头底部出水口外，在振冲器头部四周增设水平出水口，具备水平冲水能力，以水平向切削土体，可以增大振冲器下沉能力。

3.3 采用大功率振冲器

建筑地基处理规范[3]指出，不加填料振冲加密宜采用大功率振冲器。通过本项目深水深层不加填料换填砂振冲实施中发现，振冲器功率越大越有助于其下沉。笔者了解到目前世界上著名振冲厂家 Keller 在科威特某地基处理项目时采用功率为 290 kW 的振冲器，其陆地振冲深度为 20 m 左右。该项目中除少部分区域振冲器无法下沉至设计高程外，其他均可以顺利振冲。

国内设备具有局限性，大功率振冲器往往由于工艺制造等原因，配套的减震器作用不显著，且上部振冲杆刚度太小，无法承受大功率振冲器的剧烈振动，从而导致振冲器稳定性较差、设备故障率高。因此，在采用大功率振冲器振冲施工时，需要充分考虑振冲器本身及其配套设备的制造工艺，特别是振冲杆和振冲器头部之间的减震措施必须予以重点考虑。

4 结论

本文通过理论及试验，系统研究了深水深层砂基础振冲施工的相关问题，研究结果可归结为以下几点：

对于级配良好含泥量 8% 左右的砂水下振冲，采用 100 kW 振冲器，2.5 m 间距，上提间距 0.5 m，留振时间 30 s 进行振冲，效果最好。

对于含泥量为 3% 左右的水下换填砂，采用 132 kW 及以下功率的振冲器，振冲时普遍存在振冲器下沉困难的情况,振冲器穿过的土体密实度可达到设计要求,振冲器未到达区域的土体无法被加固。

通过对振冲器进行受力分析可知,振冲器所受的侧摩阻力和端部阻力是影响振冲器下沉的主要因素,保证振冲器周围土体的液化程度和范围是振冲器顺利下沉的前提。

土体颗粒级配和含泥量对振冲影响较大,黏粒在砂土颗粒之间起到"润滑作用",可以使土体更易产生液化。100 kW 振冲器在细颗粒缺失且含泥量为 1.02% 的回填砂中仅能下沉 3.5 m 左右,而在级配较均匀且含泥量为 7.36% 的回填砂中却可以轻松下沉 8 m。

参考文献

[1] 宋钢贤. 振冲挤密法在深层回填砂地基处理中的改进应用研究[J]. 珠江水运, 2014 (11): 86-88.

[2] 吴建平, 吴世明. 重塑含黏粒砂土的动模量和液化势[J]. 浙江大学学报(自然科学版), 1988, 22 (6): 13-19.

[3] 中国建筑科学研究院. 建筑地基处理技术规范: JGJ 79—2012[S]. 北京: 中国建筑工业出版社, 2013.

非对称异型沉箱浮游稳定计算

杨彦豪[1,2,3], 姜淞云[1], 张志斌[1]

(1. 中国港湾西部非洲区域公司,科特迪瓦阿比让 06BP6687;2. 中交四航工程研究院有限公司,广东广州 510230;3. 中交交通基础工程环保与安全重点实验室,广东广州 510230)

摘 要:针对非对称异型沉箱浮游稳定计算的难题,首先对任意形状的浮游物体进行了理论推导,然后根据异型沉箱的结构特点,通过调整沉箱的压载,使浮心在浸水面上的投影与浸水面的形心重合。再通过转轴公式,找到浸水面的形心主惯性矩。此时,就可以将对称沉箱浮游稳定计算理论推广至非对称异型沉箱。通过一系列分析及现场实操,证明理论计算与实际结果基本一致,从而为非对称异型沉箱的浮游稳定计算提供了一种通用方法。

关键词:非对称异型沉箱;浮游稳定;定倾半径;主惯性矩

0 引言

在港口码头工程中,由于混凝土沉箱具有耐久性高、整体性好、造价较低和运输安装方便等特点,应用越来越广泛。对于常规对称式沉箱的浮游稳定计算,规范[1]中已给出明确的计算方法。多数工程中所用的沉箱均为规则对称式矩形结构[2][3],部分工程中出现了圆形[4]或椭圆形[5]沉箱,但均为对称结构。因此都可以采用规范方法直接进行计算。

然而,对于非对称异型沉箱的浮游稳定计算,由于其结构形式不满足规范中所要求的前提条件,因此该方法已不再适用。必须根据异型沉箱的结构特点,重新推导并给出浮游稳定计算方法,以确保其施工过程中的稳定和安全。

1 概况

阿比让港口扩建项目是科特迪瓦近年来最大的项目,也是中国港湾在该国乃至西部非洲地区非常重要的项目,具有重大的政治、经济和社会影响力。本项目中新建码头为重力式沉箱结构,码头岸线如图1所示,其中一个拐角的角度为124°,为保证岸线平顺衔接,设计布置两个互为镜像的异型非对称沉箱,沉箱位置如图1所示。

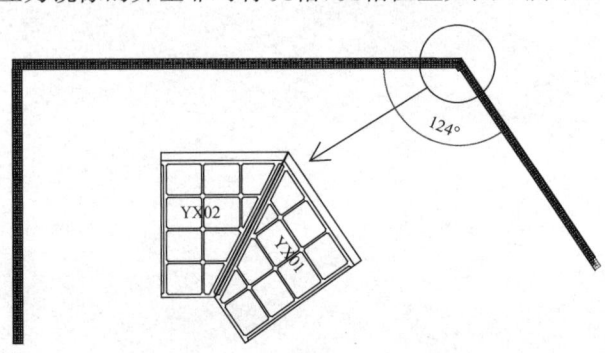

图1 码头岸线及异型沉箱

沉箱预制安装前需要进行浮游稳定计算,以确保安装过程中沉箱的稳定与安全,避免发生倾覆。鉴于两个异型沉箱的非对称性,无法利用现有规范方法进行计算,因此需要从浮游稳定的理论出发,推导任意物体的浮游稳定计算公式。

2 计算公式推导

2.1 欧拉倾斜轴定理[6]

图 2 为任意悬浮于水中的物体,其静止时的初始浸水面为 W_0L_0。当该物体受到扰动发生摆动时,产生一个小倾角 θ,此时其浸水面为 $W_\theta L_\theta$。如果倾角 θ 足够小,平面 W_0L_0 和 $W_\theta L_\theta$ 的交线为直线,称该直线为倾斜轴。由于物体仅做小角度摆动,浸没的体积不变,则倾斜轴两边的体积应相等。

如图 2 所示,以倾斜轴为 X 轴,以竖直方向为 Z 轴,以物体内部 X 轴上任意一点为坐标原点建立坐标系。做出平面 W_0L_0 和 $W_\theta L_\theta$ 在 YOZ 平面的投影,如图 3(a),做出 W_0L_0 在 XOY 平面上的投影,如图 3(b)。

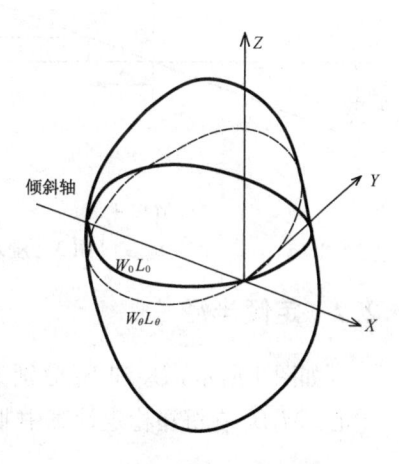

图 2 任意悬浮于水中的物体

图 3(a)中右侧出水的微体积为 V_1、面积为 S_1;左侧浸入水面的微体积为 V_2、面积为 S_2,则有:

$$V_1 = \iint_{S_1} y\tan\theta \mathrm{d}S \tag{1}$$

$$V_2 = -\iint_{S_2} y\tan\theta \mathrm{d}S \tag{2}$$

由于倾斜角 θ 很小,认为 V_1 和 V_2 相等。

$$\iint_{S_1} y\tan\theta \mathrm{d}S = -\iint_{S_2} y\tan\theta \mathrm{d}S \tag{3}$$

又因为:

$$S = S_1 + S_2 \tag{4}$$

所以有:

$$\iint_S y\mathrm{d}S = 0 \tag{5}$$

即倾斜轴通过浸水面的形心。

(a) YOZ 平面

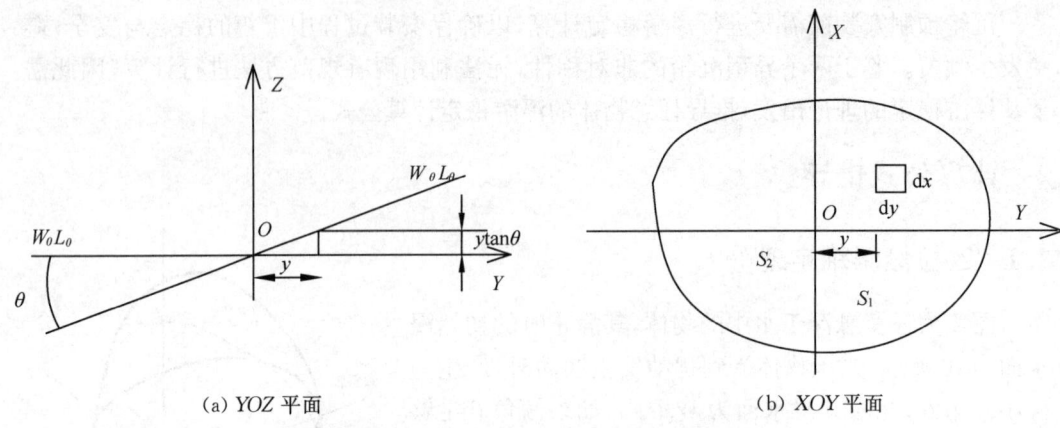

(b) XOY 平面

图 3　浸水面在 YOZ 和 XOY 平面上的投影图

2.2　定倾半径

如图 4 所示，B_0 和 B_θ 分别为沉箱初始以及倾斜一个小角度 θ 后的浮心，M_0 为定倾中心。$\overline{M_0 B_0}$ 在沉箱稳定计算中非常重要，称为定倾半径。

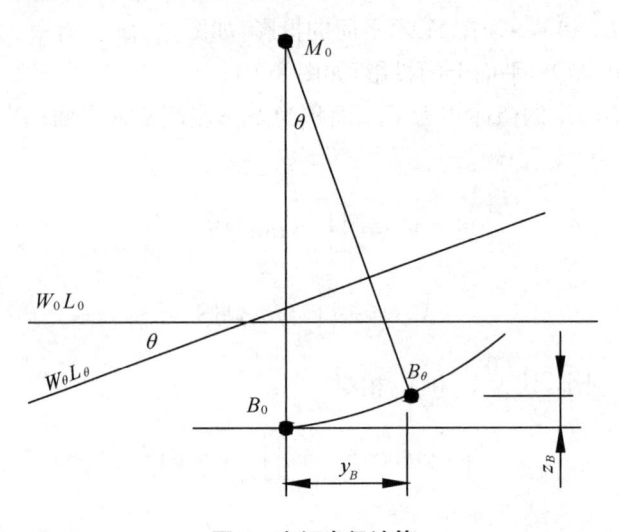

图 4　定倾半径计算

为了计算 $\overline{M_0 B_0}$，取图 4 中 B_0 为坐标原点，以水平为 Y 轴，向右为正；竖直方向为 Z 轴，向上为正；垂直于平面为 X 轴，向外为正。

根据文献[6]中体积移动定理，即：

$$x'_G = x_G + \frac{V' x_d}{V} \tag{6}$$

式中：x_G 为原始坐标；x'_G 为移动后坐标；x_d 为对应物体中移动部分在 X 方向移动的距离；V' 为物体中移动部分的体积；V 为物体总体积。

根据体积移动定理不难发现，悬浮物体的摆动导致其中一部分浸入、另一部分浮出水面，这引起了物体的浮心变化。由前述 2.1 节可知，微体积的底为 $\mathrm{d}x\mathrm{d}y$，高为 $y\tan\theta$。则变化的微体积为：$V' = y\tan\theta \mathrm{d}x\mathrm{d}y$。

按前述方法建立的坐标系,浮心点初始坐标为 $B_0(0,0,0)$,则可以得到 $B_\theta(x_B,y_B,z_B)$:

$$x_B = \frac{\iint_S xy\tan\theta \mathrm{d}x\mathrm{d}y}{V} = \frac{I_{xy}}{V}\tan\theta = \frac{I_{xy}}{V}\theta \tag{7}$$

$$y_B = \frac{\iint_S y^2\tan\theta \mathrm{d}x\mathrm{d}y}{V} = \frac{I_{xx}}{V}\tan\theta = \frac{I_{xx}}{V}\theta \tag{8}$$

$$z_B = \frac{\iint_S \frac{1}{2}y^2\tan^2\theta \mathrm{d}x\mathrm{d}y}{V} = \frac{I_{xx}}{2V}\tan^2\theta = \frac{I_{xx}}{2V}\theta^2 \tag{9}$$

式中:V 为物体体积;S 为浸水面面积;I_{xy} 为浸水面 W_0L_0 关于 X、Y 轴的惯性积;I_{xx} 为浸水面 W_0L_0 关于 X 轴的惯性矩。

可以看出,z_B 为 θ 的高阶无穷小,所以 z_B 相对于 x_B 和 y_B 可以忽略不计。

对于 x_B 而言,如果 I_{xy} 不为 0,则 x_B 也不为 0。此时,变化后的浮心 B_θ 将不与 W_0L_0 共面,沉箱小角度摆动就变成了三维运动;但是如果 I_{xy} 为 0,那么 x_B 也等于 0,此时,沉箱仅做二维摆动。

由前述倾斜轴定理可知,倾斜轴(X 轴)通过浸水面的形心。如果要确定 I_{xy} 还必须知道 Y 轴的位置。

对于对称结构,如果能够平稳悬浮在水中,其浮心在浸水面上的竖向投影必定与浸水面的形心重合。此时,Y 轴通过形心,$I_{xy}=0$。

对于非对称结构,又可以分为两种情况:

(1)非对称结构做三维运动。浮心在浸水面 W_0L_0 上的投影不与浸水面的形心重合,由前述可知倾斜轴过浸水面的形心,此时物体只能绕通过 W_0L_0 的形心与浮心在 W_0L_0 上投影点这两点所在的直线运动。但是一经扰动,由于此时 I_{xy} 并不为 0,浮心沿 X 和 Y 轴两个方向均有位移。因此微扰动为复杂的三维运动。

(2)非对称结构做二维摆动。物体稳定时,浮心在浸水面 W_0L_0 上的投影与浸水面的形心重合,则以浸水面的形心为坐标原点,以倾斜轴为 X 轴,竖向为 Z 轴建立坐标系。此时,需要寻找倾斜轴相对于物体的位置,在此位置物体发生摆动时受到的阻力最小。由对称结构的浮游稳定计算可知,因为沿某个对称轴的惯性矩最小,物体最易发生倾覆,因此只需计算沿该对称轴的摆动即可,此时 X 轴和 Y 轴与对称结构的两条对称轴重合。与其类似,在该问题中寻找通过浸水面 W_0L_0 的形心并且惯性矩最小的轴。由平面图形几何性质可知,过 W_0L_0 形心的主惯性轴即为所寻找的倾斜轴,与其垂直并且通过形心的坐标轴为所寻找的 Y 轴。此时,浸水面 W_0L_0 对主惯性轴的惯性积 I_{xy} 为 0。绕此轴做小角度运动时,x_B 为 0、z_B 为高阶无穷小,仅 y_B 不为 0,物体做稳定的二维摆动。

对于沿竖直方向尺寸基本不发生变化的异型结构,如本项目中的异型沉箱,当其竖直平稳悬浮于水中时,任意横断面形状和面积均不发生变化,由浮心的求解公式可知:

$$x = \frac{1}{V_i}\iiint_{V_i} x\mathrm{d}x\mathrm{d}y\mathrm{d}z = \frac{1}{S}\iint_S x\mathrm{d}x\mathrm{d}y \tag{10}$$

$$y = \frac{1}{V_i}\iiint_{V_i} y\,dxdydz = \frac{1}{S}\iint_S y\,dxdy \tag{11}$$

$$z = \frac{1}{V_i}\iiint_{V_i} z\,dxdydz = \frac{h}{2} \tag{12}$$

式中：V_i 为浸入水中的体积；S 为浸水面的面积；h 为浸入水中的物体高度。

从公式(10)和公式(11)可知，X 和 Y 坐标即为浸水面的形心。从而得出：浮心在浸水面 W_0L_0 的投影必与浸水面形心重合，这满足了前述第二种情况中二维摆动的条件。此时，在浸水面 W_0L_0 中寻找过形心的主惯性轴，并分别定义为 X 轴和 Y 轴，那么在该坐标系中同样可以得出式(7)、(8)和(9)。由于主惯性轴中有 $I_{xy}=0$。因此，式(7)、(8)和(9)中 x_B 为 0，z_B 为高阶无穷小，仅 y_B 不为 0。

由图 4 可知，$y_B \approx \overline{B_0 B_\theta}$，而 $\overline{B_0 B_\theta} = \overline{M_0 B_0}\theta$，所以得到：

$$\frac{I_{xx}}{V}\theta = \overline{M_0 B_0}\theta \tag{13}$$

$$\overline{M_0 B_0} = \frac{I_{xx}}{V} \tag{14}$$

由定义可知 $\overline{M_0 B_0}$ 即为定倾半径。

通过以上假设及推导，将非对称结构的定倾半径计算公式化归为与对称结构一致。但是值得注意的是，本式成立的前提是浮心在浸水面上的投影与浸水面的形心重合。并且考虑到物体在水中稳定时，重心与浮心必在同一竖直线上。因此对于非对称异型沉箱，公式(14)成立的前提条件为：沉箱竖直平稳悬浮于水中时，任意横断面的形状和面积均不发生变化。并且通过压载等方式，使异型沉箱稳定悬浮于水中时，其重心、浮心和浸水面的形心在同一条竖直线上。这对于本式至关重要。

因此，对于非对称异型沉箱，其定倾高度 m 的定义与规范的表达式一致：

$$m = \rho - a \tag{15}$$

$$\rho = \frac{I - \sum i}{V} \tag{16}$$

式中：I 为浸水面对于倾斜轴的惯性矩；i 为第 i 格仓内压载水面对于该水面倾斜轴的惯性矩；V 为沉箱的排水量；a 为重心与浮心的距离。

综合前面可知，计算异型沉箱浮游稳定的步骤如下：

(1) 求出沉箱稳定时浸水面的形心 (x,y)，则浮心的 X,Y 坐标与之相同；

(2) 假定满足浮游稳定条件的加水重量 Q，此时重心的 X,Y 坐标与形心和浮心的相同，据此计算出不同仓格加水量；

(3) 根据不同仓格加水量，计算出重心的 Z 坐标、吃水深度以及浮心坐标；

(4) 计算出重心与浮心距离 a；

(5) 根据式(16)计算出最小的定倾半径，计算定倾高度并判定浮游稳定情况。

其中步骤(5)中需计算最小的定倾半径，以确保沉箱在任意方向均可保持稳定。

3 非对称直角梯形异型沉箱的稳定计算

本文所研究的异型沉箱如图 5 和图 6 所示,沉箱高 19.5 m,底板高 0.75 m,标准层高 18.75 m。标准层的横断面为直角梯形,并且断面尺寸沿竖向不发生变化。其他尺寸见图 5。

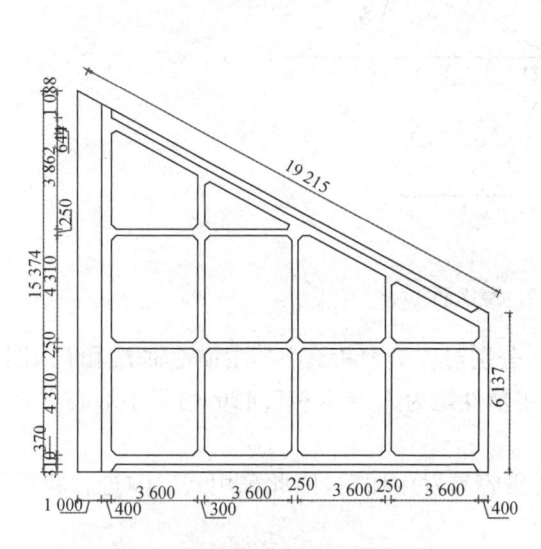

图 5 直角梯形异型沉箱平面图
（单位 mm）

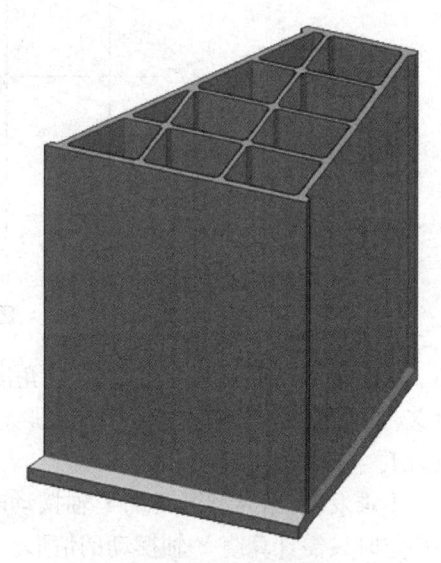

图 6 直角梯形异型沉箱三维图

虽然在底部的前趾和左右侧壁出现了截面变化,但是底部以上在竖直方向上截面形式不变。如果沉箱保持水平,则浮心在浸水面上的投影与浸水面的形心基本重合。为了方便计算,认为本文研究的直角梯形异型沉箱满足 2.2 节第二类情况。此时,需要寻找 X 轴（倾斜轴）的位置,使其位于形心主惯性轴处,从而使得惯性积 I_{xy} 为 0,并且 I_{xx} 最小,从而确保沉箱在该位置的最小定倾高度满足要求。

3.1 倾斜轴位置确定

如图 7 所示,以通过浸水面形心为坐标原点,垂直于直角梯形的直角边为 X 轴,平行于直角边为 Y 轴,建立坐标系 XOY。不难求出该坐标系下的惯性矩 I_{xx}、I_{yy} 和惯性积 I_{xy}。由平面图形几何性质及转轴公式可以求出过形心 O 的主惯性轴及主惯性矩 I_x 和 I_y。

假设主惯性轴与 X 轴夹角为 θ,则有：

$$I_x = \frac{I_{xx}+I_{yy}}{2} + \sqrt{\left(\frac{I_{xx}+I_{yy}}{2}\right)^2 + I_{xy}^2} \tag{17}$$

$$I_y = \frac{I_{xx}+I_{yy}}{2} - \sqrt{\left(\frac{I_{xx}+I_{yy}}{2}\right)^2 + I_{xy}^2} \tag{18}$$

$$\tan(2\theta) = -\frac{2I_{xy}}{I_x - I_y} \tag{19}$$

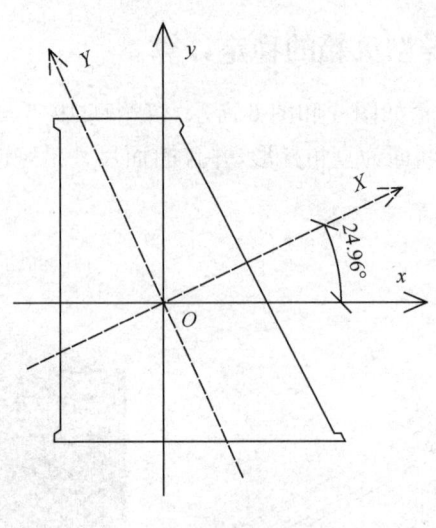

图 7 浸水面

从上式可以求出两个相差 90°的角度,分别对应最大和最小的主惯性轴 I_x 和 I_y,图 7 中 X、Y 轴即为主惯性轴。其中最大形心主惯性矩为 $I_x = 3\,645.426\,8$;最小形心主惯性矩为 $I_y = 1\,412.515\,4$。

不难发现,当异型沉箱绕 Y 轴摆动时更容易发生倾覆,因此采用式(16)进行验算沉箱稳定时只需计算绕 Y 轴摆动的情形。

3.2 稳定验算

建立图 8 所示坐标系,其中坐标原点位于沉箱底部,Z 轴向上为正。异型沉箱的格仓编号如图 8 所示,假定总压载量为 400 t,各格仓的压载水高度以及第 i 格仓内压载水面对于该水面倾斜轴的惯性矩 I 如表 1 所示,总排水量为 $2\,372\,m^3$。

表 1　各格仓压载水高度及对倾斜轴的惯性矩

格仓编号	1	2	3	4	5	6	7	8	9	10
压载水高度(m)	4.65	4.65	4.65	4.65	1.58	1.58	1.58	1.58	2.9	2.8
I (m^4)	22.396	22.396	22.396	22.396	22.396	22.396	12.586	1.471	8.586	0.627

通过计算求得压载后的重心为(7.85,5.61,7.369),浮心为(7.86,5.61,7.26),浸水面的形心为(7.88,5.60,7.80)。可以看出重心、浮心在浸水面的投影和浸水面的形心基本重合(X 和 Y 坐标基本一致),因此满足前述 2.2 节公式(16)应用的前提条件。

重心到形心的距离 $a = 0.11$ m,求解各格仓的惯性矩时,应求解该格仓压载水面对于自身倾斜轴的惯性矩。

通过求解得出定倾半径为 0.578 m,此时定倾高度为 0.468 m。根据规范本项目沉箱的定倾高度不小于 0.2 m 时即为稳定,因此前述压载方案可以满足浮游稳定。

本项目中两个异型沉箱按照前述压载方案进行施工,结果表明沉箱在这种压载条件下,可以很好地保持浮游稳定,理论计算和现场实施结果基本一致,两个沉箱均顺利完成了安装。

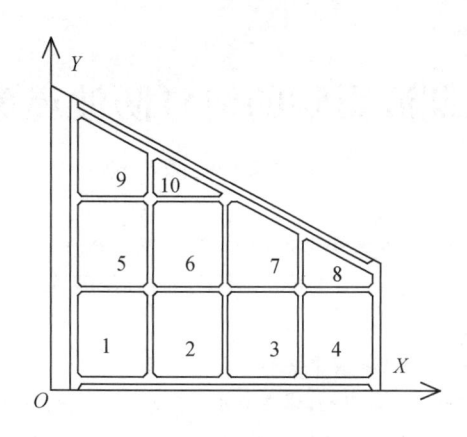

图 8　计算及格仓编号图

4　结论

(1) 异型沉箱浮游稳定计算无法直接按照规范,通过计算纵向中心轴的惯性矩从而求出定倾半径。通过对任意形状悬浮体的浮游稳定计算公式推导,并结合异型沉箱的结构特点,将规范中矩形和无隔墙圆形沉箱的定倾半径计算公式推广至异型沉箱。

(2) 本文给出的计算方法主要针对竖直方向上截面形式不变的异型沉箱,通过压载等方式,使沉箱竖直平稳悬浮于水中时,任意横断面形状和面积均不发生变化。其重心、浮心和浸水面的形心在同一条竖直线上。受到轻微扰动时,将沿着过浸水面形心的主惯性轴做二维摆动,而非复杂的三维运动。

(3) 由于异型沉箱的浸水面并非对称图形,无法直接找到其形心主惯性轴,因此通过平面图形几何性质求解主惯性轴,然后再进行定倾半径的求解。

(4) 通过本项目两个异型沉箱的计算以及现场实施,证明了这种计算方法安全可靠,可以为异型沉箱的浮游稳定计算提供参考。

参考文献

[1] 中交第四航务工程局有限公司,中交四航局港湾工程设计院有限公司. 重力式码头设计与施工规范:JTS 167—2—2009[S]. 北京:人民交通出版社,2009.
[2] 徐彦东,李双泉,宋先勇. 某港码头沉箱的浮游稳定计算分析[J]. 港工技术,2011,48(4):25-28.
[3] 汪汇,韩重虎. CAD 建模在沉箱浮游稳定性计算中的应用[J]. 中国水运(下半月),2012(12):74-76.
[4] 董中亚. 扇形箱格之圆形沉箱浮游稳定的计算法[J]. 水运工程,2009(1):43-49.
[5] 董中亚. 椭圆沉箱浮游稳定的计算法[J]. 水运工程,2008(1):53-59.
[6] BIRAN A,PULIDO R L. Ship hydrostatics and stability[M]. Oxford:Butterworth-Heinemann,2014:42-47.

长周期波影响的河口防波堤施工技术

许万胜[1,2],谭 斌[1,2]

(1. 中国港湾西部非洲区域公司,科特迪瓦阿比让 06BP6687;
2. 中交一航局第五工程有限公司,河北秦皇岛 066022)

摘 要:波浪是影响沿海防波堤最重要的水动力因素之一,长周期波能够穿透可透浪防波堤,对防波堤防护内的水动力环境产生极大影响,给在此条件下进行防波堤等水工建筑拆除及新建施工带来一定的困难。针对西非某运河口门处防波堤工程,根据其处于长周期波影响环境下水上施工困难等问题,对防波堤各分项工程的施工特点、难点进行分析,并制定相应的解决方案,最终顺利完成防波堤的改建施工。相关施工技术的总结和分析,可为类似防波堤工程施工提供参考。

关键词:长周期波;防波堤;3D智能引导系统;长臂挖掘机;Core-loc护面块体;水下可视化

国内防波堤施工海域波浪周期通常在10 s以下,台风来临时波浪周期增长至15～18 s,非台风季节表现为良好的风浪水文条件[1]。西非几内亚湾附近所处的大西洋海域则常年受15～19 s长周期波浪作用,长周期波浪不同于一般的风浪和涌浪,通常波高不高,但周期与波长较长,波速较大,在水平方向上流动性很大,具有相当大的能量,对含防波堤在内的港口建筑物破坏力极大,给船舶在无掩护水域或可透浪防波堤防护内施工带来了一定的困难。在运河口门处进行防波堤施工更是受到了长周期波浪作用和涨落潮涌入涌出水流的双重影响。

本文结合西非某防波堤工程在长周期波浪作用下,通过对旧堤块石拆除及边坡开挖、块石抛填理坡、Core-loc护面块体安装等各分项施工的特点、难点进行分析并制定了解决方案,对施工工艺进行了介绍。

1 工程概况

1.1 工程简介

西非某防波堤工程位于运河口门处,该工程为重建运河东、西侧防波堤,并对运河两侧护岸进行改建和加固:运河口门航道宽度从135 m扩大到250 m,东防波堤堤头退后约80 m,西防波堤堤头退后约40 m,向海侧延长约25 m,东、西防波堤改建和加固的总长度约为1 200 m。

旧防波堤拆除主要包括:旧堤挡浪墙拆除、堤头巨大块石和西堤四角椎体拆除、旧堤护面块石和堤心石拆除、岸坡砂质土开挖。

新建防波堤为斜坡式结构,由内向外依次为土工布、碎石倒滤层、护底块石、堤心石、次垫层块石、垫层块石、压脚棱体、Core-loc护面块体、现浇混凝土挡浪墙。防波堤新堤建设一般结构断面图见图1。

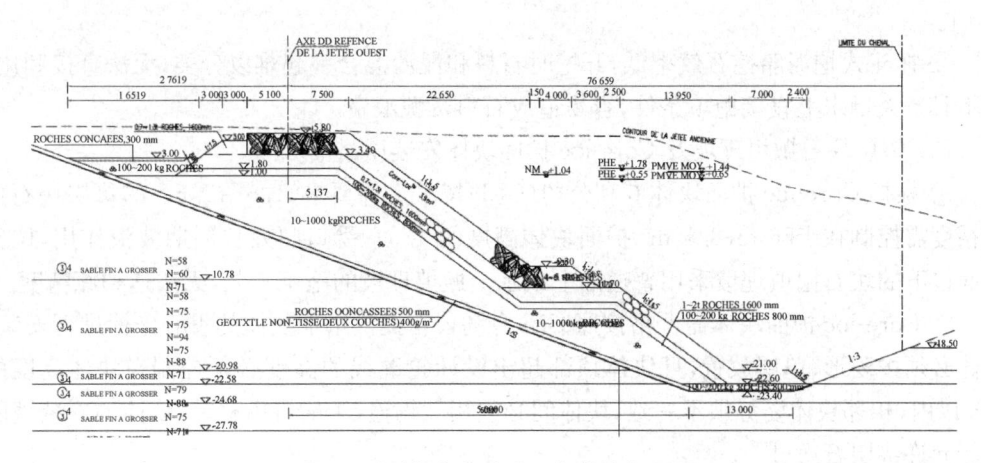

图 1　防波堤新堤建设一般结构断面图
（高程：m；尺寸：mm）

1.2　水文条件

1.2.1　潮汐及风向

本工程所在地区潮汐为半日潮型，常风向为 SSW。

1.2.2　涌浪

本工程主要位于运河口门处，外接大西洋，涌浪大且波长较长，DHI 报告中，波浪周期为 15.8～18.7 s，波长为 148～164 m。

1.2.3　水流

运河口门处水流流速大，旱季涨潮流速为 2.3 m/s，退潮流速为 2.7 m/s；雨季涨潮流速为 2.1 m/s，退潮流速为 3.0 m/s；特殊雨季涨潮流速为 1.7 m/s，退潮流速为 3.2 m/s。

1.3　工程特点、难点分析

（1）运河正常通航商船，口门处狭窄，受长周期波和自然环境恶劣等影响，在运河口门处施工存在较大的技术及安全风险。

① 运河口门拓宽前水面宽度 200 m，通航宽度 135 m，原有的通航水域增加了施工船舶后，改变了原有航道的通航条件，施工船舶驻位、下锚，给原本就狭窄的通航水域增加了安全风险。

② 防波堤工程所在区域 1 年一遇最大波高 3.5 m，5 年一遇最大波高 4.2 m，10 年一遇最大波高 4.4 m。高水位时的涌浪破坏力非常大，同时运河口门处受长周期波、涨落潮涌入涌出水流及东西堤反射波影响，施工期间若施工顺序不合理或防护不及时，易发生穿堤等现象，施工存在较大困难。

（2）旧堤块石数量大、规格大，拆除困难，且二次利用有一定难度。

① 旧堤建设于 60 年前，外层采用 5～50 t 巨大块石、20 t 混凝土方块、8 m³ 混凝土四角锥等防护，经过几十年的风浪侵蚀冲击，多次坍塌又多次修补，拆除数量很大。尤其是西堤 6 段旧挡浪墙坍塌后直接滚入深水区，每段尺寸约为 10 m×4 m×3 m，重约

300 t。

② 抓斗式挖泥船挖石效率低，开挖时石料和泥沙混合一起难以分类，无法直接利用，且不具备大量水上直接抛填条件，容易造成石料资源浪费。

(3) 垫层块石抛填理坡及 Core-loc 护面块体安装质量要求高。

① 根据 Core-loc 护面块体专利公司(CLI)技术文件要求，1.5~2.5 t 的垫层块石抛填精度需控制在±56 m($8.5 m^3$ 护面块体高度的 1/6)，受口门处长周期波浪作用，位于水面以下的块石抛填理坡采用普通陆上或水上抛填理坡的施工工艺，无法达到此精度。

② Core-loc 护面块体需严格按照 CLI 专利公司提供水下块体的重心坐标进行安装；块体必须按菱形、单层放置，且块体顶部超出设计轮廓线的高度必须控制在块体高度的 1/3 以内；相邻块体姿势须不一致，块体间必须相互钩连，不能自由移动；块体的安装缝隙不能允许垫层石通过[2]。

2 防波堤工程施工综合技术

根据工程特点、难点分析，防波堤工程采用相应的施工综合技术，具体解决方案如下。

2.1 科学部署施工

2.1.1 建立通航协调室

本工程所用施工船舶高峰期达 20 艘，所处西非国家须用外语与港务局调度进行沟通，因语言存在障碍，为避免因沟通不畅而导致船舶碰撞事故，项目部专门成立通航协调室，挑选中文与当地官方语言俱佳的人员为协调员，作为我方施工船舶与港务局调度室连接的纽带，保证通航安全。

2.1.2 科学策划施工顺序

为保证商船正常通航，项目部先施工东防波堤，将旧堤裁弯拆除进行取直重建，将航道尽快拓宽，增加施工船舶与航道的安全距离。东侧打通后，将航道改线到东侧，再施工西防波堤。施工时在施工区域边界设置警示标识，以达到提示警戒的目的。

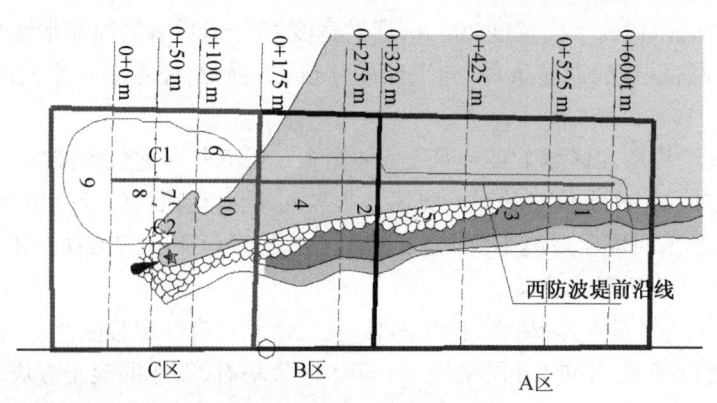

图 2　防波堤分区示意图

同时综合考虑雨季、旱季不同的涌浪条件,为减少外海长周期波浪对船舶施工的影响,让旧堤堤头对后部施工形成防护,东、西防波堤施工方向均为由运河向外海侧进行。堤头施工时,如图2防波堤分区示意图所示,通过防波堤前沿线将堤头7、8区分成两部分,先施工迎浪侧形成防护,再施工另一侧,防止发生穿堤风险。

2.2 块石拆除工艺探索

旧堤块石拆除主要通过水上和陆上两种方式进行开挖拆除。

2.2.1 水上块石开挖拆除

水上块石开挖拆除主要通过抓斗式挖泥船,其适用范围较广,基本不受水深限制,只要挖槽能满足施工吃水便可以施工。优点是很容易增加挖泥深度,施工时占用水域较小,尤其可用于狭窄、水浅的施工区域。但当开挖区域块石厚度大,块石聚集,且块石规格大时,抓斗船直接垂直开挖较困难,且容易挖断抓齿。

项目部选用"深挖塌坡法",在侧面开挖塌坡的形式开挖,深挖过程中块石逐块滑落孤立,方便抓斗抓除;这种方法避免了抓斗直接"啃堤"造成抓斗掉齿频繁、斗体开裂频繁等问题,提高了开挖效率。

抓斗式挖泥船采用"阶梯法"开挖边坡,按照"下超上欠,超欠平衡"的原则进行开挖,以达到边坡要求。边坡阶梯开挖施工图见图3。

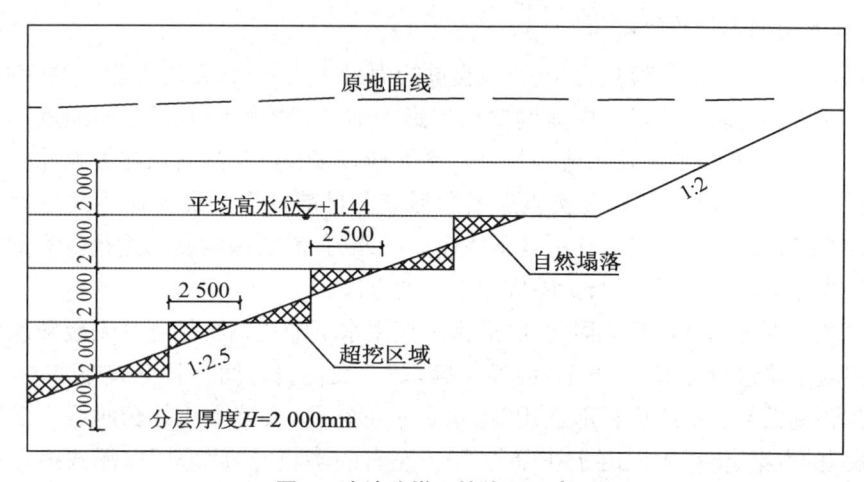

图 3　边坡阶梯开挖施工示意图

(高程:m;尺寸:mm)

2.2.2 陆上块石开挖拆除及二次利用

陆上块石开挖拆除主要依靠长臂挖掘机,凭借司操手的视觉、感觉等经验及测量人员施工放样配合工作,来达到设计高程、坡度等精确控制的要求,通常因不可视而影响施工进度和质量。

为减少长周期波对船舶施工的影响,项目部采购了186 t级CAT6018挖掘机,配备于全球首台特大吨位型的32 m长臂,将水陆施工分线由−3 m改变为−8 m,减轻抓斗船的施工压力。在1∶1.5坡度工作条件下,垂直挖深达14 m(长臂挖掘机开挖理坡曲线

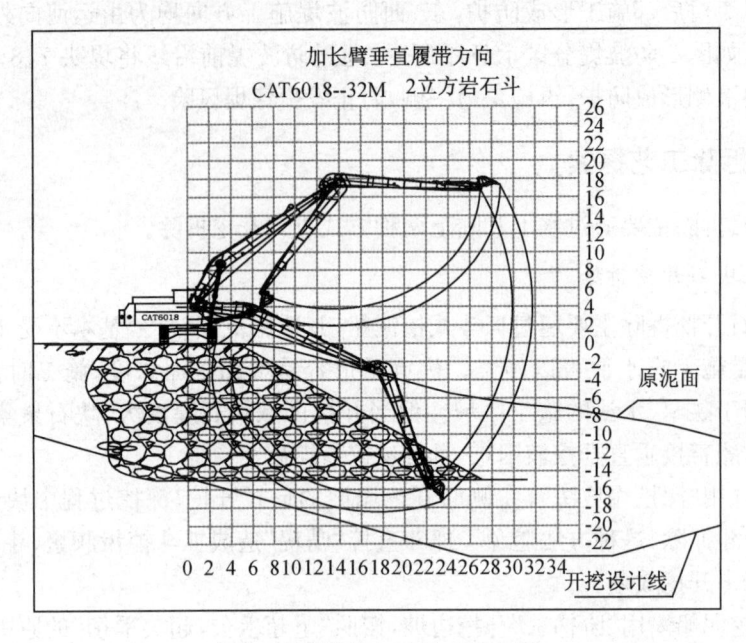

见图4）。另外陆上挖除的块石还可用于新堤建设，降低成本。

图 4　长臂挖掘机开挖理坡曲线

2.2.3　巨大混凝土块拆除方法

现场抓斗式挖泥船斗容量为 16 m³，起重能力最大为 60 t，无法拆除重约 300 t 的 6 块水下巨大混凝土块。项目部中途调遣世界最大抓斗式挖泥船东祥号船舶进场参与作业，由于口门处受长周期波及水流等复杂水文影响，200 m³ 斗容的东祥号抓斗式挖泥船驻位存在巨大安全风险，经现场实验后紧急撤离。目前世界上最大抓斗式挖泥船的投入，也证明了现有的船机设备，均不具备该作业的能力，需要探索新的途径。为此将巨大混凝土块先分解成小块，再进行拆除成为唯一的方法。

首先项目部选用操作较为简便的"潜水员使用水下液压钻机钻孔并安装液压劈石机对巨大混凝土块进行分解"的方案，但经实验，该方案耗费时间长且劈裂效果不稳定，远不能达到预期效果。最终项目部选用"潜水员水下钻孔，安装乳化炸药对巨大混凝土块进行分解"的方案，将巨大混凝土块分为 50 t 左右的多块，然后采用挖泥式抓斗船进行拆除。

2.3　水下"可视化"施工

2.3.1　水下垫层块石抛填理坡"可视化"施工工艺

为保证位于水面以下的 Core-loc 护面块体下方垫层块石抛填理坡质量达到 CLI 专利公司技术要求，项目部引进"3D智能引导系统"安装在 CAT6018 长臂挖掘机上，进行水下垫层块石的抛填和理坡，精准控制抛填质量。

"3D智能引导系统"在长臂挖掘机上安装后，采用 GPS 实时动态定位控制技术，实时、准确获知挖掘机三维位置信息；经过读取安装在挖掘机上的各种坡度传感器，解算校核过的挖掘机主要枢轴尺寸,获得挖掘机铲斗实时、精确的三维位置信息。系统通过比较数字化三维设计基准模型与当前铲斗所处位置信息,以机器模拟图形、数值和声音信号等多种方式显示实际铲斗与目标工作面的相对位置,引导司操手精确施工[3]。"3D智能引导系统"车内显示屏见图5。

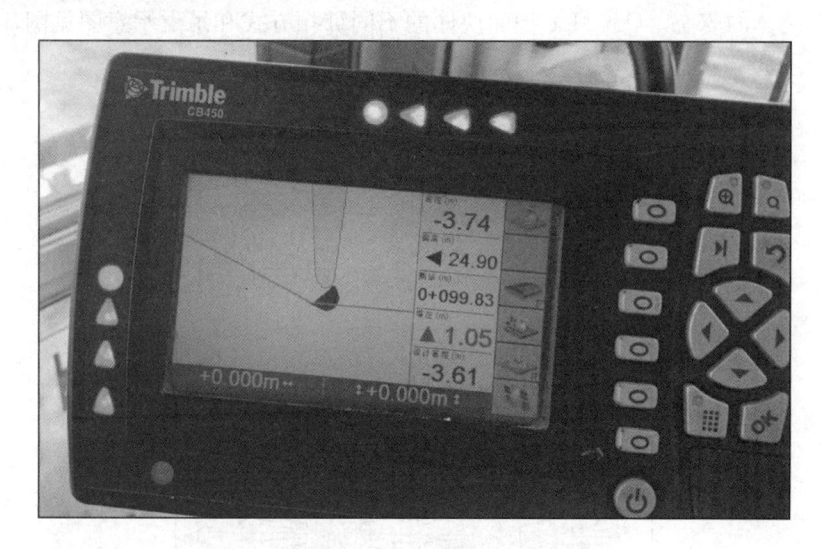

图5 "3D智能引导系统"车内显示屏图

2.3.2 Core-loc 护面块体水下"可视化"安装施工工艺

Core-loc 护面块体是在"扭王字块"基础上经过优化更新的防护块体。

（1）Core-loc 护面块体安装方案选择

防波堤护面块体安装一般分为水上安装和陆上安装。水上安装需使用起重船或方驳配合履带吊安装,但其抗风浪能力较差,且台班费较高,经济性较差;陆上安装需履带吊上堤作业,其经济性和施工质量都优于水上安装,由于本工程需安装的 Core-loc 护面块体均位于堤头处,受长周期波及涨落潮涌入涌出水流影响较大,故最终选用履带吊、平板车等起重、运输设备配合的陆上安装施工方案[4]。

（2）Core-loc 护面块体安装定位方式选择

目前块体安装主要的块体定位方式有前方交会法、极坐标法、二维 GPS 定点定位法及三维模拟信号成像法。传统的前方交会法、极坐标法等护面块体安装工艺无法满足安装精度要求,且无法保证水下块体姿态,而采用三维模拟信号成像设备系统进行安装,造价过高。为保证块体安装精度及水下姿态符合设计要求并降低施工成本,故采用二维 GPS 定点定位法配合水下实时摄像设备进行 Core-loc 护面块体水下安装施工。

二维 GPS 定点定位法,在履带吊吊臂顶部设置 GPS 流动接收机,确保预制块体与履带吊顶部 GPS 接收机位于同一铅垂线,实时接收 GPS 位置信息作为块体的安装坐标。履带吊操作室内设置显示器一台,用于显示块体安装设计平面位置及块体实时位置信息。

水下"可视化"安装选择可 180°旋转摄像头,满足水下多角度观察需求的微型水下无人机摄像设备,全程录制视频资料,通过无线传输至平板电脑,操作人员可实时观察现场影像。

（3）Core-loc 护面块体水下可视化块体安装

① 调整块体捆绑方式，确定相邻块体不同姿态

Core-loc 护面块体采用钢丝绳捆绑，随机交替使用 2 种绑扣方式、变换 3 种绑扣吊点，以改变块体的姿态。Core-loc 护面块体的不同绑扣方式和吊点示意图见图 6。

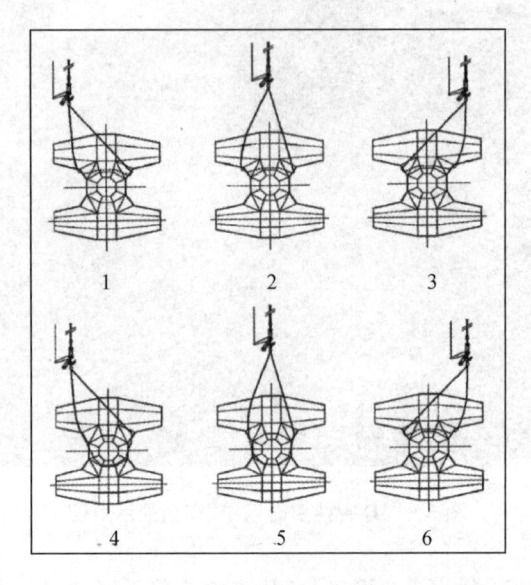

图 6　Core-loc 护面块体绑扣及吊点示意图

② 根据录制视频资料，摆放陆地模型

陆地模型主要包括 1 个同设计坡比的斜坡面模型、若干 Core-loc 块体模型。根据录制视频资料（水下录制视频图像见图 7），通过摆放陆地模型（陆地模型摆放示意图见图 8），模拟水下 Core-loc 护面块体就位姿势，确定相邻 Core-loc 块体姿势不一致，为下一排 Core-loc 块体安装提供依据。

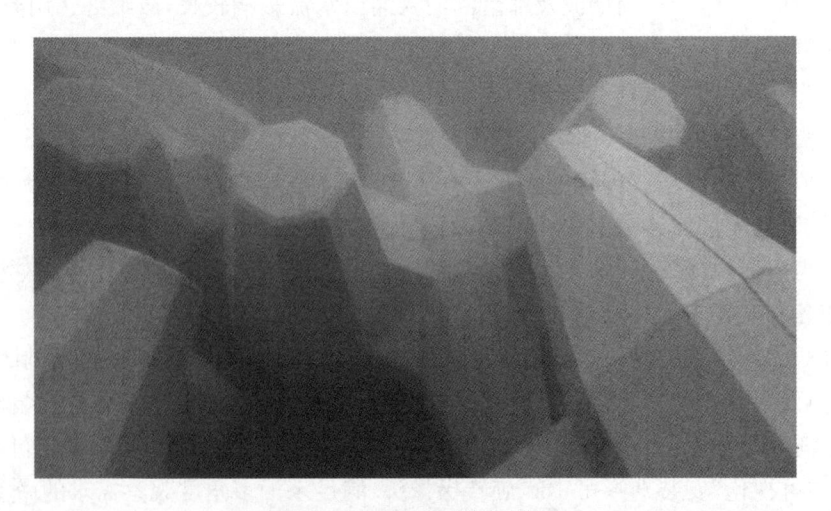

图 7　水下录制视频图像

图8　陆地模型

3　结束语

(1)经过本工程的实践检验,通航协调室作为船舶通航沟通机制,被证明在提高船舶通航效率方面十分高效,可保障过往船舶及施工船舶安全,且能够进一步提升施工效率,节约施工成本,在海外运营港口施工中是非常必要的。

(2)抓斗式挖泥船应用"深挖塌坡法"及"阶梯法"进行旧堤块石拆除,提高了水上开挖效率,降低了船舶损坏率;采购的32 m长臂挖掘机,变部分水上块石拆除施工为陆上施工,减少水上施工量,降低了长周期波对防波堤施工的影响,提高了施工效率。尤其是选用的"水下钻孔爆破拆除"巨大混凝土块的施工工艺,整个操作过程时间短,有效地解决了世界性的施工难题,为长周期波影响下的大块石拆除提供了新的可行性方案,具有广泛的应用前景。

(3)"3D智能引导系统"配合长臂挖掘机的水下"可视化"施工工艺在工程中成功实践,证明该工艺具备可行性,且所显示数据更有利于司操手操作,为挖掘机的精密施工提供了新思路,开创了该领域的新的局面。Core-loc护面块体水下"可视化"安装施工工艺为预制块体安装常规施工工艺之外开辟了新的思路,为精度要求较高且常规工艺不可行的预制块体安装项目提供了参考依据。

参考文献

[1] 周加杰,罗春艳,靳克,等. 长周期波作用下斜坡式防波堤稳定性及施工分析[J]. 中国港湾建设,2013(5):21-24.
[2] CLI Core-loc™ Technical Information Document[Z]. CLI,2016.
[3] 师春茂. 工程机械控制 挖掘机3D智能引导系统[EB/OL]. (2015-01-28)[2019-08-08]. https://www.cehome.com/news/20150128/201758.shtml.
[4] 魏建雄,薛瑞龙,吕剑,等. 新型Core-loc防护块体的安装施工技术[J]. 港工技术,2013,50(1):46-48.

复杂水文条件下防波堤拆除与重建施工技术

谭 斌[1,2]，许万胜[1,2]，杨 易[1,2]

(1. 中国港湾西部非洲区域公司，科特迪瓦阿比让 06BP6687；
2. 中交一航局第五工程有限公司，河北秦皇岛 066002)

摘 要：文章结合科特迪瓦阿比让港口扩建项目防波堤工程，对在口门处复杂的水文条件下重点分项施工工艺进行研究，探讨了防波堤边坡开挖技术和Core-loc块体安装施工工艺，并对口门处船舶施工安全进行研究，最终顺利完成了防波堤拆除与重建施工。

关键词：复杂水文；防波堤；Core-loc块体安装

1 工程概况

西非某防波堤工程位于运河口门处，该工程重建运河东、西侧防波堤，并对运河两侧护岸进行改建和加固：运河口门航道宽度从135 m扩大到250 m，东防波堤堤头退后约80 m，西防波堤堤头退后约40 m，向海侧延长约25 m，东、西防波堤改建和加固的总长度约为1 200 m。

旧防波堤拆除主要包括：旧堤挡浪墙拆除、堤头巨大块石和西堤四角椎体拆除、旧堤护面块石和堤心石拆除、岸坡砂质土开挖。

新建防波堤为斜坡式结构，由内向外依次为土工布、碎石倒滤层、护底块石、堤心石、次垫层块石、垫层块石、压脚棱体、Core-loc混凝土预制块体、现浇混凝土挡浪墙。

2 防波堤边坡开挖技术

利用抓斗式挖泥船，根据地质报告，对于砂层标贯数值较大区域，采用"梯形开挖"的施工工艺，先挖深槽底形成塌方，再开挖边坡，减少了表层硬质土开挖量，提高开挖效率。

边坡采用分区分层开挖，根据不同的地质条件确定分层厚度，根据总体施工安排进行分阶段性开挖。

第一阶段为大范围开挖阶段，开挖至距设计边坡开挖线2～3 m位置，预留2～3 m预冲刷量。开挖采用分层开挖，每层开挖厚度以一斗的抓深为一层，每层厚度控制在2 m以内[1]。

第二阶段为成坡阶段，边坡控制的总体原则是按设计坡度要求进行分台阶施工，按照"下超上欠，超欠平衡"的原则进行开挖，以达到边坡要求。

如图1所示为边坡阶梯开挖施工示意图。

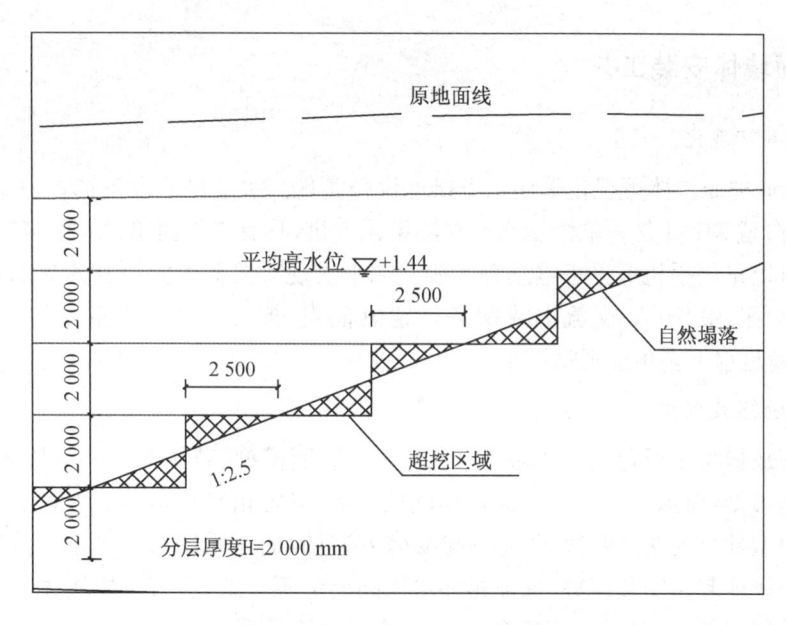

图 1　边坡阶梯开挖施工示意图

本工程采用 16 m³ 抓斗式挖泥船,船宽 20 m,抓斗张开宽度 8 m,计划分条宽度 18 m,施工网格宽 6 m,条与条之间重叠一个斗宽(2 m)。

3　Core-loc 块体安装施工工艺

3.1　护面块体定位工艺

采用 GPS-RTK 实时动态定位技术进行护面块体安装定位,GPS-RTK 实时动态定位技术是一项以载波相位观测为基础的实时差分 GPS 测量技术。主要由 GPS 接收设备、无线电数据传输系统及支持实时动态差分的软件系统 3 个部分组成。具体操作为:在基准点上设置基准站,连续接收可见 GPS 卫星信号,并通过电台实时将测站坐标及观测数据传送到流动站,流动站在接受 GPS 卫星信号的同时,根据参考站传输来的数据,由图 2 软件系统根据相对定位的原理进行差分解算,实时得出流动站的三维坐标。

在现场实际施工时,在起重机吊臂的顶端设置 GPS 流动站,施工中使 Core-loc 块体、吊线和接收机保持在同一直线上,将接收机数据线接入起重机控制室的电脑,利用导航定位软件进行定位。Core-loc 块体安装定位系统的示意图见图 2。

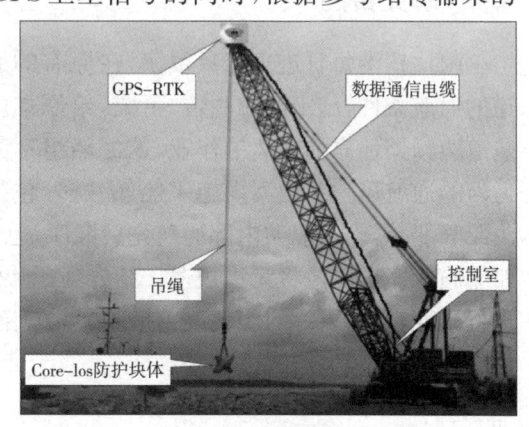

图 2　Core-loc 护面块体定位系统

3.2 护面块体安装工艺

3.2.1 水下可视化

Core-loc护面块体可视化采用水下摄像设备实现。水下摄像设备选择白鲨MINI水下机器人,白鲨MINI是一款微型水下观测型无人机,具有操作简单、结构小巧、运动灵活等特点。可以采用手机或平板电脑等无线终端来实现对机器人的控制并显示水下图像,操作便捷;可采用220 V交流电或配备外置电池组,携带方便。更重要的是摄像头可180°旋转,满足水下多角度观察需求[2]。

3.2.2 陆地摆放模型

陆地摆放模型主要包括1个坡比1∶1.5斜坡面模型、若干Core-loc块体模型。通过摆放陆地模型,模拟Core-loc护面块体就位姿势,确定相邻Core-loc块体姿势不一致。

陆地模型共分为两个阶段:①某一排块体安装前,通过采用Core-loc块体模型摆放,确定每一个块体起吊安装姿势,保证相邻块体间姿势不一致;②某一排块体安装结束后,潜水人员录制视频,根据影像资料摆放Core-loc块体模型,为下一排Core-loc块体模型摆放提供依据。

3.2.3 视频检查

视频检查主要通过两种方式:白鲨MINI摄像机实时传输视频影像;潜水员手持水下摄像机录制某一排Core-loc护面块体视频资料。

通过白鲨MINI摄像机实时录制Core-loc护面块体起吊安装过程中视频资料,特别是块体就位瞬间姿势变化,可立即确认是否与相邻块体姿势一致,方便块体姿势调整。潜水员手持水下摄像机进行块体安装效果录像,可再次确认相邻块体姿势是否一致,同时为下一排块体安装提供影像资料。

4 口门处船舶施工安全研究

4.1 研究目的

阿比让港每日进出船只很多,在原有的通航水域增加了施工船舶后,改变了原有航道的通航条件,施工船舶驻位、下锚,给原本就狭窄的水域增加了通航难度;施工船舶在航道边频繁地靠泊和离泊作业,挖泥船组不断地调整施工位置,大幅度地增加了弗里迪运河的通航风险。运河内施工船舶较多,包括抓斗挖泥船、泥驳、平板驳、拖轮、锚艇、疏浚绞吸船等,施工船舶内部通航先后顺序,也需要通过高质量的沟通机制去处理。否则,船舶施工安全风险将无法规避。结合阿比让港口扩建项目实际,对口门处船舶施工安全进行研究,提出更好的优化改善措施,提升船舶作业安全系数,是非常有必要的。

4.2 技术、安全保障措施

(1)成立船舶通航协调小组

基于港区的船舶通航现状及各船舶与港调存在语言沟通障碍,为确保施工船舶进出港的通航安全,由项目部组建了船舶通航协调指挥部,协调施工船舶与港口调度的沟通,协助施工船舶与港内航行船舶之间的沟通。船舶通航协调指挥部下设通航协调室,按照指挥部的分配,负责日常施工船舶、港调及港内航行船舶的沟通协调。

(2) 做好船舶的统筹安排

在施工水域设警戒标识,用浮鼓将航道与施工水域严格区分,浮鼓上设置红色警示闪灯,所有施工船舶在限定水域内作业。

通航协调室获取港务局进出港船舶的时间、船型等资料,对施工船舶进行合理调配。增加陆上作业量,减少水上作业量及船舶作业时间。

(3) 船舶避让方案

航道内施工主要是由抓斗式挖泥船和开体驳进行施工,当对进出港的商船产生影响时,根据进出港船型进行合理避让。营运船舶进出港时,主动观察其情况,并视情况进行主动的避让;必要时施工船舶停止作业,待商船离港后恢复正常施工。

船舶施工时保持正规瞭望,及早发现来船并判断来船的动态;发现紧急情况时,通过鸣笛、信号灯等动作提醒商船,正确估计与商船形成的碰撞危险局面,采取避让行动以避免紧迫局面的形成。

(4) 安全保障措施成效

① 通航效率

运营港口安全管理风险较高,既要保证船舶施工效率,又要保证港口正常运营,科学高效的管理是保证安全的基础。阿比让港口扩建项目,根据当地实际情况,充分研究了港口运营实际情况,结合项目自身实际特点,在港口调度室与施工船舶之间环节成立一个协调环节,通过培训确保中间环节实现专业、高效、不间断的信息处理,满足了施工、运营、效率和安全的共同需要[3]。

② 管理流程清晰化分析

自通航协调室成立以后,最大程度解决了内部信息整合,集中统一对外问题。将被动的接受调控变成主动的事先规划,促进了港口调度室的工作开展,使其仅仅面对一个通航协调室接口,工作量降低、预判性提升。

5 结束语

综上所述,得出以下结论:

(1) 抓斗式挖泥船应用"梯形开挖"及"下超上欠,超欠平衡"的施工工艺进行旧堤拆除施工,提高了水上开挖效率,符合边坡开挖的质量要求。后期利用长臂挖掘机搭载"3D智能引导系统"进行边坡开挖施工,变部分水上块石拆除施工为陆上施工,减少了水上施工量,提高了施工效率。

(2) Core-loc 护面块体采用 GPS-RTK 实时动态定位技术进行安装定位,同时采用白鲨 MINI 水下摄像设备及潜水员手持水下摄像机进行水下摄像的方式,进行"水下可视化"安装,为预制块体安装工艺开辟了新的思路,为精度要求较高且常规工艺不可行的预制块体安装项目提供了参考依据。

(3) 通航协调室作为船舶通航沟通机制,解决了港口调度室内部信息的整合问题,满足了施工、运营和安全的共同需要,经过本工程的实践检验,证明其在提高船舶通航效率方面十分高效,且能节约施工成本。海外运营港口施工设置通航协调室非常有必要。

参考文献

[1] 高大伟.抓斗式挖泥船的施工技术[J].中国港湾建设,2008(5):40-42.
[2] 史春岩,陶然,黄睿奕.防波堤护面块体Antifer块实时三维可视化安装施工技术[J].港口科技,2018(9):16-19+23.
[3] 孙国庆.港口安全管理现状分析及对策研究[J].中国安全科学学报,2005,15(7):40-43+1.

河口无掩护旧堤水下大块石安全拆除工艺研究

王建龙[1,2]，许万胜[1,2]，宋鹏飞[1,2]

(1. 中国港湾西部非洲区域公司，科特迪瓦阿比让　06BP6687；
2. 中交一航局第五工程有限公司，河北秦皇岛　066002)

摘　要：文章以科特迪瓦阿比让港口扩建项目防波堤工程为例，该工程位于运河口门处，其新建防波堤需要拆除旧堤，原有水下巨大块石拆除成为施工技术难题，基于工程特点、难点，对大块石拆除工艺进行详细的研究，通过船舶机械设备拆除结合开挖、水下钻孔爆破等方式，最终完成了巨大块石拆除工作，可为其他类似防波堤拆除工程提供参考。

关键词：防波堤；水下大块石；水下爆破

1　工程概况

1.1　工程简介

科特迪瓦阿比让港口扩建项目防波堤工程，对运河东西两侧各 600 m 的旧堤进行拆除重建。原防波堤采用规格为 3～50 t 的大块石护面，堤头 180 m 范围内均为 10 t 以上大块石，现场实测水面以上最大块石约 54 t。另外，原有防波堤经过 60 多年的风浪侵蚀冲击、坍塌，原堤顶 6 块现浇混凝土挡浪墙沉入海底，经测每块尺寸约为 10 m×4 m×3 m，重达 300 余 t，最深 1 块距离水面约 18 m。

1.2　水文条件

本工程所在地区潮汐为半日潮型，常风向为 SSW。运河口门处的水流流速较大，涨潮干燥季节为 2.3 m/s，雨季节为 2.1 m/s；落潮干燥季节为 2.7 m/s，雨季节为 3.0 m/s。防波堤工程所在区域以长周期涌浪为主，1 年一遇最大波高 3.5 m，5 年一遇最大波高 4.2 m，10 年一遇最大波高 4.4 m，涌浪大且波长较长，在 DHI 报告中，波浪周期为 15.8～18.7 s，波长为 148～164 m。

1.3　工程特点、难点分析

(1) 待拆除防波堤外接大西洋，外侧无任何掩护，受大西洋长周期波影响较大；

(2) 运河口门处，潟湖涨潮落潮水流速度较大，与外海波浪交会叠加后，水文条件变得十分复杂，船舶水上驻位作业安全风险高；

(3) 坍塌后沉入海底的混凝土挡浪墙巨大，无法直接通过常规船机设备破碎或直接拆除；

(4) 在旧堤拆除及新堤重建过程中，运河需保持正常通航商船，口门处狭窄，存在船舶碰撞风险。

2 大块石拆除工艺研究

在大块石拆除方案策划时,考虑了机械拆除和爆破拆除两种方案。由于阿比让港是科特迪瓦的国家经济命脉,施工期间需保持港口正常运营。爆破拆除作业不仅审批难度大、周期长,而且存在一定的安全风险。施工单位将机械拆除作为首选方案,将爆破拆除作为备用方案。

2.1 配置大块石拆除的船机设备

为保证大块石拆除效率,施工单位投入两台大型长臂挖掘机,分别为臂长 32 m 的 CAT6018 挖掘机和臂长 20 m 的 CAT390 挖掘机,从陆上进行水下大块石拆除;投入 16 m³ 抓斗式挖泥船一艘、1 000 m³ 开体驳两艘,从水上进行水下大块石拆除;临时调遣目前世界最大的抓斗挖泥船东祥号(200 m³)对 300 余 t 的混凝土挡浪墙进行拆除;投入液压破碎锤一台,用于破碎低潮时露出水面的大块石[1]。

2.2 0～−9 m 大块石拆除

臂长 32 m 的 CAT6018 挖掘机,在 1∶1.5 坡度工作条件下,垂直挖深达 14 m。考虑两台长臂挖掘机配合,可达到最大工效,施工时将水陆开挖拆除分界线定为 −9 m。在施工过程中,原防波堤 −9 m 以上部分的大块石,分别由两台大型长臂挖掘机单独或配合开挖移至岸侧,在低潮位时用液压破碎锤破碎,采用小型挖掘机装车后用自卸车运走。在挖掘机开挖后具备船舶驻位水深条件时,船舶进场作业。

2.3 −9 m 以下大块石拆除及船舶施工安全

−9 m 以下的大块石,采用 16 m³ 抓斗式挖泥船开挖,两艘 1 000 m³ 开体驳配合,在水上进行拆除。为保证船舶施工安全,在大块石拆除施工前,船舶在外海进行了试验,确定了适合在长周期波和口门无掩护水文条件下的挖泥船驻位方式。

在保证前后各两条钢丝缆的情况下,挖泥船需在船体前后各增加一个锚链,以保证船舶的安全性。船上安排人员 24 h 值守,遇到有大型船舶进出航道时,提前搅缆移船,使施工船舶远离航道,避免影响商船正常通行。此外施工单位备用一艘拖轮,在出现极端海况和紧急情况时,将挖泥船拖入港池,保证船舶安全。为保证船舶通航安全,施工单位组建了通航协调室,配备专业人员,作为船舶和港口调度室沟通的快速反应媒介,在保证施工安全上起到了十分重要的作用。

2.4 水下巨大块石拆除研究

16 m³ 抓斗式挖泥船将 −9 m 以下、<70 t 的块石全部清理完毕。但对于 70 t 以上的巨大块石,超出了挖泥船的额定作业能力,需要采取其他措施。施工单位中途调遣世界最大挖泥船东祥号(200 m³ 抓斗船)进场作业。由于该处位于口门处,且无掩护,200 m³ 的挖泥船现场驻位后发现存在极大安全风险,在短暂试挖后紧急撤离。

由于原有防波堤块石大,且经过长时间的沉积密实,块石间隙小,抓斗式挖泥船从上向下开挖的难度极大,船舶抓斗损坏频次极高,对施工进度造成严重影响。经过施工单位深入研究,采用"下超上欠,超欠平衡"的开挖方式,使块石松散,更利于船舶开挖,提高了效率。

按照以上工艺,拆除了防波堤旧堤约95%的大块石,但仍有约5%的巨大块石超出现有船机设备拆除能力。投入世界上最大的挖泥船仍未达到块石拆除目的,也证明了现有船机设备的局限性,亟待探索新的水下大块石拆除工艺。

2.5 水下钻孔爆破分解拆除巨大块石

保证港口的安全正常运营,是防波堤工程施工的前提条件。在使用机械拆除95%块石后,剩余的块石拆除量较小,经过反复讨论,得出爆破作业占用航道时间较短,对航道安全风险低,加快水下块石拆除进度对港口通航反而更加有利的结论。经过全面评估后,科特迪瓦港务局改变原有禁止水下爆破的观念,最终审批通过水下钻孔爆破分解拆除巨大块石的方案。

(1) 施工工艺流程

施工工艺流程主要如下:水下钻孔→水下装药→封航警戒→起爆→哑炮检查及解除警戒→船舶二次开挖。

(2) 水下钻孔

由于施工现场位于无掩护水域,在近岸侧,来自大西洋的长周期波、运河水流及回头浪的共同作用下,导致潜水员下水作业或辅助作业的船舶驻位非常困难,操作不当会引发安全事故。而水下钻孔难度大,需要潜水员长时间作业。水下钻孔成为块石拆除作业最困难的工序。

经过对海况的统计分析和试验后,现场驻一艘2 000 t的方驳,作为潜水人员辅助作业平台。安排熟悉当地海况的潜水员手持钻孔设备,在涨潮与落潮之间的平潮期下水,进行水下钻孔。为避免水流将潜水员冲走,潜水员下水后立即用绳索系在块石上并与人体相连,起到安全带的作用。

为保证爆破的安全性和爆破效果,爆破工程师提前进行了陆地模拟试验,获得了钻孔孔径、孔距及装药量的可靠试验数据。10 m×4 m×3 m的挡浪墙混凝土块,最宽面钻三排孔,每排5孔,排与排间距约2.5 m,孔与孔间距67 cm,孔径5 cm,深度60 cm[2]。

(3) 水下装药

水下炸药采用防水效果好的乳化炸药,提前在辅助作业的方驳甲板上连接好炸药、导爆索和电雷管,并计算好水深与导爆索的长度。

为防止接头处被水浸泡,每一排5个导爆雷管的接头用防水材料封堵在密闭的塑料容器内,固定在事先准备的浮漂上,使其接头露出水面。安装过程中,若导爆索因涌浪原因被拉扯,导致雷管脱离炸药卷时,潜水员需立即通知爆破工程师,由爆破工程师重新安装。

潜水员按照要求将炸药安装在指定的钻孔后,将事先准备好的沙袋压到炸药卷上方,防止爆破中途炸药卷移动。待水下炸药安装完成后,潜水员用水下摄像机录制每一个安装的炸药卷,以便爆破工程师检查。

(4) 封航警戒

由于阿比让港口过往船舶较多,为了做到万无一失,施工单位在爆破前,与港口调度室进行充分沟通,对航道进行 1h 的封航。施工单位同时安排 4 艘交通船,分别从 4 个不同的来船方向进行警戒。为了保证警戒效果,提前联系海警陪同执勤。

水下装药开始时,警戒组按照任务分工封锁爆破范围,确保驱离附近的小渔船等一切无关人员。各警戒组配备高频对讲机,保持相互之间通讯畅通,确保各个区域之间相互衔接。

(5) 起爆

爆破工程师再次确认装药无误后,要求辅助的方驳移入安全区域,在各警戒组确认警戒到位后,拉响爆破警报,随后起爆。

(6) 哑炮检查及解除警戒

起爆 10 min 后,潜水员携带水下摄像机下水检查哑炮,并拍摄视频,确保无哑炮。确认风险全部消除后,爆破结束,解除警戒。

(7) 船舶二次拆除

经过水下钻孔爆破作业,所有的块石均按照预期分解,重约 300 余 t 的块石,被分解成约 70 t 左右的块石,符合抓斗式挖泥船的额定开挖能力。

爆破结束后,抓斗式挖泥船再次进场,将爆破分解的块石装入泥驳,抛入弃泥区。

3 结果及分析

在河口无掩护水域进行水下大块石拆除,传统的船机设备和爆破拆除工艺各有利弊。综合各项条件进行统筹安排,利用船机设备拆除和水下钻孔爆破拆除相结合的施工工艺,提高了施工效率,保证了施工进度,比原计划拆除工期提前 2 个月完成,节约了施工成本,提前达到航道全面通航的条件[3]。

4 结束语

综上所述,采用长臂挖掘机、抓斗式挖泥船配合拆除旧防波堤大块石,尤其是后期选用的水下钻孔爆破拆除大块石的施工工艺,不仅解决了水下大块石拆除的难题,也缩短了使用船舶机械施工时间,减少了该复杂项目施工的港口封航时间,同时规避了其他施工工艺可能的风险,保证了施工效率。船舶机械设备和水下钻孔爆破相结合的大块石拆除工艺,有效地解决了河口无掩护水域水下大块石拆除的施工难题,为类似条件下水下大块石拆除作业积累了宝贵的经验,具有良好的经济效益和广泛的应用前景。

参考文献

[1] 李红勇,吴立,肖山,等.水环境对水下钻孔爆破影响机制研究[J].人民长江,2016(2):81-85.

[2] 李泽华,林大泽,白春华,等.实用水下钻孔爆破技术及应用[J].爆破器材,1999,28(3):29-32.

[3] 黄敏雄.水下钻孔爆破质量控制[J].广西交通科技,2000,25(4):54-55.

混凝土表面色差形成的原因分析及控制措施研究

陈继军[1],姜 丁[1,2],朱 锐[1]

(1. 中国港湾西部非洲区域公司,科特迪瓦阿比让 06BP6687;
2. 中交第四航务工程勘察设计院有限公司,广东广州 510230)

摘 要:混凝土表面颜色易受原材料、施工水平及外部环境的影响,该问题属于混凝土质量通病之一,本文介绍各种混凝土表面色差形成的原因及本项目所采取的控制措施。

关键词:混凝土表面色差;控制措施

引言

本项目混凝土工程包括预制沉箱、预制 Core-loc 块体、现浇挡浪墙、现浇胸墙及墩台,共计 16.5 万方。水泥为本地水泥厂家供应的矿渣水泥和普通硅酸盐水泥,采用定型钢模板预制及现浇,浇筑完成后使用土工布覆盖洒水养护或喷淋养护剂的方式养护。

项目争创集团品牌工程及鲁班奖,因此对混凝土观感质量有较高要求。混凝土的表面色差是混凝土观感质量的最直观表现,色差或深或浅,色差区域面积或大或小都严重影响着混凝土的观感质量[1-2]。从开工至今,项目通过QC小组活动及质量通病治理、专项检查等活动对沉箱、胸墙挡浪墙、Core-loc预制块体等混凝土外观质量进行了改进,取得了较好的效果,现对混凝土表面色差的影响因素及对应的控制措施进行总结。

1 混凝土色差类型

1.1 混凝土的原色

混凝土各原材料在经过搅拌、振捣和现场养护三个过程后,内部起着填充作用的水泥浆主导了混凝土构件表面的颜色。普通混凝土常以灰色为主,但由于水泥成分有所不同,其灰色深度有所差异。

1.2 混凝土的色差

工程上常见混凝土色差从形成原理及深度上划分大致可以分为两类:

(1)表层型色差

表层型色差主要来自表面污染。包括模板清洁度、脱模剂的影响及脱模后外界环境的污染,一般可用冲洗打磨的办法消除或减少。

(2)深层型色差

深层型色差一般不是污染造成的,而是受混凝土的内部成分影响及浇筑工艺影响形成，较难消除，只能主动预防。

2 混凝土表面色差的影响因素

2.1 原材料

原材料对于混凝土色差的影响主要体现在原材料品种及成分的变化上，比如未保持材料的单一性及连续性，可能会导致不同批次的混凝土产生色差。

（1）骨料

当骨料中的针片状颗粒含量较高时混凝土的流动性会降低，从而导致新鲜混凝土水分分布不均，使得混凝土表面颜色产生不均匀的现象。另一方面，如果骨料生产产地中途发生变化，也可能会因为骨料成分不同引起色差。

（2）水泥等胶凝材料

水泥的品种会导致成品混凝土的颜色不同，如使用粉煤灰水泥表面颜色较深，使用矿渣水泥颜色则较浅，使用硅酸盐水泥颜色介于前两者之间。一般使用单一品种或者同一厂家的水泥不会影响混凝土表面色差。本项目地处非洲西部，水泥厂家因熟料来源不同导致其生产的水泥物理性能及化学成分不稳定，不稳定主要表现在两个方面，一是水泥细度变化较大，水泥颗粒太细时会造成用水量变大，混凝土水灰比也随之改变，水灰比不同使得混凝土局部表面颜色发生变化，引起色差；二是水泥化学成分的波动，当水泥中的 Fe_2O_3 和 MgO 的含量不同时会影响水泥本身的颜色，另外 $Ca(OH)_2$ 等水化产物（白色）的生成量存在差异也会进一步导致混凝土表面出现色差。

同理，混凝土中的矿物掺合料（如粉煤灰等）的细度、化学成分、烧失量等变化的时候同样会导致混凝土表面出现色差。掺合料计量误差引起的实际掺量发生变化也会导致成品混凝土表面出现色差。

（3）拌合用水

拌合用水的重金属盐含量会对混凝土外观有一定影响，尤其是铜离子及铁离子，易生成有色氧化物等，导致混凝土表面出现色差。

2.2 混凝土性能

混凝土性能对色差的影响主要表现在混凝土的均匀性上，如果拌合站或者现场因为各种原因导致混凝土出现泌水、离析等现象时，就易导致混凝土表面出现色差。

当混凝土的外加剂和水泥匹配性较差时可能导致混凝土产生泌水现象，泌出的自由水流动时带走大量的水泥浆，致使混凝土上部水泥浆的总量显著高于底部，水泥浆相对含量越多则生成 $Ca(OH)_2$ 晶体的量越多，会造成混凝土结构上部的颜色比下部浅，因而产生显著深浅"分层"。另外混凝土最终呈现的颜色与其表面结构（密实度、平整度及孔隙结构）有关，也与混凝土表面的含水率等因素有关。

当新鲜混凝土发生离析时，水泥浆与骨料会不同程度分离，由于两种材料颜色不同而导致色差出现。

2.3 现场混凝土浇筑作业

现场作业水平的影响是混凝土色差形成的主要因素。施工时过分振捣会导致混凝土内部各种组分不均匀沉降，混凝土中水和外加剂以及密度较小的矿渣等掺料在混凝土表面富集，骨料下沉，使得混凝土上下层颜色不一致。在振捣过程中振动棒有时会碰到模板，模板受到振动后会产生缝隙，积水沿着缝隙往下流，带走水泥浆体而在混凝土表面形成深色的流水痕迹。当混凝土下料高度高于 1.5 m 的时候极易因为混凝土与钢筋碰撞导致混凝土严重离析，产生如上文所述原因引起的色差。

混凝土在浇筑作业时遇到极端天气易引起浇筑不连续，如果第二层混凝土浇筑时间太晚，甚至第一层混凝土已处于半初凝状态时才开始浇筑下一层混凝土，这时就很难将第一层混凝土顶面中较多的砂浆与第二层混凝土混合均匀。而相对于整个混凝土面而言，这部分砂浆的颜色是偏暗的，从而导致混凝土结构在分层浇筑处产生色差带。

2.4 模板及脱模剂品种

模板在潮湿环境中容易发生锈蚀，锈蚀产物（Fe_2O_3）很容易黏附在混凝土表面，形成锈斑，颜色呈黄褐色，使用锈蚀的模板浇筑混凝土会导致混凝土表面着色且不易清洗。另外，工地上使用的脱模剂种类很多，常用的油质脱模剂都具有一定的着色作用，可能会污染混凝土表面。例如，当采用柴油或者机油作脱模剂时，混凝土表面颜色多发暗；而采用润滑油作脱模剂时混凝土表面颜色会发白。

2.5 环境影响

混凝土是一种亲水亲油产品，因此在发电站和马路附近这类烟尘和粉尘较多的地方往往易遭受污染。另外，水泥的水化反应过程与环境温度有较大关系，当环境温度较低时，水化反应较慢，强度增长较慢，混凝土达到较高强度花费的时间较长，水化反应充分，析出的 $Ca(OH)_2$ 较少，因此混凝土成型后的外观颜色就呈现青色，相反，当温度较高时，混凝土原料吸热较多，温度较高，混凝土入模温度较高，水化反应较快，较高的水化热致使混凝土内部温度迅速升高，析出的 $Ca(OH)_2$ 较多，颜色趋向于灰白色。

2.6 养护方式

混凝土在养护时容易因为养护方式不当引起表面色差，如采用反复使用的旧土工布进行覆盖时引起混凝土表面着色，或者养护剂未喷涂均匀导致产生色差。部分区域在使用水养护时因为预埋钢筋生锈而出现锈水随养护水流下而污染下层已浇筑的混凝土。

3 混凝土色差控制措施

3.1 严格控制混凝土原材料质量

针对原材料可能引起的色差，项目采取以下措施：
（1）选定一家水泥供应商，确定水泥品种，同时与水泥厂家交流，严格进场材料审批流程,控制水泥的物理性能及化学成分,确保水泥性能稳定。

(2) 严格按照规范要求进行减水剂与水泥匹配性试验,通过调整减水剂产品各成分含量比例,以提高其与水泥的适应性,减少泌水及离析。

(3) 选用固定的料场,在料仓上加设防雨措施控制砂石料的含水率,确保砂石料的单一性,同时确保砂石料含水量稳定。

(4) 严格控制拌合水的来源,按标准检测拌合水的性能,不使用有污染的地下水。

3.2 严格控制混凝土的工作性能

现场控制混凝土的浇筑作业为色差控制的核心措施,主要控制混凝土的均匀性,因此项目对作业班组进行严格交底,振捣时不得过分振捣,防止水泥浆与骨料分层而导致表面出现云朵状的色差。当浇筑高度过高或钢筋过于密集时采取加串筒或溜槽等减少冲力的措施,避免混凝土骨料与浆体分离而产生离析。

同时确保混凝土的连续浇注,防止中断时间过长。分层浇注时在浇注前计算分层用量和混凝土供应速度,同时掺加缓凝剂以延长混凝土的初凝时间,避免浇筑等待时间过长出现间断色差。

3.3 加强钢模的防锈处理,选用优质脱模剂

每次模板安装前采用磨光机对钢模内壁进行打磨,把钢模内的水泥浆及铁锈彻底清除并及时涂刷脱模剂防止返锈,从而提高混凝土外观质量。长期使用柴油作为脱模剂易导致钢模发生锈蚀,因此项目统一采用新液压油作为脱模剂,使混凝土更易脱离钢模,有利于提高混凝土外观质量,有效防止混凝土表面产生锈斑或污迹。对于表面已经出现的锈迹则可以采用磨砂纸打磨的方式处理。

3.4 混凝土养护

采用统一的养护方法,保持混凝土养护条件一致,避免因养护条件不同而造成的色差。洒水养护时先清除外表污物,洒水均匀,采用不易掉色的新土工布作为覆盖物。做好成品混凝土的保护工作,防止污染、碰撞和划伤等。使用养护液时确保养护液喷洒均匀,防止由于喷洒厚度不一致引起的色差。

4 后期的补救措施

混凝土拆模后发现依旧存在色差问题时,在外观有明确要求的情况下可以与咨工商议后采取适当的补救处理措施,针对表层性色差可采取角磨机、砂纸打磨,针对深层型色差问题可采用局部修饰等方式处理,在处理前先选好内部或者隐蔽的部位进行试验,以确保处理后的色差整体一致。根据本项目经验,使用矿渣水泥的时候采取水泥∶白水泥=2∶1的比例,使用普通硅酸盐水泥的时候采用1.75∶1的比例配置水泥净浆进行修补可以取得较好的表观效果。

5 结语

目前国外规范如英标、欧标、美标等对混凝土色差无明确要求，国内对混凝土色差的研究也相对较少，在实际生产过程中采取以上所述的措施，确实能够有效控制混凝土表面色差现，对有混凝土评比及工程创优的项目有一定的参考意义。

参考文献

[1] 中华人民共和国交通运输部水运局. 水运工程混凝土施工规范：JTS 202—2011[S]. 北京：人民交通出版社，2011.
[2] 中华人民共和国交通运输部水运局. 水运工程混凝土质量控制标准：JTS 202—2—2011[S]. 北京：人民交通出版社，2011.

模板制作工艺优化在 Core-loc 块体预制中的应用

许万胜[1,2],杨 易[1,2]

(1. 中国港湾西部非洲区域公司,科特迪瓦阿比让 06BP6687;
2. 中交一航局第五工程有限公司,河北秦皇岛 066002)

摘 要:阿比让港口扩建项目防波堤工程采用 Core-loc 块体作为人工块体护面,需要预制 3.9 m³ 和 8.5 m³ 两种型号的 Core-loc 块体。Core-loc 块体外形复杂,肢杆细长,端部呈八角锥形,无法采用定型组合钢模板或木模板,需设计和制作专用钢模板。如何根据 CLI 专利公司提供的 Core-loc 模板设计图,加工或改进成便于现场施工的块体预制模板,通过适当提高模板的刚度,来加大模板周转次数,以减少维修量,同时保证预制混凝土人工块体质量,提高经济效益,是模板制作工艺优化的核心内容。

关键词:Core-loc 块体;预制;模板;工艺优化

1 工程概况

阿比让港口扩建项目位于西非科特迪瓦的经济首都阿比让市,是目前科国最大的水工项目。其中防波堤工程分项施工位于弗里迪运河口门处,防波堤设计采用 3.9 m³ 和 8.5 m³ 两种规格 Core-loc 块体护面。块体尺寸见表 1。

表 1 块体尺寸汇总表

序号	块体规格(m³)	高(m)	宽(m)	重量(t)
1	3.9	2.603	2.624	9.399
2	8.5	3.375	3.402	20.485

Core-loc 块体各位置的术语如图 1 所示。

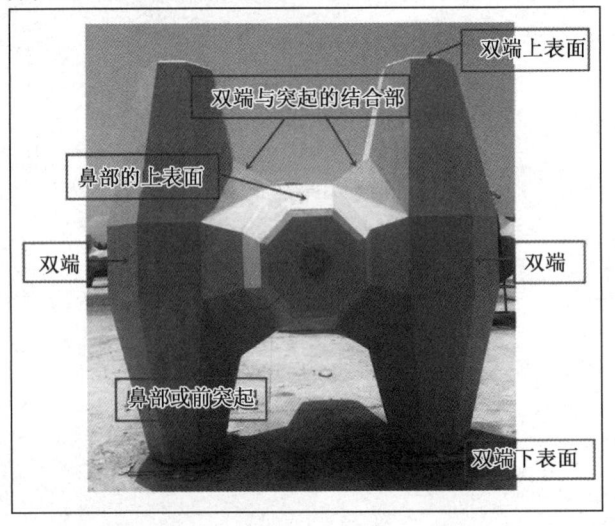

图 1 Core-loc 块体各部位术语

Core-loc 块体作为一种新型扭王字块，由美国陆军工程兵团设计研发，法国 CLI 公司提供全球专利代理。3.9 m³ 和 8.5 m³ 两种规格的 Core-loc 块体均由 CLI 专利公司提供模板设计和加工图纸，并明确模板加工需用材料规格和加工允许偏差[1]。

3.9 m³ 和 8.5 m³ Core-loc 模板设计对比如下：

表 2　3.9 m³ 和 8.5 m³ Core-loc 模板设计对比表

类型	结构类型	
	3.9 m³ 块体模板	8.5 m³ 块体模板
拼接形式	两片对称结构对拼而成	将上下两片模板分别拼装成两片对称结构后，对拼形成
连接螺栓	M18	M18
定位螺栓	M18×40	M18×40
面板	$\delta=5$ mm 钢板（S275JR）	$\delta=6$ mm 钢板（S275JR）
边肋	－80×10	－80×10
纵肋	6 道／－60×6	6 道／－80×10
横肋	5 道／－80×6 和－60×8	5 道／－80×10 和－80×8
腋脚处边肋	－100×8	－150×10
万向轮	3 套	3 套
止浆条	－80×5 橡胶	－80×5 橡胶

3.9 m³ 和 8.5 m³ Core-loc 块体模板设计思路基本相同，各部位组成材料类似，且侧模均采用对称结构，此结构类型便于模板的支拆，可提高人员施工效率。

8.5 m³ Core-loc 块体模板由于体积较大，为加工运输方便，CLI 专利公司将每片侧模又拆解成上下两部分，最终由四片模板拼装形成块体预制模板。因块体体积不同，导致混凝土浇筑过程中对侧模压力不同，因此 8.5 m³ Core-loc 块体模板的设计中，在面板及肋板材料强度的选择上大于 3.9 m³ Core-loc 块体模板。

CLI 专利公司提供的 3.9 m³ 和 8.5 m³ Core-loc 模板设计示意图分别如图 2、图 3 所示。

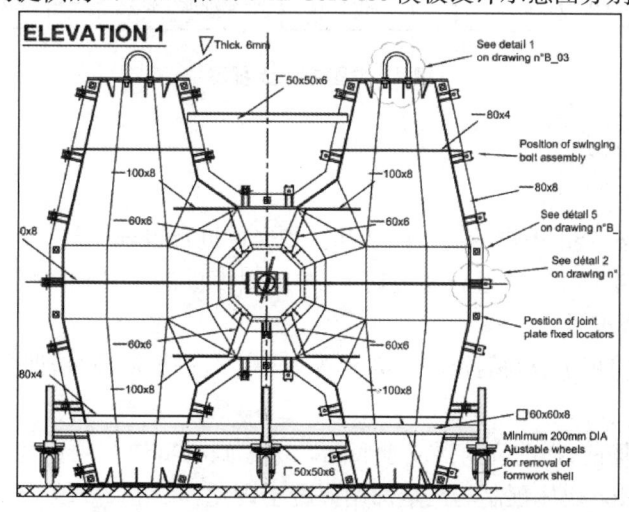

图 2　3.9 m³ Core-loc 模板设计示意图

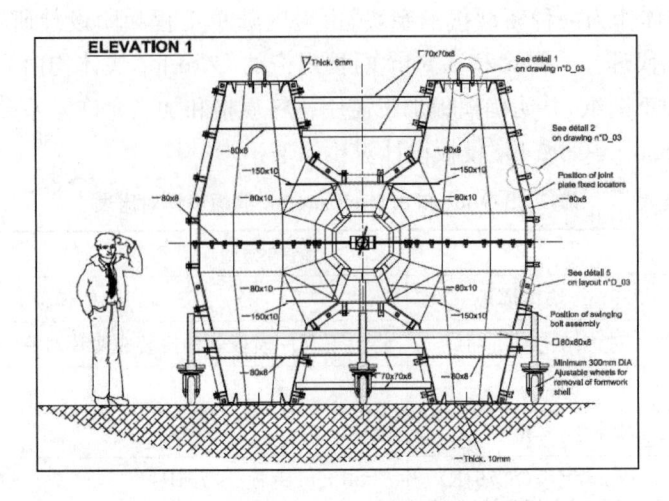

图 3　8.5 m³ Core-loc 模板设计示意图

2　实施研究

2.1　3.9 m³ Core-loc 块体预制典型施工

本工程委托国内专业加工厂进行模板加工，海运至科特迪瓦阿比让港。共定制 3.9 m³ Core-loc 块体模板 30 套，8.5 m³ Core-loc 块体模板 15 套。分两批次进行加工，首先进场的是 3.9 m³ Core-loc 块体模板。

2.1.1　典型施工工艺流程

典型施工工艺流程如图 4 所示。

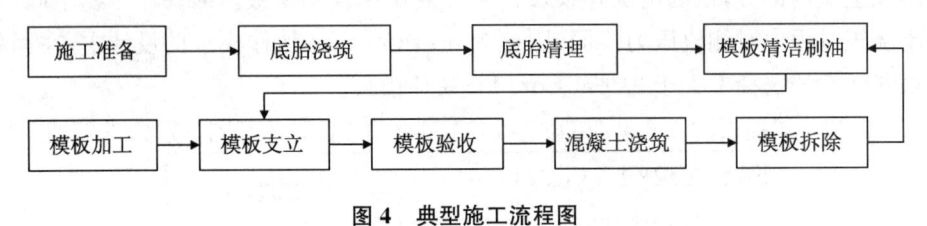

图 4　典型施工流程图

2.1.2　典型施工方法

(1) 施工准备

① 对 CLI 专利公司提供的设计图纸和专利文件进行审查，明白设计意图。

② 联系国内专业加工厂进行模板加工，并组织模板进场验收，对验收合格的模板进行登记并喷涂模板编号。

③ 施工前对模板工、机械操作工、普工等工种进行进场培训，培训合格后方可进入现场施工。

④ 在模板进场前，提前浇筑混凝土底胎。考虑到科特迪瓦阿比让地区雨水较多，防波堤分部的 Core-loc 块体预制场已全部用混凝土硬化，采用 C25 混凝土，厚度为 20 cm，

硬化区域内均可作为 Core-loc 块体预制底胎。

(2) 具体施工方法及步骤

① 模板支立前清除底胎上浮土及杂物,并铺垫橡胶板或聚氨酯片,防止混凝土浇筑时出现底口漏浆现象,同时防止块体起吊时底胎与块体互相粘连;

② 清理模板表面,使用角磨机将模板板面的锈斑、灰渣打磨干净,涂刷洁净液压油,使用前须经主办技术员和质量员确认;

③ 人工推动模板至底胎上组装成型,组装时带紧紧固螺栓,过程中注意随时矫正,防止模板出现错台;

④ 两片模板间贴橡胶条止浆,确保止浆胶条螺丝带紧,粘贴牢固,在混凝土浇筑时不会漏浆。

⑤ 待混凝土浇筑完成,且强度达到 12.5 MPa(立方体同条件试块)后,进行模板拆除施工。先拆卸两片模板间的连接螺栓和鼻部端头拆模孔洞的模板,然后将丝杠的一端固定在模板上,另一端顶在拆模孔处的混凝土上,旋转丝杠使模板慢慢脱落。拆模时要控制好 2 个丝杠同步支顶,两片模板松动后用撬棍将模板分别推出,人工推动模板。

2.1.3 典型施工结果及分析

(1) 混凝土浇筑和拆模记录(如表 3 所示)

表 3　混凝土浇筑日期及拆模时长

模板编号	浇筑日期	拆模时长
1#	2016 年 4 月 30 日	15 h
	2016 年 5 月 11 日	10 h
2#	2016 年 5 月 5 日	13 h
	2016 年 5 月 18 日	7 h

(2) 典型施工模板出现的问题及分析

① 模板加工精度不足,模板面尺寸和角度均未达到设计要求,导致模板拆除困难;模板不对称或丝杠支顶位置不对中,在拆模支顶过程中造成模板与混凝土出现角度,产生作用力;部分模板面及抱角处坡度不足或角度反转与混凝土形成内扣(如图 5 所示),模板拆除时对混凝土产生巨大应力,容易生成划痕且不易脱出(如图 6 所示),导致拆模时间过长。

图 5　模板面反转　　　　图 6　模板与混凝土面摩擦

② 止浆条安装不够精细，导致模板拼缝部位产生漏浆现象，如图7所示。

图7　止浆条安装不够精细

③ 鼻部振捣孔封堵板非原有板面，且内嵌厚度不够，造成漏浆现象，如图8所示，这种情况拆模后会出现混凝土错台，加大拆模难度。

图8　振捣孔漏浆

④ 混凝土底胎不够平整，在一定程度上影响模板拆除，如图9所示，左侧模板拆除困难。

2.1.4　处理措施

根据典型施工结果，对已经进场的 3.9 m³ Core-loc 块体模板进行初步改进：

（1）将加工误差较大的模板面进行拆开重新焊接或者更换板面等处理，使模板符合设计规范要求。

（2）对漏浆的模板拼缝处进行补焊，每次拆模完成后均对止浆条进行检查，发现脱落或破损部分及时粘贴或更换。

（3）振捣孔处粘贴止浆条，做止浆处理，防止出现错台影响拆模。

图 9　模板拆除困难

（4）增加 Core-loc 模板底部铺垫模板面积，减少混凝土底胎不平整对模板拆除造成的影响。在混凝土底胎上方首先铺设 5 cm 厚方形木板，再在木板上方铺 1 块厚度为 1 cm 的钢板作为最终 Core-loc 模板底胎。

（5）对 3.9 m³ Core-loc 模板加工厂家进行再次交底，要求其严格按照规范及技术交底施工，保证胎具的加工精度，同时在国内委派专人入驻模板加工厂家，从板面尺寸开始严格进行验收。

2.2　Core-loc 块体模板制作工艺优化

鉴于 3.9 m³ Core-loc 块体预制施工的复杂程度，项目部将 CLI 专利公司提供的模板设计方案和加工图纸不合理的部分，加以改进，具体改进措施如下：

（1）增加拆模千斤顶支架，便于模板拆除施工。

为降低拆模难度，节省力量，加快拆模速度，在模板上做了相应改进。

① 在块体模板的鼻部模板处焊接千斤顶支架，拆模孔由丝杠调整为千斤顶托架，示意图如图 10 所示。

② 在两块对称块体模板拼接处的底部焊接钢板作为拆模千斤顶支架，钢板设置在倒数第一和倒数第二个连接螺栓之间，如图 11 所示。

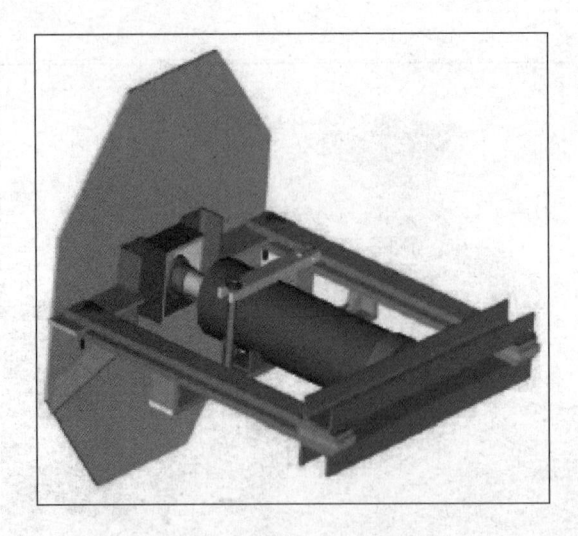

图 10　拆模千斤顶示意图

图 11　安装千斤顶支架

(2) 8.5 m³ Core-loc 块体模板加工制作方式改进。

由于 8.5 m³ Core-loc 块体体积较大，CLI 公司原设计模板总共由四片拼装形成，即将两片对称结构的模板分别再次拆成上下两片（如图 3 所示）。

改进方式：将四片模板合并为两片模板，即在加工时将上下两片模板合并在一起，最终制作成两片对称结构的模板。

优化原因：首先，模板的拆解另组装势必造成模板拼接不严，导致混凝土产生错台，影响外观质量；且此方式增加模板支拆的步骤，加大施工难度，影响施工效率。其次，根据国内扭王字块预制施工经验，大体积块体的预制模板大多为两片对称结构，施工中并未明显增加难度，故考虑按此方案进行改进。

(3) 严格控制模板连接孔尺寸，取消连接螺栓，采用定位销替代（如图 12 所示）。

模板组装时，拼缝处会出现左右错台，而定位销是通过限制模板自由度避免形成错台的一种手段。使用定位销连接模板可以消除预制块体拼缝错台，同时缩短螺栓安装时间，提高施工效率。

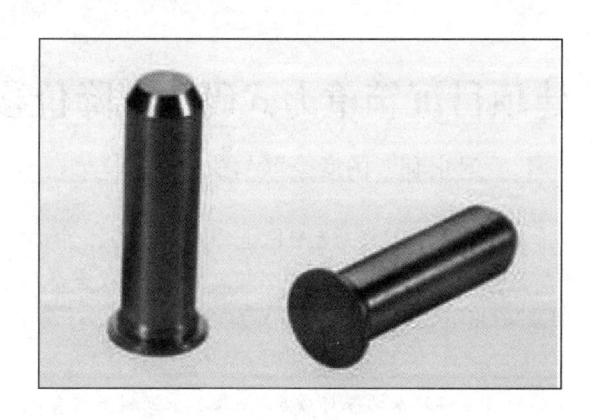

图 12　模板定位销

（4）减小鼻部斜坡面振捣孔的尺寸,采用镗孔的工艺,保证振捣孔的封堵板不低于周围板面。

3　结束语

项目部在模板制作工艺优化过程中发现,通过控制或改进模板制作和安装工艺,以达到预制块体外表美观的方法是可行的。主要通过以下几点来控制:

（1）严格控制加工厂家模板加工质量,从源头上保证模板尺寸、刚度等合格；

（2）在块体的鼻部模板处及两侧模板拼接处底部分别增加拆模千斤顶支架,模板拆除时用千斤顶替代手旋丝杠等方法,有效提高模板拆除施工效率；

（3）尽量减少模板支拆步骤,防止模板拼接不严,导致混凝土产生错台；

（4）采用定位销替代连接螺栓,消除预制块体拼缝错台,同时缩短螺栓安装时间,提高施工效率；

（5）减小鼻部斜坡面振捣孔的尺寸,采用镗孔的工艺,保证振捣孔的封堵板不低于周围板面,同时振捣孔处粘贴止浆条,做止浆处理,防止出现错台；

（6）提高块体预制模板底胎的平整度,防止产生漏浆及影响拆模效率。

综上所述,本次模板制作工艺优化可为 Core-loc 块体预制提供有效指导,形成一整套解决现场技术问题、保证施工质量、加快施工进度的有效工艺方法,有助于技术人员掌握块体预制技术,并可降低工程造价,为以后类似工程提供参考。

随着非洲经济社会的不断发展,港口建设的规模也越来越大,外海防波堤建设采用 Core-loc 块体进行护面,具有稳定性好、经济性高等诸多优点,在大型港口建设中 Core-loc 块体需求量大,应用前景比较广泛。

参考文献

[1] 魏建雄,宋建东.巴基斯坦集装箱深水港防波堤工程 Core-loc 块体预制的质量控制[J].中国港湾建设,2012(1):39-41.

阿比让港口扩建项目沉箱重力式码头沉降位移观测与分析

迟永利[1],杨彦豪[1,2,3],朱 俊[1,4]

(1. 中国港湾西部非洲区域公司,科特迪瓦阿比让 06BP6687;2. 中交四航工程研究院有限公司,广东广州 510230;3. 中交交通基础工程环保与安全重点实验室,广东广州 510230;4. 中交第四航务工程勘察设计院有限公司 510230)

摘 要:阿比让港口扩建项目下部地基为深厚砂层,并且水平强弱不均匀,多种地基处理深度并存,码头结构沉降和不均匀沉降过大的风险较大。项目施工期间对结构进行了全过程监测,根据数据整体特征选择具有代表性的沉箱进行详细分析。结果表明,深厚砂层地基上部码头结构沉降相对较大,不同施工阶段沉降位移量存在一定差异。通过沉降位移监测不仅保证了码头结构的稳定,还为后续施工提供了重要数据,同时为后续类似工程的设计施工提供一定参考。

1 工程概况

阿比让港口扩建项目是科特迪瓦近年来最大的项目,也是中国港湾在该国乃至西非市场非常重要的项目,具有重大的政治、经济和社会影响力。本项目包括新建一座现代化集装箱码头(岸线长1 312 m),近期靠泊6 000TEU集装箱船,结构按12 000TEU集装箱船靠泊的需要建设;新建一座滚装码头,包含1个结构水深−14.0 m的汽车滚装泊位(岸线长220 m)和1个结构水深−14.0 m的通用杂货泊位(岸线长250 m);拓宽和浚深弗里迪运河航道,同时对航道口门处东西防波堤拆除并重建。码头为沉箱重力式结构,滚装码头断面形式如图1所示。

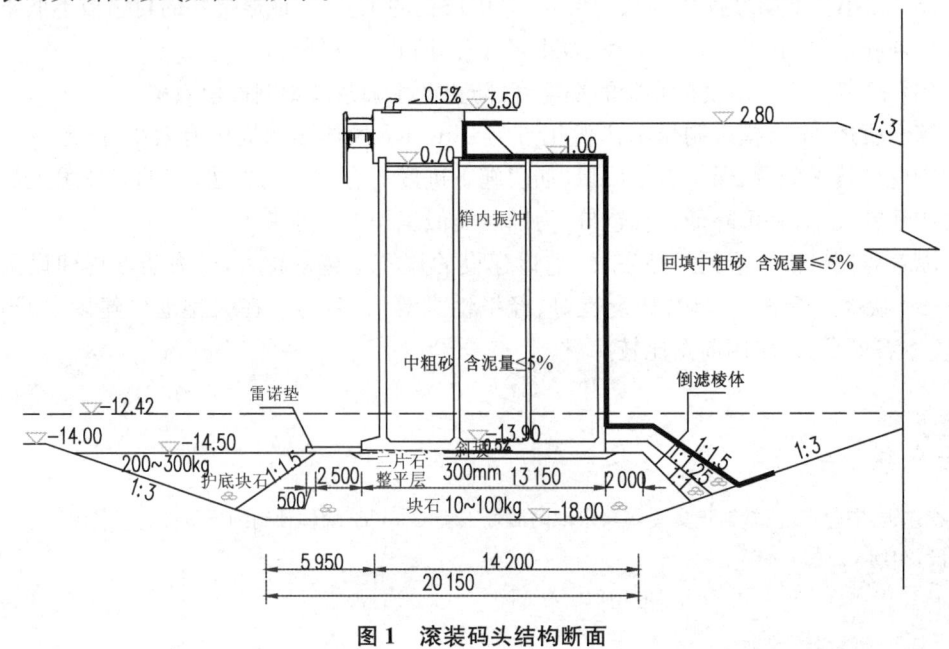

图1 滚装码头结构断面

2 地质条件

本项目地质条件分为两大类,其中以集装箱码头为代表的地质条件较为复杂,地层在深度方向上软硬相间,在平面方向上强弱混杂,土层呈明显的不均匀分布,土层从上至下依次为淤泥、细砂-粗砂、黏土,局部夹杂腐木层,设计要求开挖出软弱土层,换填含泥量小于5%的中粗砂,然后进行水下振冲处理;以滚装码头为代表的地质条件相对较好,为中粗砂,但是部分区域SPT击数为10左右,较为松散,需要直接进行水下振冲处理,处理后SPTN≥15[1]。

滚装码头中300 m泊位已经于2017年3月15日移交业主并投入运营,沉箱和胸墙的沉降位移监测数据系统全面,因此本文主要研究滚装码头的沉降位移情况。

由于滚装码头下部土体分布情况不同,部分区域不要振冲,部分需要振冲,振冲范围差别较大,振冲顶标高均为−18.5,振冲底标高分为:−22.5 m、−23.5 m、−27 m、−29 m和−33 m。图2为滚装码头典型地质剖面图。

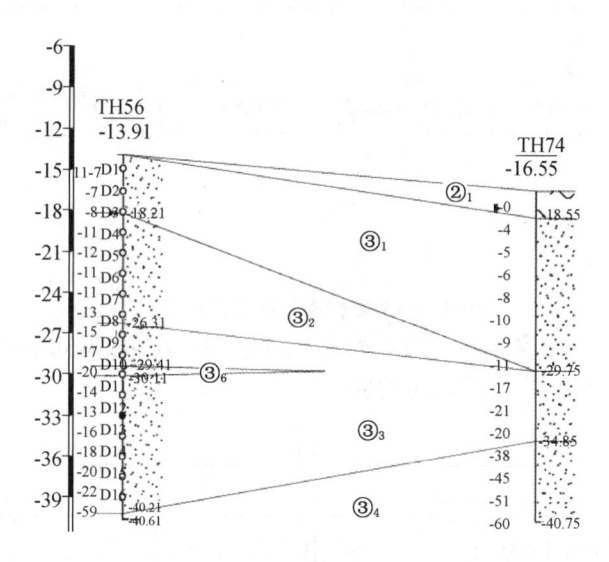

图 2　滚装码头典型地质剖面图

3 影响沉降位移发展的工程特性分析

本工程由于其自身的特点,存在诸多因素,对于沉降位移发展较为不利。这些因素汇总如下:

(1)地基处理形式多样、深度不一。由于本项目地质条件起伏较大,因此部分基槽不需要振冲,部分基槽虽然需要振冲,但是振冲深度差异较大。这可能引起沉箱或胸墙的不均匀沉降[2]。

(2)沉箱后方回填中粗砂,取消后方块石棱体。由于当地石料价格高昂,因此对沉箱结构进行适当调整后,优化取消了块石棱体,既确保结构的整体稳定,又节约了成本[3]。然而,由于箱后中粗砂内摩擦角较小,对于沉箱的土压力较棱体大,可能使沉箱向着海侧位移。此外,箱后回填后需要对回填砂进行振冲施工,在振冲器动荷载作用下,下部土层下沉带动沉箱沉降,同时沉箱还受到水平力,使其向海侧位移[4]。

(3)工期紧,施工期沉降预留时间短。由于本项目是在旧码头基础上进行扩建,建设滚装码头期间,旧码头部分泊位无法运营,业主迫切需要新建码头尽快交工运营。因此,项目建设工期短,进度压力大,码头沉降没有足够的时间消除。

4 码头结构施工工序

码头结构主要施工步骤如下(流程图如图3所示):

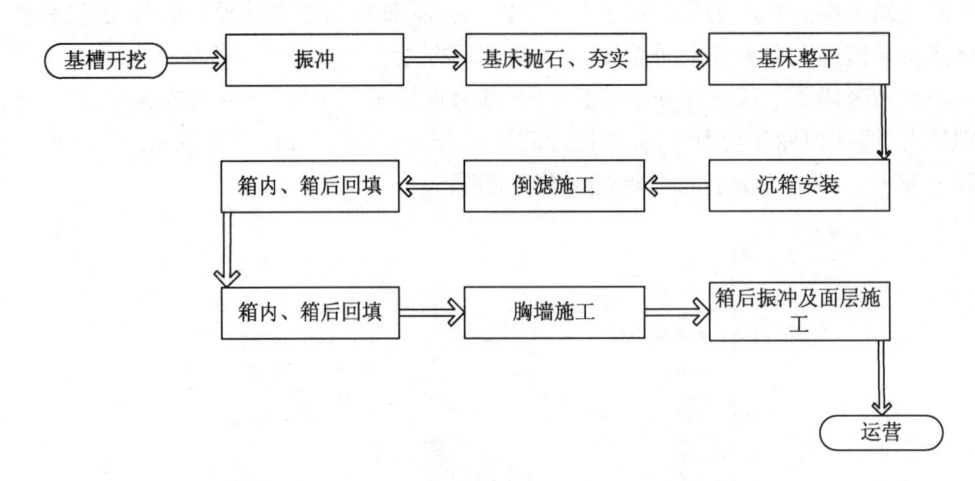

图3 码头结构主要施工步骤流程

沉箱安装完成后,在顶部四个角点附近布置监测点,其位置如图4所示。施工加载期间每周至少监测两次,当沉降位移发展稳定后,每周一次。

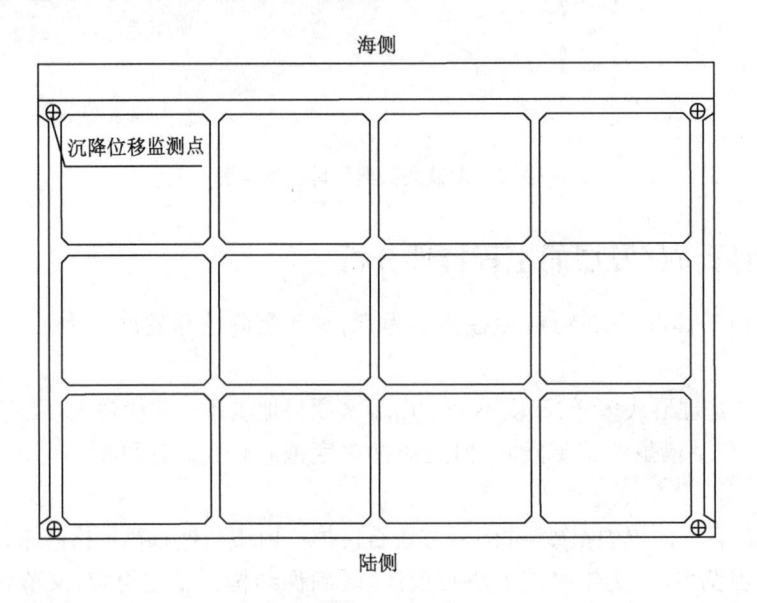

图4 沉箱顶部监测点

根据不同施工工序,计算出各主要施工阶段沉箱底部应力的荷载,汇总如表1:

表1 各施工阶段沉箱底部荷载分布

施工阶段	荷载方向	本阶段荷载(kPa)	总荷载(kPa)
沉箱安装	竖向	37.9	37.9
	水平	0	0
箱内回填	竖向	114.3	152.2
	水平	0	0
后方回填	竖向	14.7	166.9
	水平	54.8	54.8
胸墙及面层施工	竖向	51.2	218.1
	水平	0	54.8
运营期	竖向	12.1	230.2
	水平	15.1	69.8

从上表可以看出,箱内回填期间竖向荷载增加最大,胸墙及面层施工期间次之,后方回填期间水平荷载增加最大。不同施工阶段荷载的差异,将对沉降位移发展产生一定影响,施工过程中重点监控荷载变化较大的施工阶段时的沉降位移,对于确保码头结构稳定控制,具有重要意义。

5 沉降位移观测成果

滚装码头共有23个沉箱,自2016年9月安装第一个沉箱开始,到2018年3月码头移交,最长进行了19个月的施工期沉降,移交后进行了为期4个月的运营期沉降监测。

由于胸墙浇筑后,沉降位移监测点移到了胸墙顶部,由于沉箱后沿监测点的位置改变,导致数据不连续。为了保持监测数据整体连续性,将胸墙后沿沉降位移数据进行几何变换,将其转换成沉箱后沿的沉降位移[5]。胸墙顶部监测点平面位置如图5所示。

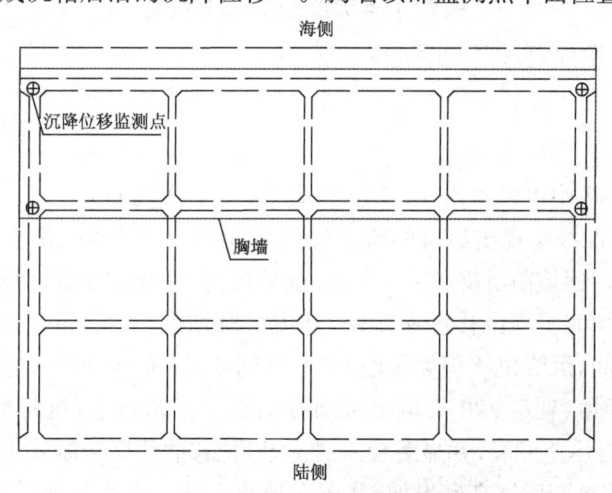

图5 胸墙上沉降位移监测点

5.1 沉降位移曲线

通过现场实测,并将胸墙的监测数据转换成沉箱的沉降和位移,绘制了各沉箱和胸墙的沉降位移曲线[6]。选择具有代表性的 6♯ 和 13♯ 沉箱,其中 6♯ 沉箱下部地基不需进行振冲处理,13♯ 沉箱下部地基振冲至 −33 m。两个沉箱的沉降位移曲线如图 6 和图 7 所示。

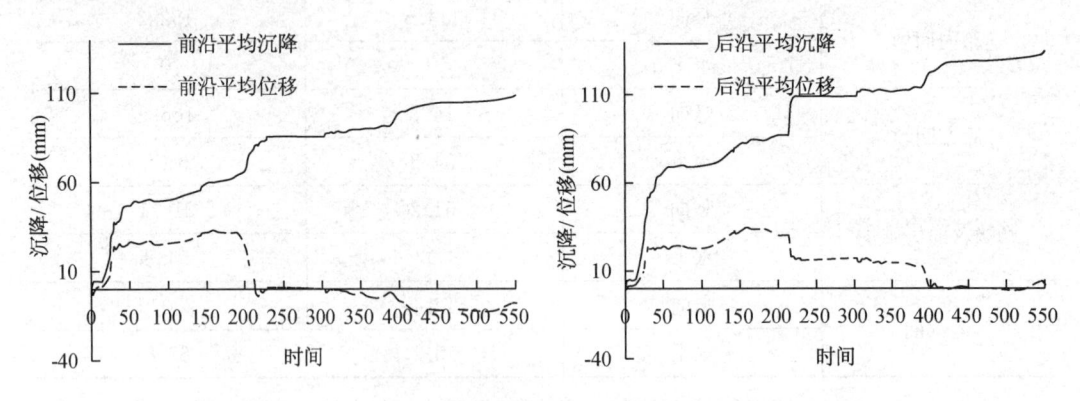

图 6　6♯沉箱的沉降位移曲线

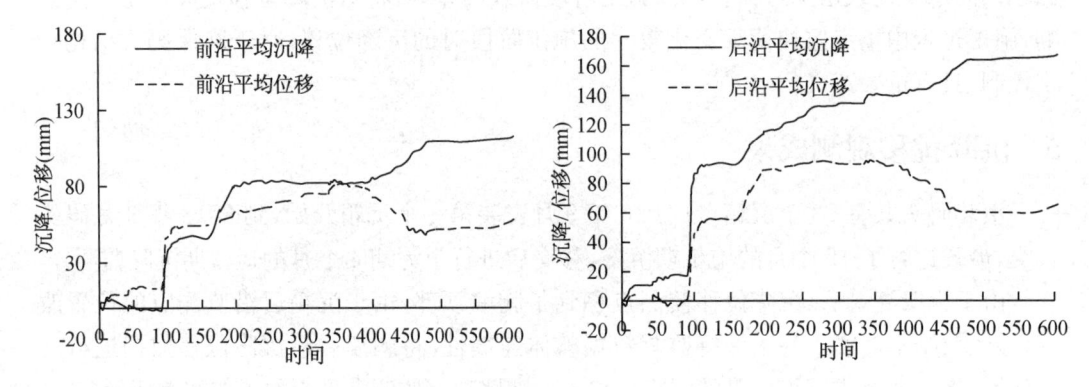

图 7　13♯沉箱的沉降位移曲线

注:图中沉降为正值表示向下发展,位移为正表示向后沿发展。

5.2 数据分析

从上图 6 和图 7 中可以看出,沉降位移发展具有以下特点:

(1)沉降位移曲线呈现出显著的阶段性发展规律。以 6♯ 沉箱为例,沉箱安装后沉降发展缓慢,至箱内回填前沉降仅为 5 mm,位移仅为 2 mm;第 25 天开始进行为期 5 天的箱内回填,回填期间沉降位移迅速发展,其中沉降增长到 30 mm,位移增长到 11 mm;此后经过 21 天时间,沉降位移仍然缓慢发展,直到第 50 天逐渐趋于稳定;从第 140 天开始缓慢进行箱后回填,到第 220 天填出水面并加快了回填进度,沉降曲线自 140 天开始缓慢上升,220 天时快速发展,并显著台阶式上升,位移曲线则台阶式下降,逐渐向前沿发展。这是因为随着箱后回填高度增加,基床受到的上部土压力和墙后水平土压力不断增大,这一方面使沉箱向下沉降,另一方面使沉箱向前沿旋转。

此后一段时间,沉降位移基本稳定。第 400 天进行箱后振冲时,沉降位移又出现一个转折点,其中沉降向下发展,位移向前沿发展。这说明箱后振冲时由于土体的沉降,同时带动沉箱下沉;并且,由于振冲器产生的水平激振力,土体的水平土压力增大,推动沉箱向前移动。

由于前期沉降位移基本全部释放,交工运营后沉降基本稳定。

(2) 深厚砂层地基条件下,沉箱施工期沉降为 150 mm 左右。通过对滚装码头所有沉箱进行统计,发现本项目深厚砂层地基条件下,施工期总沉降较大。除部分地质较好的区域平均沉降为 110 mm 左右以外,其他区域沉降均大于 150 mm。其中胸墙浇筑前平均沉降为 100 mm,为了保证胸墙厚度,此后沉箱安装预留高度定为 100 mm。虽然地基处理情况和深度不一,并且沉箱具有一定差异沉降,但是上部胸墙施工后,沉降和位移变化较为缓慢,并且胸墙浇筑采用跳打的方式,从而确保了码头岸线的平顺。

(3) 前沿平均沉降量小于后沿,并且下部地基情况影响沉降位移发展曲线。从图 6 和图 7 可以看出,前沿平均沉降小于后沿。其中 6♯沉箱前后沉降差为 30 mm,13♯沉箱前后沉降差为 55 mm。6♯沉箱施工期间最大沉降和位移分别为 134.5 mm 和 34.5 mm,而 13♯最大沉降和位移分别为 167.5 mm 和 95.5 mm,13♯沉箱的沉降位移较 6♯大 20% 和 64%。做出两沉箱下部 SPT 检测曲线如图 8 所示。

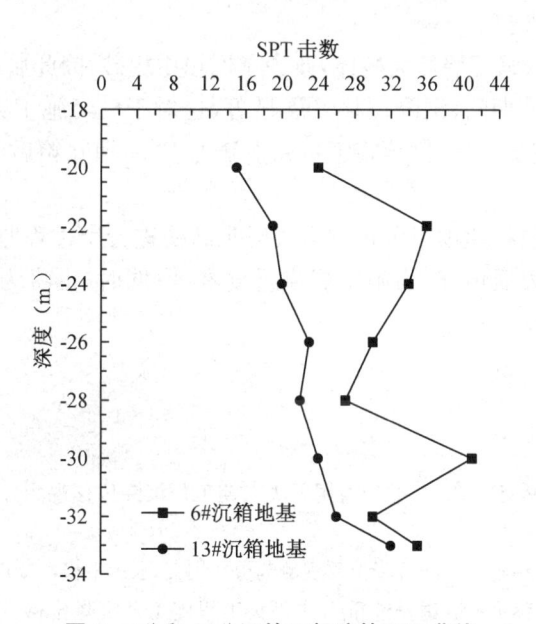

图 8 6♯和 13♯沉箱下部地基 SPT 曲线

从图 8 可以看出,6♯沉箱虽然未进行振冲,但下部地质较好,SPT 击数均大于 20,平均为 32;13♯沉箱下部原地基较差,振冲后 SPT 击数均大于 15,平均为 22 击。13♯沉箱下部地基较 6♯弱,这导致相同荷载下其沉降和位移均较大。

(4) 由于不同施工阶段荷载不同,沉降位移发展差异较大。因此,沉降位移曲线呈阶梯形发展。由前述分析可知,箱内回填期间荷载增长最大,箱内回填期间沉降位移曲线也发展最快。箱后回填由于加载缓慢，因此未出现阶梯形发展，而是呈坡形缓慢增大。并且，统计发现箱内回填期间的沉降约为箱后回填时期沉降的2倍。

（5）箱后振冲期间，对沉箱的沉降位移发展影响较大。由于工期限制，本项目箱后振冲放到了胸墙浇筑之后。监测数据显示，胸墙浇筑后，沉箱沉降较为稳定。胸墙浇筑完成一段时间后，沉降不超过20 mm。然而，箱后振冲期间，沉降快速增加约15 mm，同时，位移快速向前发展10 mm左右。由于各个沉箱的沉降位移较为均匀，浇筑后的沉箱未出现竖向错台和水平错牙现象。后续集装箱码头施工，将调整工序，先进行箱后振冲，消除箱后回填砂的沉降后再进行胸墙浇筑。

6 结语

本项目深厚砂层地基上沉箱的沉降位移曲线有以下特点：

（1）深厚砂层地基条件下，沉箱施工期沉降约为150 mm，其中胸墙浇筑前沉箱沉降约为100 mm。下部地基SPT击数越高，沉降位移越小。

（2）前沿平均沉降显著小于后沿。由于沉箱前沿设置了前趾，前沿应力大幅减小；并且，由于后沿回填砂增大了后沿地基应力，因此，后沿沉降明显大于前沿，这对于码头结构整体稳定具有积极意义。

（3）不同施工阶段沉降位移量差异较大，其中箱内回填期沉降最大，其沉降量约为箱后回填期间沉降量的2倍。

（4）由于本项目取消了墙后大棱体，改为了回填中粗砂，因此后续需要对中粗砂进行振冲。箱后回填砂振冲期间，沉降位移发展显著，这对于已经施工完成的胸墙有一定影响。因此，为了保证施工质量，后续施工将调整施工工序，消除箱后回填砂的沉降后再进行胸墙浇筑。

通过对阿比让港口扩建项目沉箱重力式码头结构进行全过程监控，不仅及时掌握了码头结构的沉降位移发展情况，为施工提供重要参考；同时，也将为类似项目的设计、施工提供重要参考。

参考文献

[1] 李小民，谢连仲，张爱娜，等. 曹妃甸通用码头二期工程沉降位移观测分析[J]. 水运工程，2011(8)：65-69.

[2] 周文. 沉箱重力式码头施工期间沉降位移观测与分析[J]. 水运工程，2005(12)：93-96.

[3] 陆云鹏，张华强，方青平. 洛比托港重力式码头工程施工及沉降位移观测[J]. 中国港湾建设，2012(4)：100-103.

[4] 柯国贵. 重力式码头沉降位移的应对措施[J]. 水运工程，2011(2)：77-80+85.

[5] 宋文佳，董玉玲，杨杰. 重力式码头墙身及上部结构沉降位移观测分析在施工中的应用[J]. 水运工程，2013(12)：192-195.

[6] 中交第四航务工程局有限公司，中交四航局港湾工程设计院有限公司. 重力式码头设计与施工规范：JTS/67—2—2009[S]. 北京：人民交通出版社，2009.

无填料振冲密实法在码头深基槽工程中的应用

朱 俊[1,2]

(1. 中国港湾西部非洲区域公司,科特迪瓦阿比让 06BP6687;
2. 中交第四航务工程勘察设计院有限公司,广东广州 510230)

摘 要:软基处理是港口工程中常见的问题,软基处理方法主要根据地质条件、建筑物结构形式、施工工期及工程费用等诸多因素综合分析比较后选定。无填料振冲密实法是目前地基处理应用最广泛的方法之一。本文以科特迪瓦阿比让港口扩建项目进行振冲密实法处理为例,对含泥量约8%的中粗砂振冲设计参数、施工工艺、施工要点和注意事项进行了分析,希望对后续类似工程地基处理有一定的借鉴作用。

关键词:振冲;换填砂;软基处理;含泥量

1.1 振冲密实法作用机理

振冲法(Vibro flotation)是由德国 S·Steuernan 于20世纪30年代首先提出的。1977年我国开始使用振冲法。振冲法,是指在处理砂土地基时利用振冲器的强力振动和压力水冲击,使砂层发生短暂液化或结构破坏,砂颗粒重新排列,同时依靠振冲器的强迫水平振挤作用,将补充的砂(来自孔顶的填料或自行塌陷的砂)振动挤压密实,从而有效地减少孔隙,提高地基的承载力,减少沉降与不均匀沉降,且能提高地基的抗地震液化能力的处理地基的方法。

振冲法跟据是否添加外加填料振冲主要分为两类,一是添加碎石等外加填料的振冲置换法,也称为振冲碎石桩法;二是不添加碎石等外加填料的振冲密实法(Vibro compaction)。振冲置换法多用于增加黏土等细颗粒土的强度,振冲密实法主要用于中、粗砂等粗颗粒土的加固。对砂性土采用振冲密实法处理,一般相对密度可达75%以上;地基承载力可相应提高一倍以上。国外相关研究显示,用振冲密实法加固砂土地基,地基承载力可达 500~700 kPa[1]。

1.2 工程简介

科特迪瓦阿比让港口扩建项目,包括新建一座现代化的集装箱码头(2号集装箱码头),共3个泊位,长度分别为375 m、375 m和500 m,结构设计水深−18 m,未来可停靠15万DWT集装箱船;新建1个汽车滚装泊位和1个通用泊位,汽车滚装泊位长220 m,通用泊位长250 m,可停靠5万GT汽车滚装船和4.5万DWT杂货船。

1.3 工程地质情况及设计要求

本项目地质条件主要可以分为两种类型:(1)部分区域泥面下部为松散的中粗砂,SPT击数不大于15击,含泥量约为8%左右,主要分布在滚装码头的全部区域以及集装箱码头的部分区域;(2)工程其他区域地质情况复杂,经过两次补充勘察后发现地层在深度方向上软硬相间,在平面方向上强弱混杂,土层分布不均匀,从上到下依次为淤泥、细砂-粗砂、黏土、中粗砂,局部夹杂腐木层,其中黏土层以及埋深较大的松散砂层对上部结构影响较大,需进行处理的区域主要为集装箱码头前墙基础。

以往工程中对软弱地基常采用挖除软弱层并大厚度抛石基床以满足承载力和沉降要求,如此一来本项目抛石层厚度需要 20 m 左右,这将大大增加工程造价。在多次专家会议以及地基处理专题会议讨论的基础上,本项目最终确定以下方案:(1)对于第一种类型的地质条件,仅需对下部进行原位砂振冲密实即可满足设计要求;(2)对于第二种类型的地质,鉴于其复杂性,需采用挖除软弱土层进行换填砂振冲的方法,设计要求振冲处理后 SPT 击数不小于 22。

针对集装箱码头复杂的地质情况,各区段的地基处理工作具有加固方式多样、开挖深、换填振冲工作量大等特点。为此,项目部专门成立深基槽跟踪小组,并邀请专业的研究院团队参与到现场施工工作中,通过原位砂振冲、换填砂振冲和换填-原位组合振冲三期试验段研究,获取宝贵经验数据,以更好地指导现场生产[2]。

2 振冲试验

2.1 工艺流程

施工准备→表层淤泥清淤→基槽开挖→加固前标准贯入试验检测及区域高程测量→试验段原位砂振冲→加固后标准贯入试验检测及区域高程测量。对应的试验段施工断面图如图 1 所示。

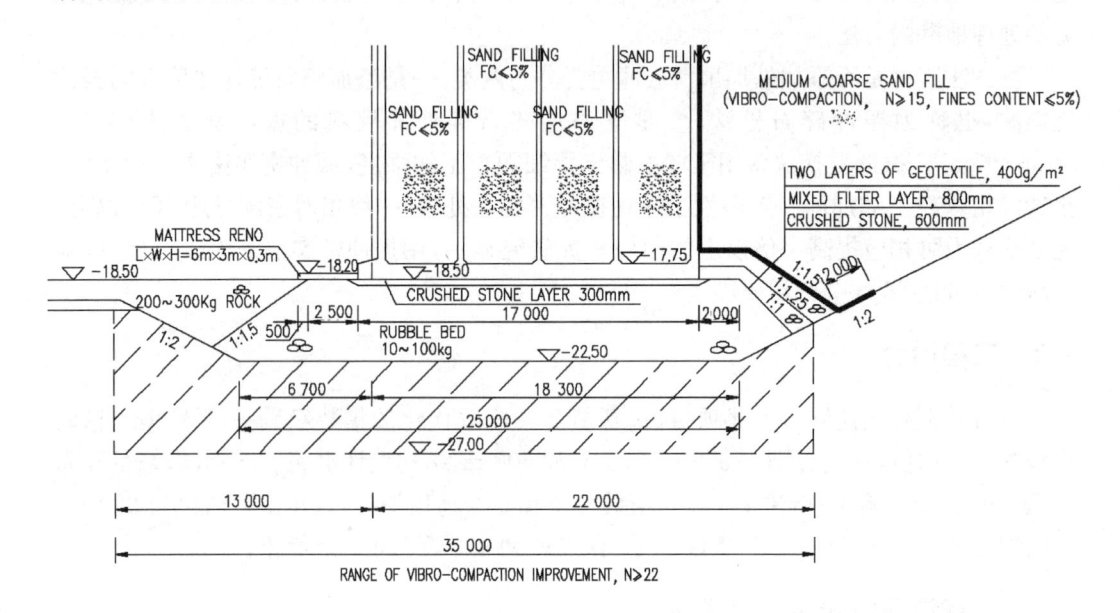

图 1 基槽原位砂振冲典型断面图

2.2 试验方案及参数

由于缺乏水下振冲施工经验,且无法预估深水、深层土体对于振冲过程及效果可能产生的影响,因此首先对砂土地基区域进行浅层振冲试验。拟选定一块面积为 40 m× 35 m 的区域作为试验区(如图 2 所示),该区域下部砂质较好,采用直接振冲的方法进行处理。

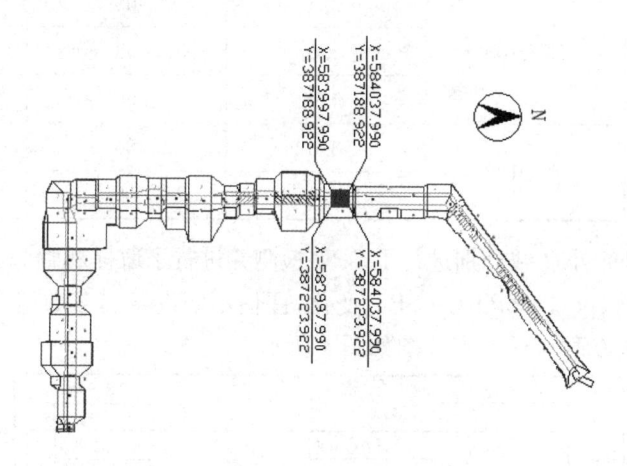

图 2 深基槽一期振冲试验段位置图

通常项目常用振冲器功率为 75 kW 或 100 kW,本项目为了保证振冲效果,采用 75 kW、100 kW 和 132 kW 三种型号的振冲器进行试验。选定试验区水深约 22.5 m,振冲加固范围为 −21.5 m~−28.0 m,需要处理深度约为 6.5 m。该试验区共分为 8 个小区域,振冲点位按照等边三角形布置,共布置四种间距,分别为:2 m、2.5 m、3 m 和 4 m。振冲点位图如图 3 所示。

本次试验段分别就振冲器型号、点位间距和密实电流三个重要参数进行了对比分析,留振时间均为 30 s,上提间距均为 0.5 m,振冲试验参数如表 1 所示。

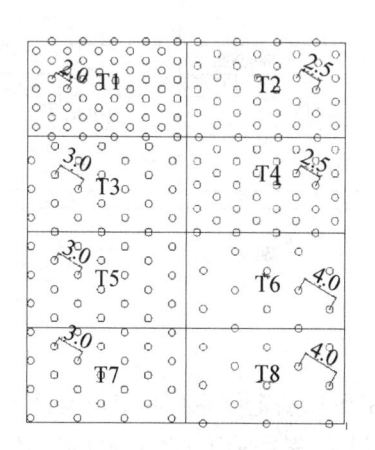

图 3 试验区点位布置图

表 1　振冲试验参数控制

试验段编号	振冲器型号	间距(m)	密实电流（A）	上提间距(m)
T1	ZCQ75	2	55	0.5
T2	ZCQ75	2.5	55	0.5
T3	ZCQ75	3.0	55	0.5
T4	ZCQ100	2.5	65	0.5
T5	ZCQ100	3.0	65	0.5
T6	ZCQ100	4.0	65	0.5
T7	ZCQ132	3.0	80	0.5
T8	ZCQ132	4.0	80	0.5

振冲前后对 8 个小区域分别进行了 SPT 检测并进行了取样和颗分试验，通过对比加固前(pre‐SPT)后(post‐SPT)的 SPT 变化，评估不同设备和参数组合的振冲效果，以确定最终振冲实施方案。SPT 点位图如图 4 所示。

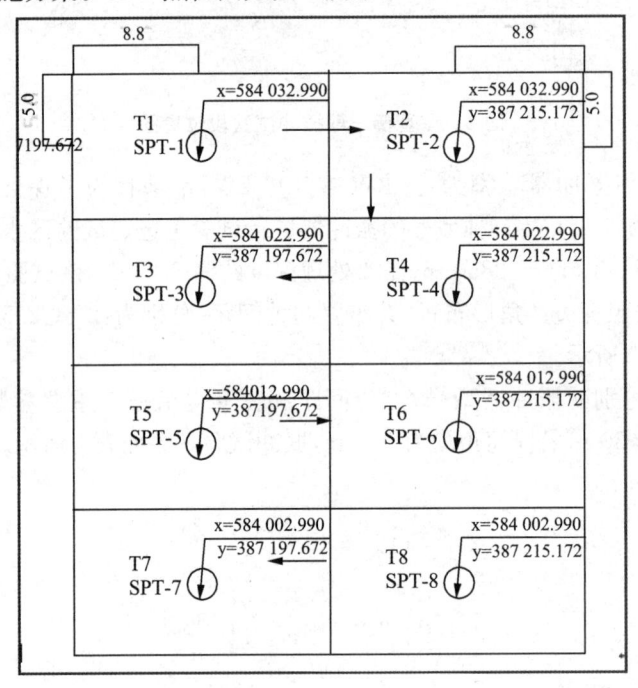

图 4　SPT 点位图

2.3　试验流程

1. 振冲点定位。采用 GPS 船舶定位系统和定位架进行定位。
2. 开启高压水泵和振冲设备，保持水压 400～600 kPa，保持水量为 200～400 L/min，若出现振冲器下穿困难的情况，则适当加大水压并增加水量。振冲器下降速率控制在 8～10 m/min，记录水压、水量、造孔时间及深度。

3. 振冲器到达加固深度后,边振边冲水边提,提升速度取 1.0~2.0 m/min。每提升 0.5 m 保持振冲器位置不变,使电流达到方案给定的密实电流且振冲时间达到留振时间。

4. 继续上提振冲器,重复步骤 3 直到孔口,记录 5 个参数。

5. 移动振冲头,进行下一个点位的振冲。

2.4 试验成果及分析

加固前检测结果表明 SPT 击数基本小于 15 击,颗分试验显示该区域的土体均属于级配较为均匀的中粗砂,土体不均匀系数 $C_u = 4.1$,含泥量约为 8% 左右。施工时偶尔出现留振电流无法达到表 1 中的加密电流值,此时保证留振时间 30 s 后上提 0.5 m 进行下一段振密施工。振冲前后 SPT 检测结果如图 5~图 7 所示。

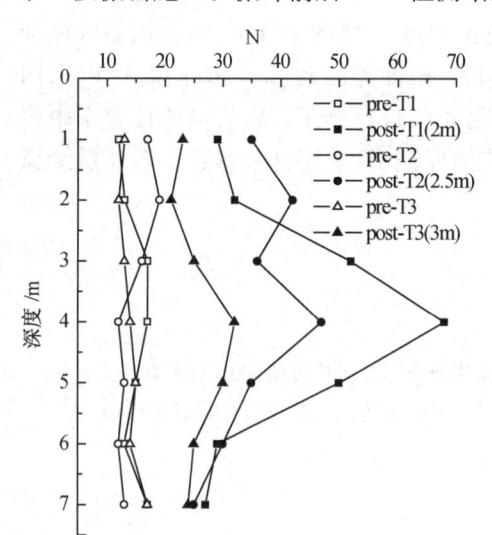

图 5 不同间距条件下 75 kW 振冲器处理前后 SPT 对比图

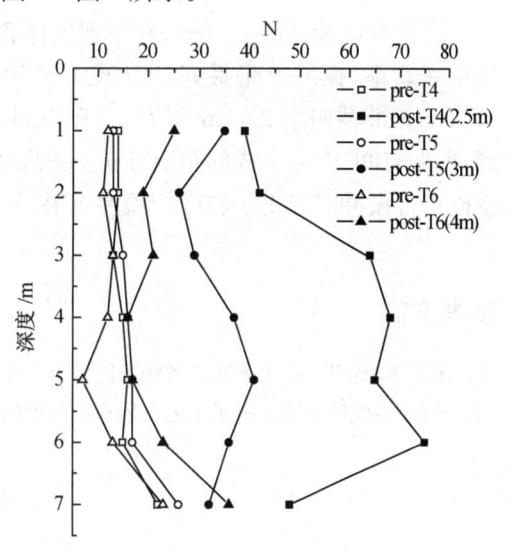

图 6 不同间距条件下 100 kW 振冲器处理前后 SPT 对比图

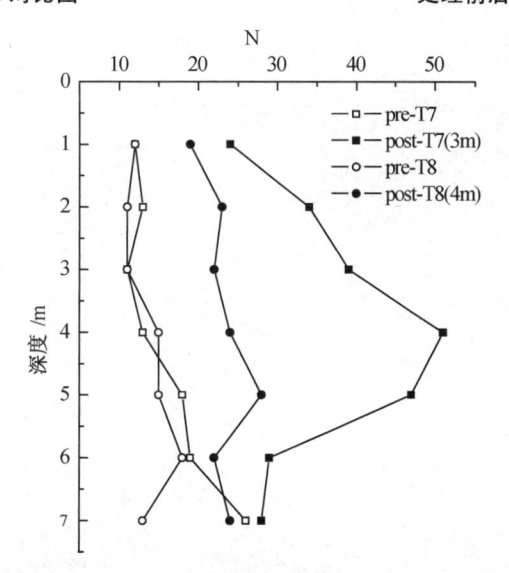

图 7 不同间距条件下 132 kW 振冲器处理前后 SPT 对比图

从图中可以看出,同种功率振冲器振冲时,不同振冲间距对于振冲效果影响很大,并且振冲点位间距越小,振冲后 SPT 击数越大。同种振冲点位间距条件下振冲器功率越大,土体经振冲后 SPT 增长越高。

此外,从图 5~图 7 可以看出,振冲范围的顶部和底部土体振后 SPT 击数增长相对较小。顶部较小是因为该处土体有效应力较小,振冲后土体重新排列后无法达到很高的密实度。底部击数较小是因为水平振动的振冲器加固的土体主要为振冲头以上部分,对振冲头下部周围土体影响很小。后续正式振冲时需要将振冲器下沉至设计标高以下 1 m,以保证设计振冲范围内土体的加固效果。

3 结论

通过本试验区验证可知,在下部土体含泥量不超过 10% 的条件下,综合试验区振冲效果和效率,振冲效果最好的参数组合为 100 kW 振冲器间距 2.5 m;同时可以采用 75 kW 振冲器间距 2.0 m 和 132 kW 振冲器间距 3 m 进行施工。密实电流按表 1 中控制,留振时间 30 s,上提间距 0.5 m。从现场实施情况证明,采用这些参数组合对后续原位砂进行振冲时取得了较好的振冲效果。

参考文献

[1] 张亚萍.海岸工程中振冲挤密法加固砂类土地基的应用分析[J].科技展望,2015(6):49
[2] 黄锐.换填砂及振冲密实工艺在码头工程中的应用[J].中国水运,2012(12):213-214+219.

科特迪瓦某重力式码头胸墙开裂原因分析及裂缝控制对策

莫宏武[1,2]，李永超[1,3]，于 方[1,3]

(1. 中国港湾西部非洲区域公司，科特迪瓦阿比让 06BP6687；
2. 中交四航局第三工程有限公司，广东湛江 524022；
3. 中交四航工程研究院有限公司，水工构造物耐久性技术交通运输行业重点实验室 广东广州 510230)

摘 要：本文针对科特迪瓦某重力式码头胸墙浇筑后出现多条竖向裂缝的问题，采用有限元软件对胸墙进行了开裂风险评估，对水泥进行了Rietveld全谱测试，从多角度分析了胸墙的开裂原因，并给出了胸墙控裂应对策略。结果表明：胸墙的外约束应力过大是导致其开裂的直接原因，而混凝土水化热温升过高、凝结时间过短及混凝土降温速率过快是导致开裂的深层次原因。通过优化混凝土配合比、控制混凝土内外温差、改善施工工艺等措施有效控制了裂缝的产生，后期浇筑的胸墙裂缝数量明显减少，胸墙控裂取得成功。

关键词：胸墙；裂缝；温度应力；Rietveld全谱；控裂措施

1 工程概况

科特迪瓦某重力式码头扩建项目位于科特迪瓦经济首都阿比让市，码头工程三个泊位总长度1 250 m，为重力式沉箱结构。沉箱为预制C40钢筋混凝土结构，标准尺寸为19.35 m×17.0 m×19.5 m(长×宽×高)，胸墙底端嵌入沉箱内0.3 m与沉箱形成结构整体，其混凝土设计强度等级同样为C40。标准段胸墙尺寸为19.41 m×4.9 m×2.8 m(长×宽×高)，属于典型的长墙式大体积混凝土结构。然而，大体积混凝土极容易产生裂缝[1]，一旦裂缝的宽度和深度发展到一定程度后不仅影响建筑美观，还会降低结构的安全性，尤其是海港码头工程，面对复杂的海洋环境，裂缝会导致氯离子加速往混凝土内部渗透[2-3]，从而锈蚀钢筋，严重影响结构的安全性和耐久性。而在科特迪瓦重力式码头扩建项目中，同样出现了胸墙表面产生过多裂缝的问题。

在该码头胸墙的施工过程中，项目部首先采用了表1的混凝土配合比1#(普通硅酸盐水泥，CPA CEM I 42.5 N)浇筑了6段胸墙，每段胸墙的混凝土浇筑量约为250 m³。现场的温度监测结果显示，浇筑后混凝土内部温度急剧升高，并在24 h内达到了峰值，最高温度在75～85 ℃范围之内。拆模后，胸墙表面即出现多条竖向裂缝，大部分从顶部延续到底部，而裂缝主要集中在沉箱中部位置，在胸墙前沿、后沿和顶部均有分布。经现场的技术人员统计，即便在浇筑5个月后，胸墙表面的裂缝仍在发展。

为了应对第一批胸墙出现混凝土内部温度过高和表面裂缝数量较多及宽度较大的问题，项目部尝试采用表1的混凝土配合比2#(低热矿渣水泥，CHF 42.5 L)浇筑了17段胸墙，监测结果显示胸墙内部最高温度虽然有明显降低(幅度达到14.8 ℃)，但胸墙前沿、后沿和顶部仍出现了裂缝，且裂缝的数量并未明显减少。

表 1 胸墙混凝土配合比

单位：kg/m³

配合比	水泥	细集料		粗集料			外加剂	粉煤灰	水
		机制砂	泻湖砂	5~10 mm	10~20 mm	20~40 mm			
1#	331	492	211	138	321	688	2.69	83	153
2#	410	490	210	137	320	685	3.28	—	164

2 原因分析

2.1 胸墙开裂原因分析

通常，混凝土产生裂缝的原因可分为以下三大类：荷载裂缝、变形裂缝及其他物理或化学变化产生的裂缝[4]。其中变形裂缝是指由于环境温度变化、混凝土在养护或使用阶段发生收缩和膨胀以及结构的不均匀沉降等原因引起的裂缝[5]。而对于本项目的重力式码头胸墙，为大体积混凝土结构，极易受到温度和收缩作用以及结构不均匀沉降而产生变形，在内外约束条件下产生拉应力，当拉应力大于混凝土的抗拉强度时便会导致混凝土产生裂缝。在混凝土浇筑前，考虑到胸墙混凝土会因自身荷载作用产生 20~30 mm 沉降，因此采取了分层浇筑工艺。故可以初步排除结构的不均匀沉降导致胸墙产生变形而出现裂缝这个因素。通过对裂缝形态的分析，结合现场温度监测结果，可以确定该胸墙表面出现裂缝主要为温度和收缩引起的变形导致的。为了进一步分析温度应力对混凝土产生裂缝的影响，对胸墙进行了温度应力模拟计算，评估其开裂风险。

2.2 基于温度应力的混凝土开裂风险分析与评估

为了分析码头胸墙混凝土结构由水泥水化热引起的温度应力状况，采用 1# 配合比，以胸墙第一层的实际尺寸建立有限元模型，采用有限元分析软件进行温度应力模拟计算，有限元计算参数如表 2 所示。

表 2 混凝土计算参数取值

参数名称	取值
28 d 绝热温升	50.4 ℃
28 d 抗压强度	32.5 MPa
28 d 弹性模量	32.5 GPa
比热容	0.96 kJ/(kg·℃)
导热系数	850~1 000 J/(m·℃·h)
表面散热系数	约 1 500 J/(m²·h·℃)
入模温度	30 ℃
环境温度	18~28 ℃

经计算,胸墙第一层混凝土不同龄期中心温度、表面温度、内表温差结果如图 1 所示。

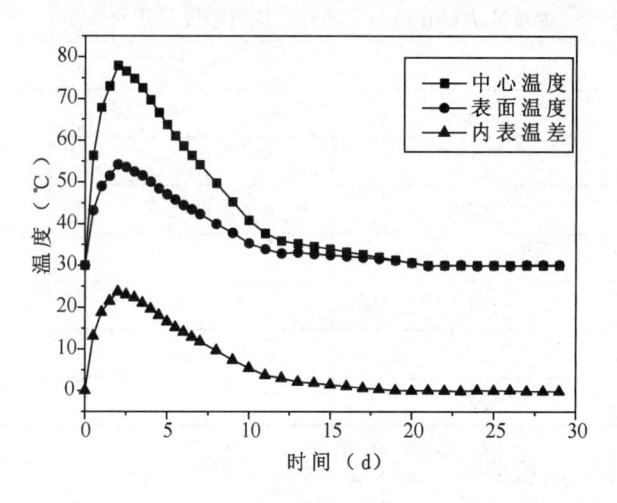

图 1　胸墙温度计算结果

从图 1 中可见,采用 CPA CEM I 42.5N 水泥时,胸墙第一层混凝土的中心温度在浇筑后 48 h 达到峰值,最高温度为 77.9 ℃,与实测值比较接近(最高温度在 75～85 ℃)。大体积混凝土的内部温度越高,由此产生的温降收缩越大,在温控措施不当的情况下,产生开裂的风险越高。

2.2.1　自约束应力评估

混凝土各阶段自约束应力的计算公式如式(1)所示。

$$\sigma_z(t) = \frac{\alpha}{2} \times E(t) \times \Delta T_{rb}(t) \tag{1}$$

式中:$\sigma_z(t)$——最大自约束应力(MPa);α——混凝土的线膨胀系数,取 1.0×10^{-5};$E(t)$——混凝土龄期为 t 时的弹性模量(MPa);$\Delta T_{rb}(t)$——混凝土浇筑后各阶段的内表温差(℃),通过数值计算或现场检测得到。

混凝土的抗裂安全系数 K_z 可根据式(2)计算求得。

$$K_z = f_{tk}(t)/\sigma_z \tag{2}$$

式中:$f_{tk}(t)$——混凝土龄期为 t 时的抗拉强度(N/mm^2);σ_z——混凝土的极限抗拉强度(N/mm^2)。

自约束应力的计算结果如表 3 所示。

表 3　自约束应力及开裂风险评估

龄期(d)	温度应力(MPa)	抗拉强度(MPa)	抗裂安全系数 K_z
0.25	0.025	0.17	6.96
0.50	0.098	0.33	3.39
1.00	0.326	0.62	1.90

(续表)

龄期(d)	温度应力(MPa)	抗拉强度(MPa)	抗裂安全系数 K_z
1.50	0.545	0.87	1.50
2.00	0.912	1.08	1.18
2.50	1.141	1.26	1.11
3.00	1.381	1.42	1.03
4.00	1.612	1.67	1.04
5.00	1.712	1.86	1.08
6.00	1.854	1.99	1.08
7.00	1.822	2.10	1.15

从表3中可以看出,胸墙第一层混凝土前7 d自约束应力抗裂安全系数在2.5 d时小于1.15。结果表明:胸墙第一层混凝土在浇筑完后2 d,自约束应力导致混凝土开裂的风险较大。宜在混凝土早期采取措施降低混凝土内部的温度和做好混凝土面层的保温和保湿养护。

2.2.2 外约束应力评估

外约束应力是指构件的变形受到底部、端部或侧面的约束而产生的拉应力,外约束拉应力可按式(3)计算,外约束应力参数为构件长度19.41 m,厚度2.4 m,基础水平阻尼系数1.2 MPa/mm。

$$\sigma_w(t) = \frac{\alpha}{1-\mu} \times \{\Delta T(t) \times E(t) \times H(t,\tau) \times R(t)\} \tag{3}$$

式中:$\sigma_w(t)$——混凝土龄期为 t d时,因综合降温差,在外约束条件下产生的拉应力(MPa);α——混凝土线膨胀系数,取 1.0×10^{-5};μ——混凝土的泊松比,取 0.17;$\Delta T(t)$——在第 t d时;混凝土浇筑体综合降温差的增量(℃),包括截面平均降温量和收缩当量温度增量;$E(t)$——混凝土龄期为 t 时的弹性模量(N/mm^2);$H(t,\tau)$——混凝土在龄期为 τ 时产生的约束应力延续至 t(d)时的松弛系数;$R(t)$——混凝土龄期为 t 时的外约束系数(N/mm^2),按式(4)计算。

$$R(t) = 1 - \frac{1}{\cosh\left(\sqrt{\frac{C_x}{H \cdot E(t)}} \cdot \frac{L}{2}\right)} \tag{4}$$

式中:L——混凝土浇筑体的长度(mm);H——混凝土浇筑体的厚度;C_x——外约束介质的基础水平阻尼系数(MPa/mm)。

混凝土的抗裂安全系数 K_z 可根据式(2)计算求得,计算结果如表4所示。

表 4　外约束应力及开裂风险评估

龄期(d)	外约束应力(MPa)	抗拉强度(MPa)	抗裂安全系数 K_z
1.00	−0.50	0.62	−1.24
5.00	0.39	1.86	3.09
10.0	1.46	2.27	1.55
15.0	2.10	2.36	1.13
20.0	2.45	2.38	0.97
25.0	2.69	2.39	0.90
30.0	2.71	2.39	0.88

从表 4 中可以看出，30 d 龄期内，胸墙第一层混凝土的外约束应力抗力安全系数在 14 d 后小于 1.15，表明胸墙第一层混凝土浇筑 14 d 后出现温度收缩和干燥收缩裂缝的概率较大。

2.3　原材料检测分析

项目部前后采用了两种水泥来配制混凝土，虽然在第二批次胸墙浇筑中采用了低热的矿渣水泥，使混凝土内部的峰值温度有所降低，但总体上效果并不显著，裂缝的数量没有明显减少。为了分析两种水泥水化反应放热存在的差异问题，对普通硅酸盐水泥和矿渣硅酸盐水泥进行了 X 射线衍射分析（XRD），并进行了 Rietveld 全谱分析，结果如图 2 所示。

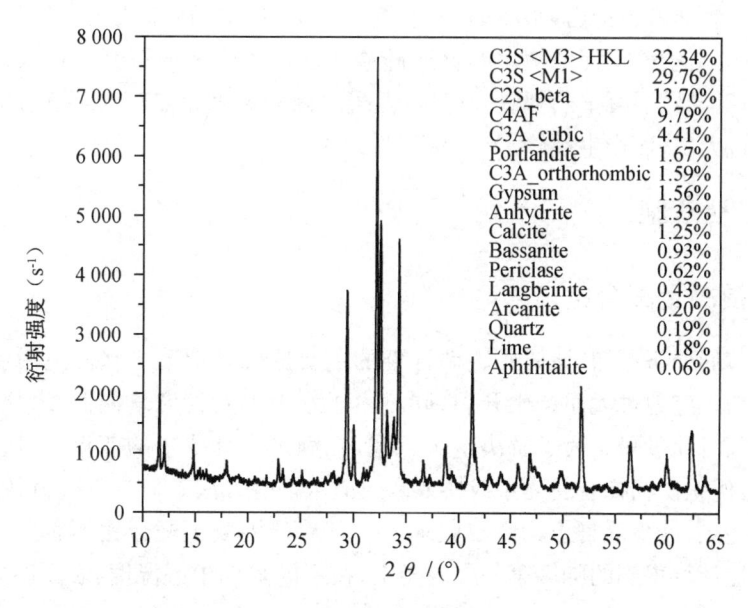

(a) CPA-CEM Ⅰ 42.5 N 硅酸盐水泥

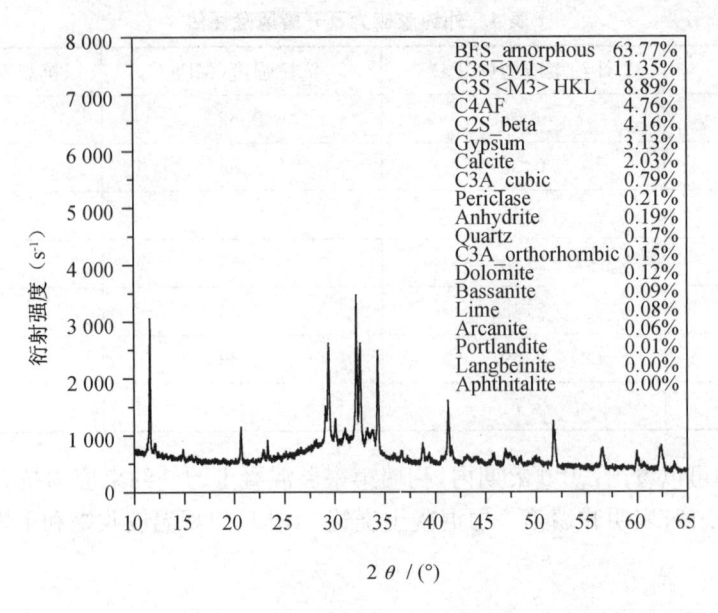

(b) CHF 42.5 L 矿渣水泥

图 2 Rietveld 全谱分析

从图 2 可知,普通硅酸盐水泥和矿渣水泥的石膏含量分别为 1.56% 和 3.13%,SO_3 含量分别为 0.73% 和 1.46%。可见,两种水泥的石膏含量偏低。在水泥生产过程中,石膏主要起着调节水泥凝结时间的作用,其掺量控制在 5% 左右,如果石膏掺量过低或者颗粒细度不够会使石膏不能充分溶解,当其溶解度含量小于 1.3% 时,会容易使混凝土产生速凝的现象。有学者曾指出,水泥的初凝、终凝时间和释放的水化热会受到石膏掺量的影响[6]。因此,由于该工程中使用的普通硅酸盐和矿渣水泥的石膏含量偏低,使混凝土凝结时间过短,导致混凝土内部温升过快,混凝土内外温度相差较大,致使混凝土受到的外约束应力过大,从而产生裂缝。

3 裂缝控制措施

3.1 优化混凝土配合比

由上一节的分析可知,该码头胸墙开裂的主要原因是混凝土在浇筑后温升过快,导致其受到外约束应力过大而产生开裂,同时由于水泥的石膏含量偏低,水化热反应过快使混凝土凝固时间过短。为了解决这个问题,在满足设计要求的前提下,通过改善骨料的粒径级配,优化矿物掺合料体系或掺入高效减水剂等方法来减少胶凝材料的用量[7-8],从而降低水化热,减少混凝土的降温收缩。优化后的混凝土配合比如表 5 所示,采用优化后的配合比计算得到的胸墙第一层混凝土,在不同龄期中心温度、表面温度、内表温差结果如图 3 所示。

表5 胸墙混凝土优化配合比

单位:kg/m³

强度等级	水泥	细集料		粗集料			外加剂	粉煤灰	水
		机制砂	泻湖砂	5～10 mm	10～20 mm	20～40 mm			
C40	268	504	216	176	294	705	3.45	115	148

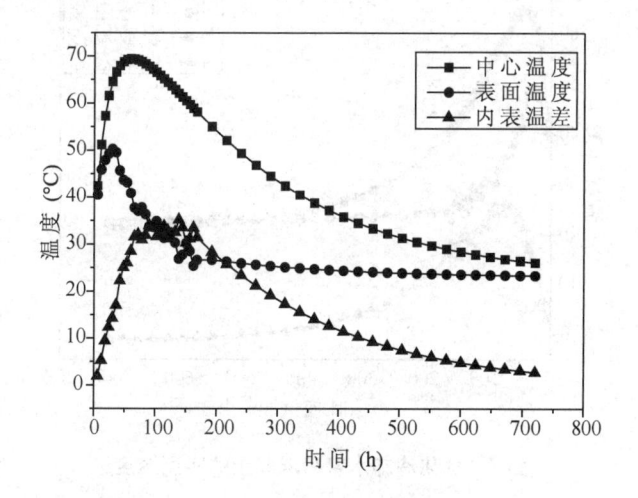

图3 胸墙温度计算结果

由图3可知,在采用优化后的配合比(CPA CEM I 42.5N 水泥)后,胸墙第一层混凝土中心温度在浇筑后60 h达到峰值,峰值为69.3 ℃。

混凝土的内部最高温度从优化前的77.9 ℃降低至优化后的(69.3 ℃)(无冷却水管),这在一定程度上降低了混凝土产生温度裂缝的风险,但混凝土的内表温差过大(34.2 ℃),需要进一步采取相关措施控制混凝土的内表温差。

3.2 温控措施

混凝土的内表温差过大,产生自约束应力的开裂风险较高,可采取"内降外保"的方法进行控制。外部保温的做法为:混凝土浇筑完后,在胸墙顶部铺设高分子养护膜后覆盖聚苯板进行保温,再用防雨帆布将整个胸墙包裹严实,待混凝土内部最高温度降低至45 ℃以下时再进行拆模。内部降温的做法为:在混凝土内部铺设冷却水管来降低其内部的温度,并通过更换冷却水管的材质(塑料管换成金属管)和布置优化(三层六列交叉布置来取代两层四列,见图4)来降低混凝土的内部温峰。

(a) 二层四列布置　　　　　　(b) 三层六列交叉布置

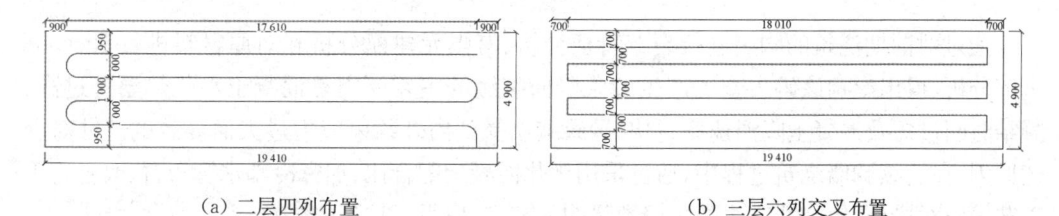

图4 冷却水管布置方式

由图5可知,在采用优化后的配合比(CPA CEM I 42.5N 水泥)且优化冷却水管布置后,胸墙第一层混凝土中心温度在浇筑后 36 h 达到峰值,峰值为 65.6℃),内表温差最大值为 26.2℃)。可见,采用冷却水管的优化措施后,混凝土的最高温度和内表温差都有所降低,这进一步降低了胸墙的开裂风险。

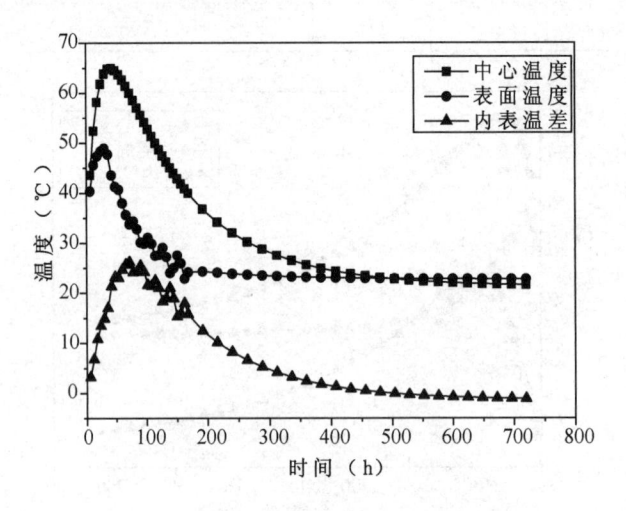

图5　优化冷却水管后混凝土的实测温度

3.3　施工工艺及构造设计措施

码头胸墙第一层胸墙嵌入沉箱内 0.3 m,由第二节的分析可知,由于混凝土内部温升过快,使混凝土内部温度与外界温度温差过大,导致沉箱对第一层浇筑的胸墙会产生较大的外约束应力,另外由于胸墙采用了分层浇筑的施工方法,下层混凝土同样会对上层混凝土产生较大的外约束应力,增大了混凝土胸墙面层的开裂风险。因此,针对施工工艺导致胸墙产生的裂缝,可通过混凝土的构造设计进一步减少。为此,通过在水平施工缝界面以上 1.5 m 高度范围内铺设 5 mm 厚的玄武岩纤维抗裂网格(网格规格 5 cm×5 cm),采用梅花选点布设方式将网格铺设在混凝土保护层内,使得胸墙的裂缝从 3~4 条下降至 0~1 条,且最大裂缝宽度从 0.30 mm 下降至 0.15 mm 以内,有效控制了侧墙的横向裂缝。

通过采取优化混凝土配合比、控制混凝土内外温差以及改善施工工艺(布设抗裂网格)等一系列措施,使后期浇筑胸墙混凝土的裂缝明显减少,胸墙控裂取得了成功。

4　结语

通过对前期浇筑的胸墙进行裂缝特征分析、有限元建模分析和对原材料进行 Rietveld 全谱分析,得出影响该码头胸墙产生多条竖向裂缝的主要原因是混凝土水化热温升过高、凝结时间过短及混凝土降温速率过快,导致胸墙受到内外约束应力过大而导致的。针对上述原因,在后续胸墙浇筑过程中,通过采用优化混凝土配合比、加密冷却水管布置、改善施工工艺等应对措施,使胸墙产生的裂缝数量明显减少,取得了控裂的成功。

参考文献

[1] 杜峰,常攀. 锚碇大体积混凝土温控及裂缝防治[J]. 公路,2019,(8):89-94.

[2] 潘从玲,储洪强,蒋林华,等. 氯盐-硫酸盐共存环境中阳离子类型对氯离子结合能力的影响[J]. 混凝土,2019(4):28-32+36.

[3] 崔钊玮,陆春华,刘荣桂,等. 干湿交替下受弯开裂混凝土梁内氯离子侵蚀试验研究[J]. 工业建筑,2013,43(10):97-101+147.

[4] 熊建波,邓春林,徐兆全,等. 海港重力式码头胸墙和面层混凝土裂缝控制[J]. 中国港湾建设,2014,34(4):30-33.

[5] 马学峰,陈亮伟,孔飞. 燕北地区商品混凝土早期裂缝的主要成因与预防措施[J]. 混凝土,2006,36(7):84-85+88.

[6] 陈冬梅,张日华. 石膏(SO_3)对大掺量粉煤灰水泥性能的影响研究[J]. 硅酸盐通报,2008(4):881-884+887.

[7] 张海明,潘乐,荣华,等. 某"华龙一号"核电站核岛基础大体积混凝土施工裂缝控制[J]. 工业建筑,2019,49(2):27-30.

[8] 林诗翔,王保才. 高桩码头现浇面层裂缝控制[J]. 中国港湾建设,2016,36(11):68-70.

疏浚施工技术

"V型探槽"管线探测工艺在弗里迪运河底不明管线探测中的应用

李 枫[1,2]，周 钦[1,2]，赵润振[1,2]

(1. 中国港湾西部非洲区域公司，科特迪瓦阿比让 06BP6687；
2. 中交广州航道局有限公司，广东广州 510220)

摘 要：弗里迪运河底部分布有若干海底管线，成为运河航道疏浚施工的重大安全隐患。海底管线种类多、埋设位置及深度不明、管线探测环境复杂等特点使得浅地层剖面仪、侧扫声呐仪以及磁力仪等常规海底管线探测方法因其探测原理的局限性而难以适用。项目部在传统的海底管线探测方法之外创造性地采用了小型抽砂设备在海底开挖"V型探槽"的管线探测新工艺，并成功应用于实际探测中，有效排除了海底管线对航道疏浚施工的影响，保障了船舶施工安全。科特迪瓦阿比让港口扩建工程航道疏浚分项施工的顺利实施，说明小型抽砂船开挖"V型探槽"的管线探测新工艺可行、有效，为海底管线探测提供了新思路。

关键词：港口、海岸及近海工程；管线探测工艺；V型探槽；海底管线；抽砂设备

1 引言

随着世界经济的不断发展，特别是中国政府和领导人提出的"一带一路"倡议的顺利推进，"海上丝绸之路"沿岸港口将在经济飞速发展中起到越来越大的作用。为了满足国家和地区经济的发展需要，提高自身的市场竞争力，越来越多的港口选择进行扩建升级。在港口扩建施工中，遇到的水下管线问题越来越多，成为港口扩建施工中的最大风险之一。这些水下管线多已年代久远，受当时施工技术和现场施工条件的限制，或因海底复杂、多变的地理环境，其实际平面位置和高程与设计资料往往存在偏差，也缺乏最终的验证资料。

目前国内外应用较广泛的管线探测方法主要有浅地层剖面仪探测、侧扫声呐仪探测以及海洋磁力仪探测三种，这几种方法都有一定的局限性，无法满足某些具有特殊工况项目的管线探测要求[1]。因此，海底管线探测方法的研究和创新具有重要现实意义。

2 工程背景

阿比让港口扩建工程项目位于西非科特迪瓦的经济首都阿比让市，是目前该国最大的水工项目。其中航道疏浚分项施工需对弗里迪运河进行加深疏浚，但施工区内存在海底管线，且分布情况不明确，成为航道疏浚施工的重大隐患。为防止破坏海底管线而造成重大工程事故，保证航道疏浚施工能按时保质完成，对运河内管线的实际数量、走向及埋深进行探明势在必行。

2.1 航道疏浚要求

弗里迪运河全长约 4.5 km，航道宽 250 m，需分段疏浚至－16.5 m、－18.0 m、－18.5 m至－19.0 m，航道分段及疏浚标高要求如图 1 所示。

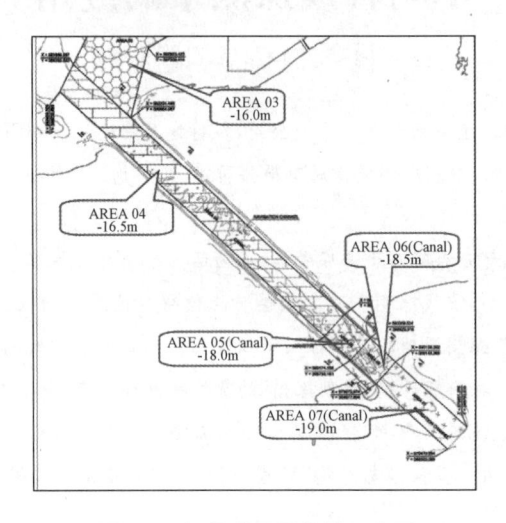

图 1　运河航道平面位置示意图

2.2 不明管线概况

根据前期收集的管线资料进行初步分析，至少有 18 条海底管线穿越运河航道施工区，管径、材质不一且涵盖电缆、气管、水管、油管等多个种类。

因大部分管线没有具体的坐标信息，根据管线与现有建筑物的相对关系，绘制出运河内管线分布平面位置示意图，如图 2 所示。

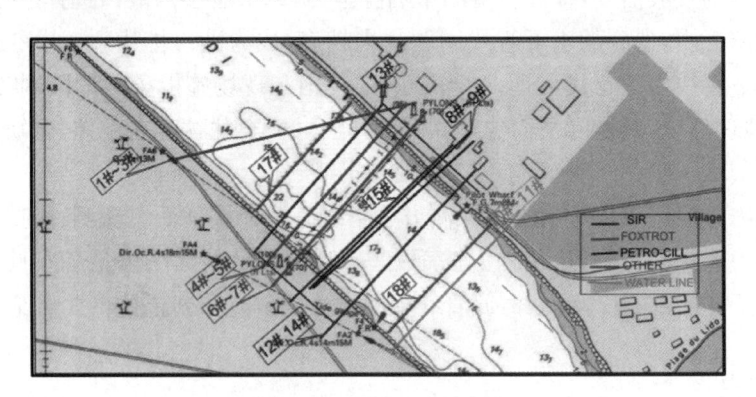

图 2　运河管线分布平面位置示意图

为尽快摸清运河管线问题，项目部技术组一方面组织技术人员对运河两岸进行实地勘察，检验已有管线资料的准确性；另一方面积极与各管线所属公司接洽，通过召开管线专题会议进一步获取管线信息并进行深入分析。最终确定资料中的 18 条管线中有 9 条不明管线需进一步探明，其具体情况整理如表 1 所示：

表 1 需探明管线信息汇总表

编号	管线名称	类型
10#	6″水管	水管
11#	8″水管	水管
12#	10″水管主管道	水管
13#	10″水管备用管道	水管
14#	Cable（sous-marin）	电缆
15#	Cable（arme）	电缆
16#	A	电缆
17#	B	电缆
18#	C	电缆

综上，运河内海底管线分布的特点主要有：管线数量多(9 条)、种类杂(含水管、气管、油管、电缆，还有未知类型管线)、管线埋设深度未知、走向不明。这使得航道疏浚施工面临巨大风险，如不慎挖到海底管线，不但会对环境造成破坏，给当地居民的生活带来极大影响，还将使得项目部面临巨额索赔，对企业的声誉也将产生不良影响。

2.3 常规海底管线探测手段及可行性分析

目前，国内外海底管线探测主要是采用浅地层剖面仪、侧扫声呐仪、海洋磁力仪等物探手段，原理是通过海底管线与覆盖层的物性差异来探测、识别运河底管线的位置，探测精度可达 60~100 cm。

2.3.1 浅地层剖面仪探测法

浅地层剖面仪(如图 3 所示)探测法是利用声波在介质中传播遇到不同声学特性的分界面时会发生反向散射的原理来进行管线探测，具有操作方便、探测速度快、记录图像连续且经济等优点，对管径在 20~100 cm、埋深不大于 2 m 的水下或地下管线有很好的

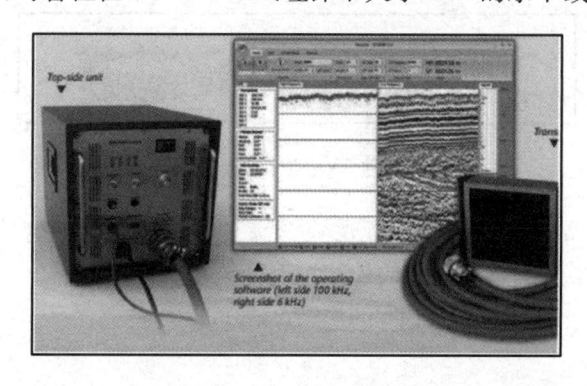

图 3 德国 SES 型浅地层剖面仪

探测效果[2]。探测作业时测线必须垂直于海底管线轴向才能获得良好的效果,且仅能探测出测线和管线的交点,无法连续探测管线[3]。因从现有资料无法判断海底管线的具体走向及埋深,且已知部分管线的管径大于 100 cm,浅地层剖面仪探测法不适用于弗里迪运河底管线探测。

2.3.2 侧扫声呐仪探测法

侧扫声呐技术是运用海底地物对入射声波反向散射的原理来探测海底形态,能直观地提供海底形态的成像并能高效地探测出海底面以上管道的走向、平面位置、裸露高度等信息,但无法探测埋藏在海床面以下的管线[4-5]。侧扫声呐仪如图 4 所示。根据已有资料判断,运河内大部分管线均在海床面以下,因此,侧扫声呐仪不适用于弗里迪运河海底管线探测。

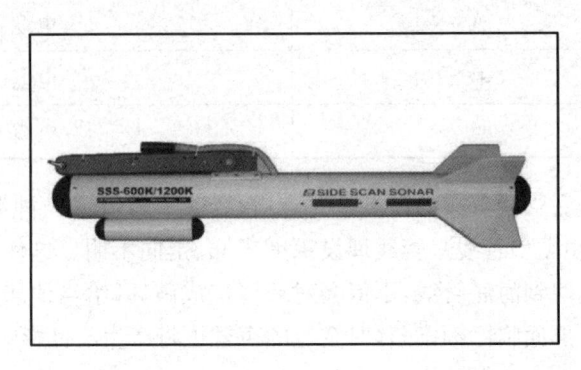

图 4 SSS‑600 K/1200 K 型侧扫声呐仪

2.3.3 磁力仪探测法

磁力仪(如图 5 所示)是通过检测管线与海床介质的磁性差异所引起的磁场变化来探测海底管线,其优点是可以探测不同直径的管线,但仅能探测出平面位置,无法探测埋藏深度,而且不适用于非金属材质管线的检测。运河底部埋设管线数量及种类较多,运河上方有多条高压电缆横跨运河,磁场条件复杂,容易对磁力仪造成干扰,且为保障疏浚施工安全,必须探明各管线的具体埋藏深度。因此,磁力仪不适用于弗里迪运河海底管线探测。

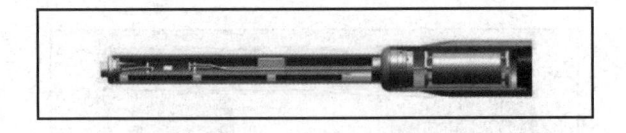

图 5 SeaSPY 磁力仪

综上所述,三大常规探测方法均无法完全满足弗里迪运河的管线探测要求,必须寻求新思路和新途径来解决运河内海底管线探明的难题。

3 工艺原理

在可能分布管线的区域采用抽砂设备沿运河方向开挖一定宽度的探槽,槽底标高低于航道疏浚设计底标高 1~2 m。再由潜水员对探槽进行水下探摸,如探摸到管线,则对其具体位置及标高进行精确测量,以便进行下一步处理;如未探摸到管线,则证明疏浚设计标高以上无管线,对疏浚施工无影响,可安排疏浚设备进行施工。探测原理如图 6 所示。

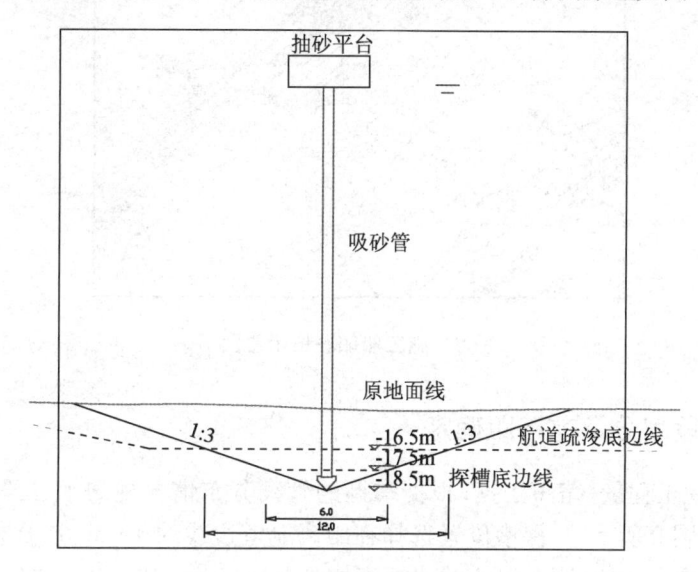

图 6 探测原理示意图

4 实施研究

4.1 设备选型

项目在场船机设备资源丰富,经过项目技术组充分讨论,决定采用小型抽砂船(如图 7 所示)进行探槽开挖。抽砂船属于水力开挖设备,开挖时不会对水下管线造成机械伤害。主要工作原理为:通过离心泵产生的负压作用,将水底泥砂吸入吸砂管,再通过排砂管线输送至他处以达到挖砂的目的。施工时结合管口排砂浓度情况从原泥面逐步下放吸砂管口直至既定开挖标高。

图 7 抽砂船

本次所用抽砂船所配备的射流式抽砂泵生产效率约 300 m³/h,扬程 44 m,配套柴油机功率 330 kW,转速 870 r/min,配套进水管道 350 mm,排水管道 350 mm,配套柴油机功率 52 kW,1 500 r/min,采用直连方式,配套排泥管直径 100 mm。

4.2 船舶驻位布置

因抽砂船尺寸较小,结构稳定性不佳,航道内水流湍急,为保障定位准确及施工安全,采用 GPS 定位、抽砂船绑系方驳的定位方式进行施工驻位(如图 8 所示)。

方驳就位采用抛设陆地锚的方式以减少水域占用面积,水下锚抛设位置需距离航道中心线50 m以上以保证航道通航宽度。

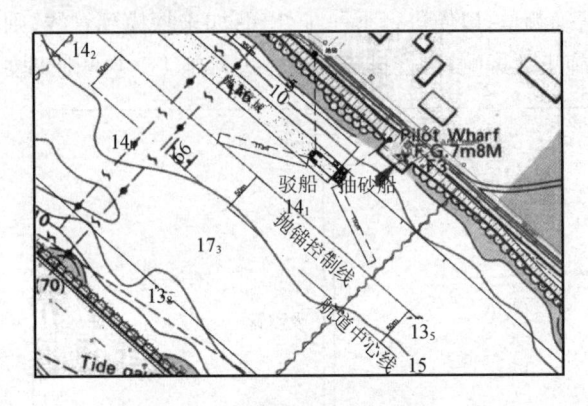

图8 施工船舶驻位示意图

4.3 施工区段划分及前移距确定

为减少开挖工程量,缩短工期,根据掌握的管线分布情况规划了三段探槽,总长度330 m(如表2、图9所示)。探槽位置选择在距离航道边线约10 m处,探槽断面开挖成"V"字形,边坡为自然坡(约1∶3),槽底标高控制在−17.5～18.0 m之间(低于运河疏浚底标高1 m以上),计划按第二段→第三段→第一段的顺序施工。

表2 探槽开挖分段表

分段	桩号	长度(m)
1	K0+930～K0+990	60
2	K2+260～K2+620	190
3	K2+700～K2+780	80

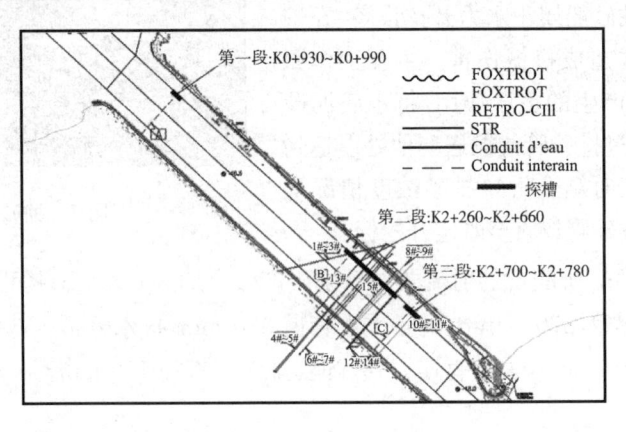

图9 探槽平面位置示意图

抽砂船施工时为定点抽砂,需结合成槽的边坡(由砂质特性决定)和目标深度确定移距,以保证全探槽达到预期水深。通过试施工和实际测量效果,确定每次前移距为6.0 m。抽砂船施工纵断面如图10所示。

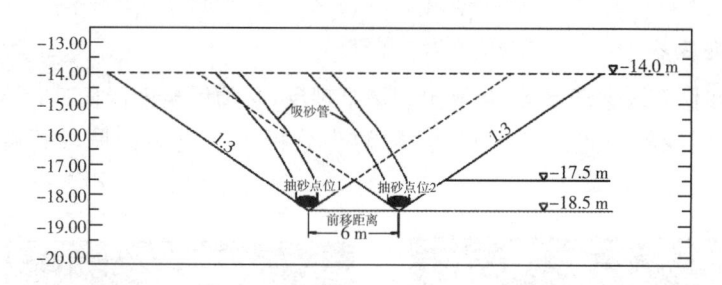

图 10 抽砂船施工纵断面示意图

4.4 试施工及主要问题

为检验方案是否可行,抽砂船进入实验区后首先进行了 10 m 区段的试施工。试施工过程中出现了出砂浓度低、表层垃圾和下层块石多等问题,严重影响探槽开挖效率。

4.4.1 出砂浓度低

航道内土质为中粗砂,表层砂较松散,底部砂层逐渐变得密实,加上疏浚深度较深,仅靠泥泵产生的离心力直接吸砂的方式较难开挖,出砂口浓度较低(如图 11 所示),施工效率低下。

图 11 出砂口浓度低

4.4.2 表层垃圾多

弗里迪运河开挖完成至今通航已五十余年,阿比让港及外海垃圾逐渐在航道底部沉积。试施工时出现大量的塑料袋、缆绳、烂布、腐木等垃圾,造成吸砂口封堵的现象(如图 12 所示)。

图 12 垃圾封堵吸砂口

4.4.3 下层块石多

加深抽砂时,石块逐渐增多,频繁出现堵泵现象,必须停泵进行长时间清理(如图13、图14所示)。因探槽位置靠近航道边界,初步分析为航道边护坡块石滑落至航道内所致。

图 13　石块堵住泥泵

图 14　从泥泵清理出来的块石

4.5　优化措施及效果

针对试施工期间出现的上述问题,项目部技术组通过分析、讨论,有针对性地采取了以下措施。

4.5.1　加装高压冲水设备

加装高压冲水,通过高压水流将航道底部泥沙冲散,达到水力冲挖的效果,出砂浓度明显提高(如图15、图16所示)。

图 15　加装高压冲水设备

图 16　加装高压冲水后的管头出砂浓度

4.5.2　调整探槽开挖位置

由原定探槽开挖区域向航道中心侧平移10 m,以避开块石分布区,从而减少块石堵泵现象,进而增加实际施工时间。

4.5.3 调整吸砂口格栅密度

开挖航道表层时,调疏格栅密度,使垃圾能直接通过吸砂口并顺利排出。开挖航道底层时,增加格栅密度(如图 17 所示),阻挡块石,减少堵泵现象。

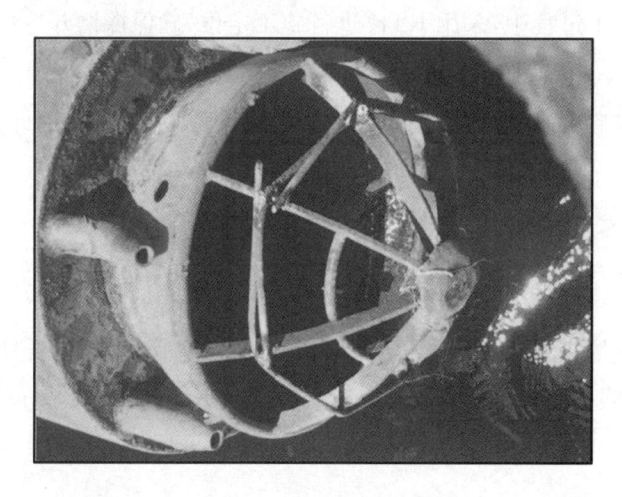

图 17 吸砂口格栅加密

4.5.4 分层开挖

采用分层开挖的方式进行探槽施工,即:先调疏格栅,将整个探槽开挖至一定深度,把表层垃圾清除,随后加密格栅,将探槽二次开挖至要求标高。该方案将大幅提升施工效率,且能有效减少垃圾封堵吸砂口和块石堵泵现象,减少设备因块石击打造成损耗的程度。

4.5.5 优化效果

通过上述优化措施,有效解决了试施工过程遇到的出砂浓度低、垃圾和块石多等问题,极大地提高了探槽开挖施工效率。

经测量统计,试施工期间,共计施工 10.5 h,实测工程量 396 m³,施工效率约 37.7 m³/h,已开挖区域平均水深达到 −17.5 m,个别区域甚至达到 −19.0 m,符合开挖标高要求,达到预期效果,证明抽砂船开挖探槽的方案切实可行。探槽三维地形图如图 18 所示。

图 18 探槽三维地形图

4.6 测量

4.6.1 平面位置控制

船舶就位及施工过程中,采用RTK进行施工定位,确保探槽开挖位置准确。

4.6.2 水深测量

探槽开挖完成后,采用单波束测深仪进行水深检测,水深达标后即安排潜水员探摸,不达标则继续开挖,确保全探槽开挖深度满足既定要求。

4.7 潜水员水下探摸

4.7.1 及时探摸

为防止探槽开挖完成后久置导致回淤或塌方而影响管线探摸,探槽施工采用分段开挖方式,每段长度约10 m,分段施工完毕后立即进行水深测量,达到标高后即安排潜水员进行水下探摸。

4.7.2 定位准确

为保障探摸效果,分段施工完成后,依据实测结果绘制探槽实际位置,再利用GPS精确定位,确定潜水员下潜点。选择平潮时作业,减少水流影响。同时,潜水员携带高亮手电筒下水,保证照明充足以看清探槽位置,从而保障探摸位置准确。

4.7.3 保障安全

探槽标高达−17.5 m以下,属于深水作业,危险系数较大,为保障潜水员作业安全,项目部采取了以下安全措施:一是对潜水员进行安全技术交底,提高作业人员安全意识;二是选择平潮时进行探摸作业,减少水流对潜水作业的影响;三是提前向港调提出水下作业申请,消除施工干扰;四是仔细检查潜水设备,确保潜水设备正常并符合要求;五是配备安全绳,潜水员系绑下水;六是配备足量岸上协作人员、应急潜水员及应急快艇,发生意外时可及时搜救。潜水员水下探摸如图19所示。

图19 潜水员水下探摸

4.8 结果及分析

2016年6月至2016年9月期间,抽砂船累计施工545 h,完成开挖探槽长度330 m,实测开挖工程量17 200 m³,施工效率约32 m³/h。实测探槽开挖深度在-17.5～-19.0 m之间(疏浚设计标高-16.5 m)。潜水员水下探摸时,在所有开挖段均未发现管线,表明-17.5 m以上河床无管线存在,对航道疏浚施工无影响。

运河管线探测工作结束后,项目部于2016年9月底投入10 000 m³耙吸式挖泥船进行管线分布区的疏浚施工,至2016年11月底,顺利完成运河航道管线分布区的全部疏浚施工任务,施工过程中未发生触碰管线事故,表明抽砂船在海底开挖探槽结合潜水员水下探摸的新工艺对海底管线探测的结果真实可靠。

5 结论

海底管线种类和数量众多、管线走向及埋深不明,运河通航频繁且水流湍急,弗里迪运河工况的特殊性,使得浅地层剖面仪、侧扫声呐仪、磁力仪等目前国内外广泛应用的传统海底管线探测方法均无法满足其探测要求。科特迪瓦阿比让港口扩建工程项目开创性地采用抽砂船开挖"V型探槽"结合潜水员水下探摸的管线探测新工艺,并在实际应用中取得了极佳的实施效果和经济效益,圆满解决了该项目的运河管线难题,使管线分布区的航道疏浚施工得以顺利实施。

相比常规探测方法,抽砂船开挖"V型探槽"探测海底管线工艺的主要优势有:

(1) 不受外界环境的影响。常规探测方法对磁场环境、管线周围介质的磁性差异以及声波传输环境要求较高,而开挖探槽的新工艺对外界环境无特殊要求。

(2) 不受管线材质、尺寸的影响。常规探测方法难以探测尺寸较小以及金属材质以外的管线,而开挖探槽的新工艺对各种尺寸和材质的管线均可直接探明。

(3) 不受管线埋设深度影响。常规探测设备发射的信号频率和能量有限,只能探测出覆盖层以下一定深度的海底管线,而开挖探槽的新工艺可以通过改善离心泵的吸扬能力而提高探槽开挖深度,进而探测埋设深度较大的海底管线。

(4) 探测结果精度高。常规探测方法的探测精度因外界环境、覆盖层厚度、管线材质及尺寸的影响程度而异,精度偏差可以达到米级以上,难以满足探测精度要求高的项目。而探槽开挖形成后,管线裸露在海底表面,可以通过声速测量仪直接扫测出管线的实际标高和尺寸,也可以水下直接测量。

(5) 可作为常规物探方法实施后的一种佐证手段推广应用。常规物探手段探测精度不高,往往不能满足实际要求。此时可在物探手段探测结果的基础上选取一个或若干个点开挖探槽,探明管线的实际标高和位置,对物探结果进行修正,就可以获取水底管线的准确信息。

综上所述,抽砂船开挖"V型探槽"结合潜水员水下探摸的管线探测新工艺,与浅地层剖面仪、侧扫声呐仪、磁力仪等常规管线探测手段相比具有探测精度高,不受管线材质、尺寸及埋深限制,不受外界环境影响等优点,还可作为常规物探方法的佐证手段推广应用。该工艺在阿比让港口扩建工程项目的成功实践,证明该工艺具备可操作性且探测结果真实可靠,为海底管线探测提供了新思路,开创了该领域的新局面,特别是为环境复杂、管线埋设深、探测精度要求高等特殊工况下的管线探测提供了新的可行性方案,具有良好的经济效益和广泛的应用前景。

参考文献

[1] 陈军,刘建军.物探技术在水下管线探测中的应用[J].城市勘测,2011(1):156-158.
[2] 杨敏,宋涅,王芳,等.掩埋海底管道探测方法及新技术应用研究[J].海洋科学,2015,39(6):129-132.
[3] 吕邦来.海底管线的地球物理探测技术探讨[J].水运工程,2009(7),146-150.
[4] 杨振林.便携式侧扫声呐在探测海底地物中的应用[J].水运工程,2002(10):28-30.
[5] 马建林,金菁,刘勤,等.多波束与侧扫声呐在海底目标探测分析比较[J].海洋测绘,2006,26(3):10-12.

深水域水下摄像工艺在海床表面物探中的应用

洪旦云[1,2]，张金浩[1,2]，龙波明[1,2]

(1. 中国港湾西部非洲区域公司，科特迪瓦阿比让 0613P6687；
2. 中交广州航道局有限公司，广东广州 510220)

摘 要：疏浚施工中为摸清施工水域海床表面障碍物的类别、材质、尺寸等详细信息，需要对海床表面进行物探。相对于常规海床表面物探手段，深水水域水下摄像技术可以清晰直观地反映海床表面的情况。该工艺在实际工程中成功应用，在解决项目实际问题的同时，可作为常规海床物探手段的辅助手段，具有广阔的推广前景。

关键词：疏浚施工；物探；海床表面；水下摄像

1 引言

在港区或航道水下开挖或疏浚施工前，为了保证施工安全或者水底结构物的安全，一般需要对海床面的不明物体存在情况进行探明，不明物体的材质、尺寸等性质直接影响施工设备的选型和最终的处置方案[1]。目前国内外常用的水底表面物探手段主要是利用多波束测深系统和侧扫声呐技术，这两种技术只能扫测出海底地形及不明物体的大致形状，然后通过形状判断物体的类别。对于外形具有明显特征的水下不明物体（如沉船、锚链）比较容易判断，而对于没有明显特征的物体则需要通过潜水探摸或其他手段进一步判断，往往不能直接得出结论。水下摄像技术可以清晰记录水底表面情况，进而判断水下不明物体的类别、特性等，为施工技术方案提供参考。

浅水域水下摄像技术发展目前比较成熟，潜水员可以直接配备防水高清摄像设备入水操作，广泛应用于海底自然生物摄像等领域。但对于深水域，潜水员必须配备重潜设备才能下水作业，一方面成本高，另一方面深水环境下摄像操作比较困难，耗时长；而且水域占用面积大，无法及时避让，在通航水域不适用。此外，在水流流速较大的情况下依赖人工进行潜水摄像，安全隐患更大。

2 海床表面常规物探技术原理及分析

2.1 多波束测深系统

多波束测深系统是一个复杂的综合性系统，主要组成部分为：多波束声学系统(MBES)、多波束采集系统(MCS)、数据处理系统和外围辅助传感器。其中，换能器为多波束的声学系统，负责波束的发

图1 多波束扫测海底沉船效果图

射和接收；多波束采集系统完成波束的形成以及将波束接收到的声波信号转换为数字信号，并反算其距离或记录声波往返换能器和海底的时间；外围设备主要包括定位传感器（如 GPS）、姿态传感器（如姿态仪）、声速剖面仪（CTD）和电罗经，实现测量船瞬时位置、姿态、航向的测定以及海水中声速船舶特性测定；数据处理系统以工作站为代表，综合声波测量、定位、船姿、声速断面和潮位等信息，计算波束脚印的坐标和深度，并最终通过软件设置颜色分层，将不同深度的数据绘制成直观的海底三维地形图[2]，如图 1 所示。

2.2 侧扫声呐技术

侧扫声呐是一种利用专用的探头发射声呐信号进行水底地形扫描的技术。声呐探头发出的信号呈扇形向下传播，扇形在水平角方向为 16°～119°，而在垂直角方向为 32°，当声呐信号到达水底（海底）时，就会产生反射和散射[3]。接收器接收来自水底（海底）的返回声呐，仪器设备根据接收到的声呐信号的时间及角度，经过计算机处理就可以描绘出该扇形区域水底（海底）的相对深度变化，从而得到水底（海底）的地貌起伏情况和存在水底（海底）的沉船及其他近表面的物体等的具体位置、形态和尺寸，海底沉船侧扫声呐效果图如图 2 所示。

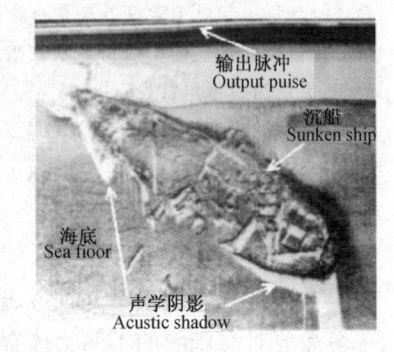

图 2 海底沉船侧扫声呐效果图

多波束测深系统和侧扫声呐仪均能通过对海床表面地形进行扫测，确定海床表面不明物体的大体轮廓，具有定位精度高、覆盖面积宽、能够进行三维可视化分析的优点。缺点是不能直观观测到不明物体，对于尺寸较小的不明物体往往探测不到或者探测效果不好。

3 水下摄像工艺研究

3.1 目的

深水水域水下摄像工艺的目的是探索一种低成本的、可以避免人员下水作业的（去人工化的）、可以在深水区进行水下摄像的方法，对河床面进行摄像、记录、观察，分析判断海床表面不明物体情况，为水下施工提供参考[4]。

3.2 工艺原理

以具有自航能力的船舶作为工作平台，在船尾通过绳索将水下摄像设备放置在海床表面：(1) 在探测区域水流不急的情况下，可以通过船舶自身动力顶流缓缓前进；(2) 在探测水域水流较急的情况下，可以通过先抛锚再收锚徐徐向前；摄像开始后根据实际情况调整摄像角度，确保摄像头对准海床表面，并持续进行记录。探测区段之间保证 20～30 m 的搭接，防止有遗漏[5]。

3.3 工艺流程(如图 3 所示)

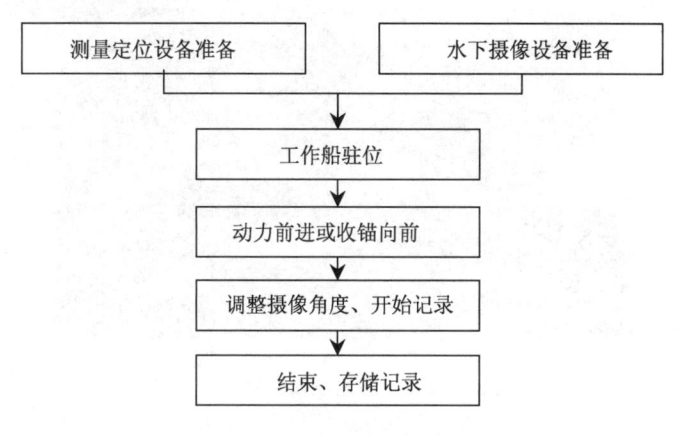

```
测量定位设备准备      水下摄像设备准备
           ↓    ↓
         工作船驻位
            ↓
      动力前进或收锚向前
            ↓
      调整摄像角度、开始记录
            ↓
         结束、存储记录
```

图 3　水下摄像工艺流程图

4　工程实践

4.1　工程概况

科特迪瓦阿比让港口扩建工程位于科特迪瓦阿比让市,该项目计划进行疏浚的运河航道内存在一些不明管线,业主方面仅提供了部分管线的资料,大部分管线信息不全。航道设计长度 4.55 km,设计宽度 250 m,管线分布区域设计标高为 -16.5 m。

运河航道管线分布区西半槽原始泥面标高在 $-17 \sim -24$ m,水深较深,总长度约 550 m;该泥面标高低于疏浚设计底标高 -16.5 m,如有管线暴露在河床泥面,通过水下摄像设备可以直接观察到(如图 4 所示)。此次进行水下摄像的目的就是为了判断海床表面是否存在海底管线,并确定疏浚区域是否存在块石、锚、锚链等影响疏浚施工的不明物体。

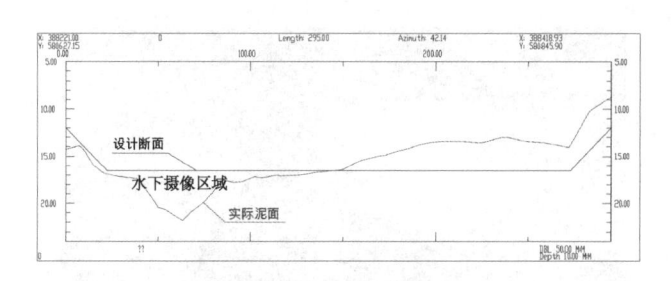

图 4　航槽断面示意图

4.2　投入设备

(1)航道内潮流较急,且位于通航区域,为保证作业安全,选择一艘马力较大、机动性较好的交通船作为工作平台。同时为了保证船舶能够稳定驻位,水下摄像时水下摄像头能匀速移动,在交通船船艏增设一锚机(如图 5 所示),配 100 kg 水下锚。

图 5 船艏增设锚机

(2) 水下摄像设备采用国产某型号,水下有效视距 0.5～1.0 m,摄像头可 360°旋转并配有水下 LED 灯,可提高画面的清晰度(如图 6 所示)。

图 6 水下摄像设备、摄像头

由于航道水流急,摄像头重量不足,为保证摄像头水下能紧贴海底面记录,通过反复实验,采取了以下方案进行优化:将摄像头绑扎在一个固定架上(如图 7 所示),固定架由钢筋和钢管焊制,一方面起到配重作用使摄像头紧贴海底,另一方面可保持摄像头方向稳定,提高摄像质量。

图 7 摄像头固定/配重架

(3) 定位方法采取 GPS,通过数据线连接电脑,实时显示船位,并记录船舶航行轨迹。

投入设备具体情况如表 1 所示。

表 1　投入的主要设备/仪器

序号	设备名称	型号	备注
1	交通艇	交通艇 2 号	经过加锚改造
2	水下摄像仪	国产	摄像探头经过加重处理
3	定位 GPS	Trimble R8-4	
4	笔记本电脑	ThinkPad T450	

4.3　分段长度确定及具体步骤

交通船缆绳长度约 200 m，扣除抛锚最大角度时所需要的锚缆长度 50 m，摄像分段长度按 150 m 进行划分，水下摄像时各段之间搭接长度 20～30 m，确保无遗漏。

通过现场反复实验，水下摄像的步骤如下：

（1）涨潮时水流方向自南向北，大西洋海水进入航道，水清能见度好，水下摄像时机选择在涨潮时；

（2）将交通船定位至摄像区域以南 30 m 位置，在船艏将锚抛入水中，锚着床后启动锚机慢慢松缆绳，交通船随涨潮水流向北，直至缆绳松至最大限度；

（3）在船尾将水下摄像机和摄像机固定架抛至水中，调试水下摄像机，开启摄像记录；

（4）启动锚机，慢慢收锚缆，交通船顶流缓缓向前，水下摄像机在水底缓缓向前，过程中根据实际情况用摄像头控制器调整摄像角度，保证摄像头对准原泥面；

（5）锚缆收完，存储视频记录，收起水下摄像机，前往下一位置。

水下摄像方法如图 8 所示。

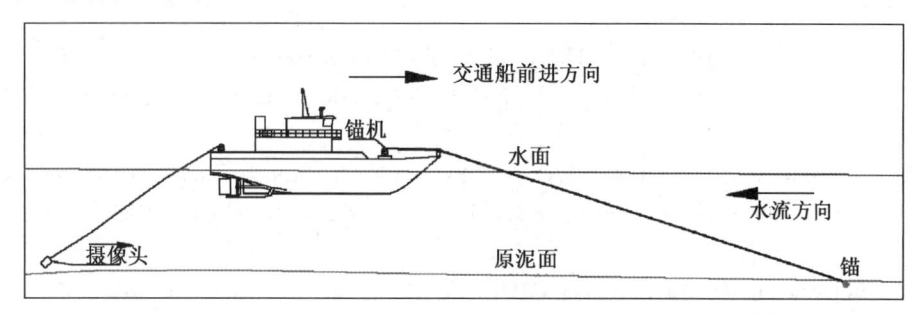

图 8　水下摄像方法示意图

4.4　结果分析

此水下摄像方法可清晰观测、记录水底河床表面的情况，如图 9、图 10 所示（海底土质、玻璃瓶可清晰看到）。

图9 水下摄像画面(中粗砂质)　　图10 水下摄像画面(表面玻璃瓶)

5　结论

（1）多波束测深仪、侧扫声呐仪等常规的物探手段只能呈现水下不明物体的整体轮廓，水下摄像探测工艺则可以直接观察到海底不明物体的材质，且不受海底目标尺寸大小和声波传播环境的影响。

（2）水下摄像单次记录范围宽度较小，遇到尺寸较大的物体可以在宽度方向上增加水下摄像的次数，增加覆盖宽度。

（3）水下摄像工艺可以作为海床表面不明物体常规物探手段的辅助手段进行广泛推广。多波束测深设备、侧扫声呐仪等常规物探手段特点覆盖范围广，探测效率高，但无法直观反映所探不明物体的材质及细部信息。相反，水下摄像工艺探测范围有限但却可以直观地观察到海底不明物体的材质、细部尺寸以及小尺寸物体。因此水下摄像工艺可以作为常规物探手段的辅助手段，进一步对海床表面物体性质进行判断，具有很强的互补性，可以在海床表面物探作业中得到推广应用。

参考文献

[1] MA JIANLIN, JIN JIN, LIU QIN, et al. Multi-beam Echosounder Versus Side Scan Object Detection A Comparative Analysis[J]. HYDROGRAPHIC SURVEYING AND CHARTING, 2006,26(3):11-13.

[2] LAI XIANGHUA, MA JIANLIN, PAN GUOFU, et al. Application of multi-beam echo sounding techniques in submarine pipeline inspection[J]. THE OCEAN ENGINEERING, 2006,24(3):68-73.

[3] LI ANLONG, CAO, LIHUA, LI GUANGXUE, et al. Application of Side-Scan Sonar to Submarine Survey and Vessel Dynamic Positioning Technique[J]. PERIODICAL OF OCEAN UNIVERSITY OF CHINA, 2006,36(2):331-334.

[4] CHAI HAIBIN, QIN JI, LV BANGLAI. Detection technology for seabed obstacles[J]. PORT & WATERWAY ENGINEERING, 2013,7:104-107.

[5] LV BANGLAI, Geophysical survey techniques for marine submerged pipeline[J]. PORT & WATERWAY ENGINEERING, 2009,7:146-150.

阿比让港口扩建项目1号取砂区开挖坡比稳定性研究

张 鹏[1,2]，李士林[1,2]，董 帅[1,2]

(1. 中国港湾西部非洲区域公司，科特迪瓦阿比让 06BP6687；
2. 中交广州航道局有限公司，广东广州 510220)

摘 要：边坡开挖一直是疏浚工程的一道关键工序，稍有不慎，容易威胁周边建筑物的安全。阿比让港口扩建工程所计划进行取砂回填的1号取砂区，距离布莱岛海岸线仅300 m，在此进行取砂施工，存在引起海岸线萎缩的风险。如何确定开挖范围及坡比成为控制此项风险的重要环节，本文主要阐述在1号取砂区进行试施工时，通过对不同边坡稳定性进行稳定性观测，最终确定边坡开挖坡比。

关键字：边坡；开挖；安全；稳定

前言

阿比让港口扩建工程在项目设计之初，共规划了四个取砂区可用于本项目的取砂回填施工。其中1号取砂区位于布莱岛东侧，2号取砂区位于集装箱码头港池区域内，3号取砂区位于弗里迪运河航道施工区(位于航道内，施工干扰大)，4号取砂区位于临近西防波堤改造工程的外海(外海风浪大)。根据各取砂区的储砂量和最终确定的施工方案，计划在取砂1区和取砂2区取砂。取砂区开挖边坡坡比及稳定性直接影响到1号取砂区内可取砂量及判断现有施工范围内开挖是否会对布莱岛海岸线造成影响，急需预先得到确定。

1 工程概述

科特迪瓦阿比让港口扩建工程位于科特迪瓦第一大城市、经济首都——阿比让市，是目前科特迪瓦的第一大工程。工程总规模达9.33亿美元，合同总工期45个月。

主要内容包括：

(1) 新建一座现代化的集装箱码头(2号集装箱码头)，共3个泊位，长度分别为375 m＋375 m 和 500 m。码头结构按满足未来12 000TEU集装箱船靠泊的需要建设，港池水深按近期满足第五代集装箱船靠泊水深—16.0 m，填海造陆形成37.8 hm^2 的码头后方堆场。

(2) 新建一座滚装泊位和一座通用杂货泊位，滚装泊位长220 m，通用泊位长250 m，填海造陆形成19.7 hm^2 的码头后方堆场。港池疏浚水深—14.0 m。

(3) 拓宽和浚深长4 552 m 的 Vridi 运河航道，满足第五代集装箱船(载箱量6 000 TEU，满载吃水14.5 m)全天候进港的需要，同时对航道口门处东西防波堤拆除并重建，改建后东西防波堤均为600 m，拓宽后航道宽度为250 m。

2 1号取砂区位置及基本情况介绍

1号取砂区位于集装箱码头以西1～2 km 的浅水区，水深—3.5～—10 m 不等，距离布莱岛海岸线200～450 m不等；根据前期设计院提供的土质资料和后续新增钻孔数据，该区域砂质以细砂、中细砂为主，下层砂质以中砂、中粗砂为主，含泥量为1.3%～5.8%，整体砂质较好，可直接用于回填施工。港口扩建项目港区平面图如图1所示。

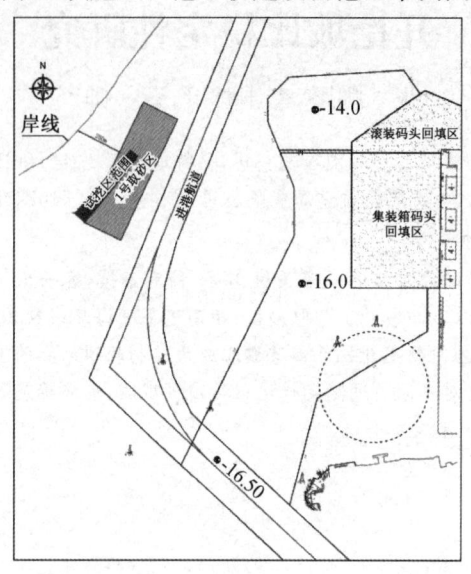

图1　阿比让港口扩建项目港区平面图

整个施工区位于潟湖内，通过宽为300 m、长约2.9 km的狭长通道弗里迪运河与大西洋相连。由于波浪从通道出口到潟湖内因衍射衰退较大，潟湖内波浪可以忽略不计。影响潟湖内结构的波浪是由有限的风引起的波浪，潟湖内的风向主要从西、西南、南方向来，1号取砂区位于潟湖西部边缘，由于布莱岛的遮挡，取砂区附近风浪较小，对于施工的干扰很小。

3　边坡坡比及施工工艺的选择

3.1　试挖区边坡与土体指标关系

根据1号取砂区位置及布莱岛岸线走向，试挖区选择为平行于岸线、取砂区靠岸位置。结合勘察设计阶段在1号取砂区内进行的ZT06及ZT09钻孔结果及《疏浚与吹填工程设计规范》(JTS 181—5—2012)中不同岩土推荐水下边坡，确定最终试挖区的坡比（如表1所示）。

表1　试挖区参考坡比表

钻孔名	标高(m)	标贯(N)	参考设计坡比	备注
ZT06	原状土～−13.0	1～10	1∶5～1∶10	
	−13.0～−21.0	11～47	1∶2～1∶5	
ZT09	原状土～−13.0	2～10	1∶5～1∶10	
	−13.0～−21.0	13～77	1∶2～1∶5	

注：设计边坡参考《疏浚与吹填工程设计规范》(JTS 181—5—2012) 7.2.2.1不同岩土的水下边坡。

按照土体指标,开挖范围内土体可分为两大层,参考规范,第一层边坡坡度可取 1∶5～1∶10,第二层边坡坡度可取 1∶2～1∶5。结合集装箱码头深基槽开挖设计坡比以及最大限度取砂回填的原则,计划采用 1∶3、1∶5 及复式边坡的三种边坡模式进行试验,分别对开挖后的边坡进行稳定性监测,最终确定合理边坡。计划将试验区分成三个小区,每个小区 150 m 长、72 m 宽(如图 2 所示)。

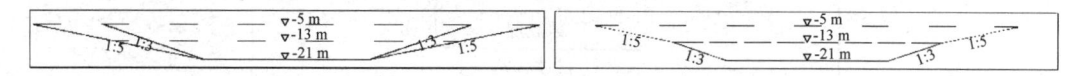

图 2 试挖槽断面

3.2 实测调研

为进一步分析土体稳定性与边坡开挖情况,对阿比让港口扩建项目已开挖的基槽边坡进行实测分析。集装箱码头基槽设计底标高 −11.75～−39.0 m,边坡设计坡比 1∶2～1∶3。通过对基槽开挖成槽后现场水深检测发现,经历长时间的水流冲刷后,基槽边坡大部分情况下很稳定,只在基槽底标高 −32 m、坡比 1∶2 的边坡区域内出现过一次小规模塌坡。

3.3 开挖工艺的选择

根据 1 号取砂区浚前水深情况及工程实际情况,本次试挖区的施工主要采用抓斗船"合昌 298"进行,将施工工艺确定为:

(1) 在开挖时通过采用分条、分层的施工方式(如图 3、图 4 所示),计划分条宽度 18 m,施工网格宽 6 m,条与条之间重叠 2/3 个斗宽(3 m);

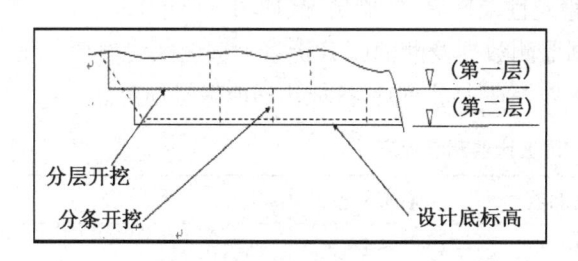

图 3 抓斗船组分层、分条施工示意图

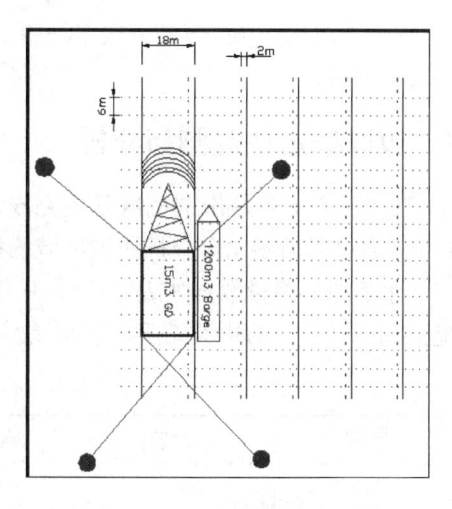

图 4 抓斗船分条施工示意图

(2) 泥面较薄的地方,按矩形断面直接开挖到设计深度,泥层较厚的地方,则分层按阶梯形断面开挖(如图 5 所示),使挖槽自然坍塌后,达到设计边坡;

图 5　抓斗船边坡阶梯开挖法断面图

（3）每层开挖厚度以一斗的抓深为一层，每层厚度控制在 2 m 以内。最后一层应严格控制下抓深度及抓距，保证开挖至设计底高程。抓斗船每次前移一个斗宽 3 m，上一斗与下一斗之间应重叠 1/4 或 1/3 个斗宽，防止漏挖并保证开挖的平整度。下斗的斗位示意图如图 6 所示。

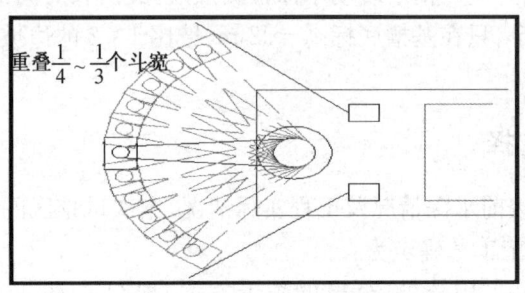

图 6　抓斗船下斗斗位示意图

（4）每挖完一层，应做一次水深测量，查看开挖深度并求该横断面挖的土方量，并做好文件记录。

4　边坡稳定性监测与分析

自 2017 年 2 月份试挖区开挖完成后，坚持每月进行一次监测，一直持续至 2017 年 11 月，通过断面图比对分析边坡区域的稳定性及回淤、冲刷情况（如图 7 所示）。

水下地形测量数据如表 2 所示，根据监测数据及断面图分析整个试挖区边坡变化情况。三段试挖区的边坡无明显变化，坡角处存在少量回淤，各坡比均能保持稳定。

表 2　试挖区坡比监测统计表

区域	设计坡比	监测期数	监测坡比	备注
1	1∶3	10	1∶3.1～1∶3.2	
2	1∶3	10	1∶3.1～1∶3.3	
	1∶5		1∶4.9～1∶5.4	
3	1∶5	10	1∶4.9～1∶5.2	

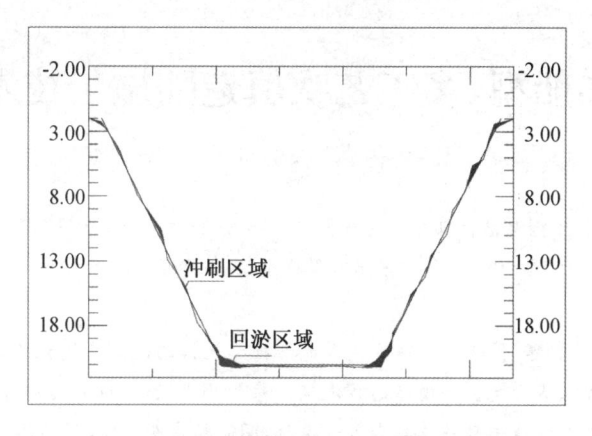

图 7　试挖区边坡稳定性监测典型断面图

试验区开挖完成后,经过长时间的暗流作用,虽不同坡比边坡段地形在每次测量中高低起伏参差不齐,但总体来说结构相对稳定,未发生明显垮塌情况;只在基槽两坡脚位置存在落淤,边坡上及试挖区附近存在部分冲刷现象,故而我们认为按照 1∶3～1∶5 坡比进行取砂开挖均能很好地保证边坡稳定性。

参考此试挖区的长期监测结果,在遵循取砂量最大化原则的情况下,建议在预留安全距离的前提下,按照 1∶3 坡比进行 1 号取砂区取砂。

5　总结

本次试验在 1 号取砂区范围内开挖了 1∶3、1∶5 及复式边坡的三种边坡模式的试验区,通过长时间不间断的水深监测来判定不同坡比的边坡在水下的稳定性,通过选取同一位置不同时期断面线的方法直观地得出上述三种不同的边坡比均能在水下保持良好的稳定性。为保证后期取砂量,建议采用 1∶3 坡比的边坡模式,但在施工过程及完成取砂后应继续保持边坡稳定性监测,以监测、验证后期坡比变化。

1 号取砂区边坡坡比的确定,为后续取砂施工提供了科学的依据,同时也可在保证布莱岛海岸线安全的前提下,最大限度利用取砂区内的砂源进行取砂回填,也为保证项目后续吹填施工进度奠定了坚实的基础。

多船型、多工艺吹填造陆施工技术

鲁占营[1,2]，洪旦云[1,2]

(1. 中国港湾西部非洲区域公司,科特迪瓦阿比让　06BP6687；
2. 中交广州航道局有限公司,广东广州　510220)

摘　要：大型综合类新建、扩建港口项目通常包含较大规模的疏浚吹填施工,大规模疏浚吹填施工可根据不同工况按需投入不同类型和规格的挖泥船。基于此,以科特迪瓦阿比让港口扩建工程为项目背景,围绕多船型、多工艺吹填造陆施工技术展开探讨,阐述其基本原理,明确该项目中设备选型及工艺选择,对其施工工艺进行具体分析,施工成果表明：该项目取得良好的管理效益和经济效益。

关键词：吹填造陆；耙吸船；回填

大型综合类港口项目的实施通常包含大规模的疏浚吹填,大规模的吹填造陆工程量大、工期紧,同时受制于吹填区水深、挖泥船施工效率和挖泥船船期安排等因素,实际施工中往往考虑不同类型挖泥船单独或多种船型组合的吹填方式,故应对多船型、多工艺吹填造陆施工技术进行研究,以满足大型综合吹填造地项目吹填施工的质量和工期要求。

1　工程概况

科特迪瓦阿比让港口扩建工程位于科特迪瓦第一大城市、经济首都阿比让市,是近期科特迪瓦最大的项目。本项目主要施工内容为：新建沉箱重力式码头、运河防波堤拆旧建新和疏浚吹填三部分。其中疏浚部分工程量为 $1\ 311.8×10^4\ m^3$,陆域吹填部分为 $1\ 171×10^4\ m^3$,计划工期45个月。疏浚过程中产生的合格料回填至码头后方陆域,不合格料需要外抛至抛泥区,疏浚合格料不足部分的回填砂需港池和航道加深取砂或外海取砂。

2　多船型、多工艺吹填造陆概述

2.1　技术原理

多船型、多工艺吹填造陆技术,是指结合项目规模和实际工况,综合利用耙吸船、抓斗船、绞吸船、泥驳等多种船型组合,灵活采取耙吸船直抛、泥驳直抛、绞吸船吹填、耙吸船艏吹及耙吸船虹喷多种施工工艺的组合进行吹填造陆的施工技术。

2.2　常用设备

经过各类型挖泥船不断的更新换代和发展,吹填造陆工程技术越来越成熟。目前国内吹填工程常用的船型主要有绞吸挖泥船、耙吸船、吹泥船和斗式船配泥驳等。

3 具体工艺流程

3.1 施工前期准备

3.1.1 投入设备

为完成疏浚及陆域回填施工任务,科特迪瓦阿比让港口扩建项目先后投入主要施工船机设备达13艘,其中:200 m³抓斗船1艘、25 m³抓斗船1艘、15 m³抓斗船1艘、3 000 m³泥驳2艘、2 000 m³泥驳3艘、1 000 m³泥驳2艘、10 000 m³耙吸船1艘、4 500 m³耙吸船1艘、3 500 m³/h绞吸船1艘。

3.1.2 施工工艺选择

根据土质、水深、施工条件、工期等因素,综合考虑选择合适的船机设备组合,采用泥驳直抛、耙吸船直抛、绞吸船吹填、耙吸船艏吹及耙吸船虹喷等施工工艺组合,充分发挥各船机设备的性能优势和工艺特点为施工服务。

3.1.3 陆域回填施工策划

按照施工节点要求,结合袋装砂临时围堰和码头结构施工进度,平面上,整体回填顺序为自北向南,即先进行滚装码头吹填,再完成集装箱码头吹填。

结合船舶性能及船型特点,立面上,整体回填顺序为:耙吸船进行深水域抛填→泥驳进一步抛填至较浅标高→绞吸船吹填(耙吸船艏吹)至设计标高。

结合各类型船舶设备的吃水情况,为了保证抛填区域的最大抛填量,确保整体标高达到计划的−3.0 m(耙吸船为−6.0 m),避免形成"洼坑"造成回填空间浪费,抛填时按照"逐格、分层、逐排"的原则进行抛填。即每排逐格进行抛填;根据抛填厚度合理分层,控制每层连续抛填驳数,达到计划层厚后再整体进行下一层抛填;最后每排整体抛填高程到达−3.0 m(耙吸船为−6.0 m)后再进行下排施工。抛填船舶较多时,分区块同时进行抛填,但需合理规划各施工船舶抛填区块的位置,避免相互干扰。

为了充分利用抛填空间,耙吸船和泥驳必要时进行适当减载以抛填较浅区域和前排漏抛区域,装载量可根据实际水深和自身装载曲线确定。

3.2 工艺流程

科特迪瓦阿比让项目吹填施工采用多船型、多工艺吹填造陆施工技术,其工艺流程如图1所示。

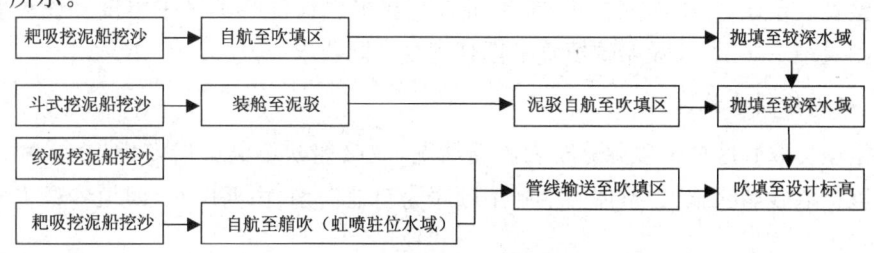

图1 多船型、多工艺吹填造陆施工技术工艺流程

3.3 各类型船舶回填施工

3.3.1 泥驳直抛施工

在陆域清淤施工完成验收的基础上，项目部结合抓斗船疏浚施工进度，安排泥驳进行直抛回填施工，回填砂料来自港池疏浚、基槽开挖、航道疏浚施工过程中产生的回填砂料及取砂区。

为尽可能地多抛填从而减少吹填方量以节约施工成本，泥驳抛填采用分层、分区定格精抛的施工工艺，每抛一层均进行水深测量，根据最新测量数据重新绘制新的施工格网以控制抛填平整度，防止泥驳搁浅。泥驳直抛后水深测量结果显示，泥驳抛填后的平均泥面标高为－3 m左右，达到预期目标。

3.3.2 耙吸船直抛施工

本项目先后投入10 000 m³和4 500 m³两种舱容耙吸船进行直抛回填施工。

因耙吸船船型大、吃水深、一次抛填量大，故直抛平整度控制较难[1]。结合船舶施工时间和船型特点，回填顺序为由吃水较大的10 000 m³耙吸船从清淤后界面进行抛填，吃水较浅的4 500 m³耙吸船在此基础上进行二次抛填。

为尽可能地多抛以节约施工成本，耙吸船回填砂料主要为航道疏浚及港池疏浚过程中产生的合格砂料。耙吸船抛填过程中必须控制抛填精度和平整度，耙吸船采用分层、分区定格精抛的施工工艺。根据泥舱的实际尺寸，分别绘制了不同尺寸的施工格网，其中10 000 m³耙吸船抛填格网尺寸为25.0 m×50.0 m，4 500 m³耙吸船的抛填格网尺寸为15.0 m×40.0 m。严格按照逐格、逐层抛填的方法施工，每层抛填完毕后，均及时对抛填区进行水深检测，并根据最新测量数据重新绘制新的施工格网以控制抛填平整度[2]。

经过10 000 m³耙吸船抛填后的水深测量结果显示，10 000 m³耙吸船回填后泥面标高在－5～－6 m之间，抛填效果良好，为4 500 m³耙吸船继续抛填创造了条件。4 500 m³耙吸船回填后泥面标高为－4 m左右，满足后续泥驳继续抛填的要求，达到了前后抛填施工工序之间工作面衔接要求，符合预期目标。

3.3.3 绞吸船吹填施工

耙吸船和泥驳抛填工作完成后，安排3 500 m³/h绞吸船开始进行取砂吹填施工，整体回填施工顺序为自北向南，由西向东。

吹填过程中，测量技术员在施工区设置标杆，管头安排专人轮流值班，及时根据高程变化调整管线布设，并采用挖掘机、推土机进行整平以保证吹填区平整度。绞吸船吹填后陆地测量结果显示，绞吸船吹填整平标高满足合同要求。

3.3.4 耙吸船艏吹施工

根据项目取砂区剩余砂源分布和砂质情况，绞吸船吹填结束后安排10 000 m³耙吸船开始进行取砂艏吹施工，整体回填施工顺序为自北向南，由西向东，回填砂料主要来自外海取砂。

吹填过程中，测量技术员在施工区设置标杆，管头安排专人轮流值班，及时根据高程变化调整管线布设，并采用挖掘机、推土机进行整平以保证吹填区平整度，10 000 m³耙吸船吹填后陆地测量结果显示，耙吸船吹填整平标高满足施工要求。

3.3.5 耙吸船虹喷施工

根据阿比让项目沉箱安装已完成情况和箱后土工布压砂需要，同时结合沉箱南侧水陆条件好和虹喷效率高的特点，本项目创新采用 10 000 m³耙吸船跨越已安装沉箱进行虹喷施工。吹填过程中结合虹喷喷距情况控制虹喷落点，保证实际落点位置和沉箱及箱后土工布保持安全距离。10 000 m³耙吸船采用跨越已安装沉箱虹喷施工，主要施工范围为箱后水域，施工效率良好，吹填效果好，达到预期施工要求。

4 施工成果

科特迪瓦阿比让港口扩建工程结合项目实际取砂区分布和工况，合理规划回填顺序，并选择优化合理的船舶设备组合。工程技术人员通过对投入船舶设备性能进行研究，确定回填施工工艺，以充分发挥各个船型的性能优势。回填施工过程中先后采用泥驳直抛、耙吸船直抛、绞吸船吹填、耙吸船艏吹及虹喷等吹填施工工艺。项目自2015年11月23日回填施工开始至今，回填砂质量控制良好，回填进度满足施工计划要求，且施工中最大限度地利用港池和航道疏浚砂，取得良好的管理效益和经济效益。

5 结束语

多船型、多工艺吹填造地施工技术在阿比让港口扩建工程的顺利应用，综合统筹了疏浚和回填施工安排，保证了疏浚、回填工作的顺利实施，合理优化了船机资源配置，既节约了项目成本，又保障了施工进度和质量，对类似项目的经营和实施有重要的借鉴作用。

参考文献

[1] 李长虹.耙吸挖泥船在阿比让港的安全施工措施分析[J].中国水运(下半月)，2017，17(12)：151-152.

[2] 魏建峰，姚广军.中粗砂抛吹施工技术研究[J].中国水运(下半月)，2017，17(6)：176-177+181.

跨沉箱虹喷工艺在阿比让港吹填工程中的应用

谢 青[1,2]，王 特[1,2]

(1. 中国港湾西部非洲区域公司，科特迪瓦阿比让 06BP6687；
2. 中交广州航道局有限公司，广东广州 510220)

摘 要：以科特迪瓦阿比让港口扩建项目跨沉箱虹喷顺利施工的工程案例，分析了耙吸船在难以采用艏吹和常规虹喷工艺的情况下，选择沉箱虹喷施工工艺的技术原理、技术要点和安全管控措施，为国内外类似吹填工程耙吸船跨结构物虹喷施工提供参考。

关键词：耙吸船；虹喷施工；跨沉箱；吹填

1 工程概况

科特迪瓦阿比让港口扩建项目位于西非科特迪瓦第一大城市、经济首都阿比让市，是目前科特迪瓦最大的水工项目，阿比让港扩建完成后将巩固其作为西非第一大港的地位。本项目陆域吹填分项施工主要内容为：扩建原有集装箱码头和滚装码头陆域，对长约 1 700 m 的码头岸线后方陆域进行吹填施工。吹填总工程量约 1 171×10^4 m^3，总吹填面积约 56.8×10^4 m^2，设计吹填标高＋3.9/＋4.0 m。

2 选择跨沉箱虹喷施工的意义

2.1 必要性

科特迪瓦阿比让港口扩建项目的陆域回填施工分项，与相邻施工工序间关系为：重力式沉箱安装→箱后块石棱体抛填→土工布铺设→箱后土工布压砂→陆域砂料回填→胸墙浇筑。其中，箱后土工布完成之后，为了保证土工布的稳定性，需要立即进行回填压载施工；胸墙作业需要在沉箱后先形成一定宽度(约 40 m)的陆域满足机械设备的通行需要。在陆域回填施工前期，施工区未围闭，可采用直抛或艏吹的方式进行回填。而在陆域回填分项进行至项目尾期时，回填施工区四周沉箱已全部安装完毕，施工区被封闭，此时若依然选择艏吹工艺施工，要面临的问题是管线的布设需要跨越沉箱。但一方面因为箱后未形成陆域，布设管线所需的陆地机械无法就位进行管线的布置和固定工作；另一方面管线铺设后也将会对沉箱顶部钢筋结构造成破坏，影响后续胸墙浇筑施工。

2.2 可行性

由于跨沉箱虹喷作业的特殊性，为了避免发生碰撞事故，虹喷时保持耙吸船的船位稳定成为首要考虑因素。而风况、水流条件极大地决定了耙吸船在虹喷施工时船位能否稳定。阿比让港区风况条件良好，涨退潮水流为南北向，耙吸船吹填施工区域位于拟扩建码头陆域的南侧,受涨退潮的流速变化影响较小的同时,水流横流对船身的影响也较小,整体水流条件良好,为耙吸船在此区域进行虹喷施工提供了良好的施工环境条件[1]。

2.3 施工效率高

耙吸船艉吹工艺在施工前需要进行复杂的管线布置工作,而虹喷施工无管线作业过程,船舶就位后即具备吹填施工条件,降低了单船生产性停歇时间,提高了施工效率。同时还解决了无法跨沉箱布设水陆架头的问题。

2.4 较低的成本

施工效率提高,则单船油耗成本随之降低。另外,虹喷施工相较于艉吹施工,不会受到管线因素的制约,其无须水上管线、陆地管线和接管机械,意味着更低的管线成本以及更低的陆地辅助机械使用成本。

鉴于上述因素考虑,本项目提出采用跨沉箱虹喷工艺进行沉箱后方陆域的吹填施工。

3 跨结构物虹喷施工的难点

跨结构物虹喷相比常规虹喷施工,难点主要体现于:在风流、水流、虹喷水柱等复杂环境条件下,如何严格控制船位的稳定,进而将耙吸船艉与结构物间的安全距离控制在一定范围内。

若无法控制船位稳定,将导致下列风险:船艉与结构物间距离过小,造成与结构物碰撞风险;船艉与结构物间距离过大,造成虹喷水流落点在结构物上或流入港池水域,造成结构物损坏和二次疏浚的风险。

故当选用跨结构物虹喷施工时,需要对工艺过程进行科学控制和管理以确保安全。

4 耙吸船跨沉箱虹喷施工工艺

4.1 施工准备

(1)确定船舶虹喷施工船位

确定船舶施工船位时,主要考虑因素有水深大小、风流向、水流向及其他施工就位干扰。

首先结合施工附近水域扫海水深数据分析,在满足船舶吃水的前提下确定船舶可就位区域范围。在该区域内根据风流、水流方向确定船舶施工时艏艉朝向。船舶施工船位的艏艉方向应与风流、水流流向相平行,以减少横流对船身的作用力。

(2)做好位置标识

① 船舶位置标识。将虹喷时船舶的位置指示图导入船舶的计算机控制系统。随着现场施工推进,陆域变化时,及时更新计算机内船舶位置指示图,确保计算机内标识文件的时效性。

② 吹填位置标识。在拟吹填陆域位置设置指示旗,为虹喷施工水柱落点提供位置参

考的同时,亦可起到安全警示作用。

(3) 选择匹配喷嘴

喷嘴口径大小直接影响到泥泵排压、流速的大小,进而决定虹喷的距离。跨结构物虹喷时,需要结合虹喷的距离要求、砂质特性、船舶的柴油机和泥泵性能等确定适合的喷嘴口径。

(4) 确定虹喷距离

一般由虹喷落点距结构物的距离和耙吸船距结构物的安全距离确定。虹喷落点距结构物的距离由工程的实际需要确定,耙吸船距结构物的安全距离根据施工水域的风、浪、流等因素确定。

4.2　船位控制

4.1.1　风力、风向及水流条件

风力、风向和水流条件对虹喷施工影响巨大,因而需对具体项目所在地的施工环境条件进行单独分析。阿比让港口扩建项目所在的阿比让地区,主要为西南风向,常年风速低于7 m/s,风况条件良好。

此外,本项目施工区域位于潟湖内,潟湖仅通过长 4.55 km,宽 250 m 的运河与外海连接,其内部受涌浪影响小,施工海况条件理想。

4.1.2　艏、艉锚的布设

在跨结构物虹喷施工时,为了避免耙吸船船位控制不稳导致船头与结构物前沿发生碰撞的风险,可通过选择下锚的方式来辅助控制船位,保证耙吸船与结构物间的安全距离。

虹喷施工时,船舶锚位一般布设的方式有下艏锚、下艉锚及下艏艉双锚三种方式,依据实际工程的工况条件来确定采取何种布锚方式。

本项目拟虹喷回填陆域为原集装箱码头 19 #、20 #泊位西侧,21 #、22 #泊位仍在运营。为保证耙吸船在就位时与靠泊商船间的安全距离,采用下左侧艏锚的方式施工[2],如图 1 所示。

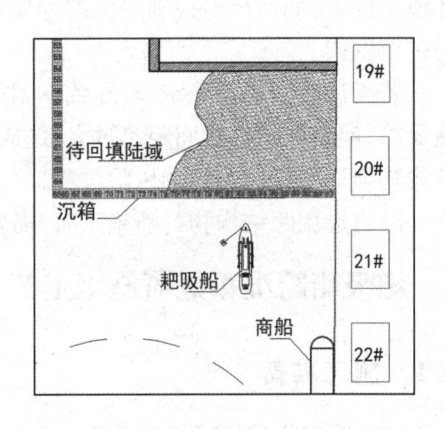

图 1　下左艏锚跨沉箱虹喷施工示意图

4.3　虹喷施工时船机操作

虹喷施工时,需要在保证安全施工的前提下,尽量提高吹填的效率。泥泵串联的数量和高低功率的组合模式对泥泵排压、流速、浓度有着直接影响,为了避免发生堵管或因管口流速减小,水柱落点冲击沉箱结构物的风险情况,需对其进行科学分析。

耙吸船吹填施工采用双泥泵串联作业。双泥泵泵机高低速挡组合方式主要有:低低(双泵低功率)、低高(吸入泵高功率、排出泵低功率)和高高(双泵高功率)三种。低低模式的吹距比低高和高高模式短,管口流速也更低,结合虹喷施工需求长吹距、高流速的施

工特点,一般采用低高或高高组合方式施工。

在虹喷施工过程中,通过抽舱小泥门开度、海水稀释阀供水开度、舱内高压冲水冲舱补水的调整,控制抽舱泥沙密度,提高流速保持适度的排压,避免堵管和爆管,最终达到快速高效完成吹填作业的目的。

4.4 安全管控措施

跨沉箱虹喷作业,对施工现场和船舶的安全管控能力有着较高要求。阿比让港口扩建工程跨沉箱虹喷施工的安全风险主要分为施工前准备阶段的安全风险和施工过程中的安全风险两大类。其主要风险类别和相应管控措施具体如下:

4.4.1 跨沉箱虹喷施工前的安全风险和管控措施

虹喷前准备阶段存在多种安全风险,主要分为以下几种:

(1) 船舶就位搁浅风险;

(2) 航行及就位过程中的船舶碰撞风险;

(3) 陆上人员、设备撤离不及时引起的风险。

针对不同的安全风险,制定相应管控措施如下:

(1) 精确掌握船舶拟施工就位区域水深数据。提前安排测量人员使用水深测量设备对耙吸船拟施工就位区域进行扫海水深测量,结合所选施工船舶的吃水水深和此区域的水深数据进行比较分析,防止船舶在就位过程中,发生因水深不足而出现船舶搁浅的情况。

(2) 专人负责施工区安全监控。计划虹喷回填区设立安全警示牌,并在船舶吹填施工整个过程中,由专人负责施工区附近安全警戒工作,确保在虹喷施工前,虹喷水流落点附近区域施工人员已撤离至安全位置。

4.4.2 跨沉箱虹喷施工过程中的安全风险

跨沉箱虹喷作业阶段的安全风险,主要有以下几个方面:

(1) 船头与沉箱前沿的撞击风险;

(2) 虹喷水流冲毁水下土工布的风险;

(3) 虹喷水流冲击沉箱致其损坏、移位的风险。

制定对应管控措施如下:

(1) 严格控制船头与沉箱间的安全距离。本项目耙吸船"浚海1"虹喷水平距约90 m,计划落点位于箱后30～40 m,另考虑到沉箱水平宽度16 m,最终定下船头与沉箱前沿之间的安全距离最小值为35 m。船舶在就位前,需提前下锚,以控制足够的安全距离。

(2) 严格控制虹喷水流落点位置。回填区内专职安全人员时刻保持关注,当发现虹喷水流落点距离沉箱过近时,通过对讲机、手机和挥动警示旗等方式,及时向耙吸船驾驶台沟通、预警,严防可能因虹喷水流落点控制不当而导致的施工安全风险。

5 结束语

跨沉箱虹喷施工工艺在阿比让港口扩建工程的顺利应用,解决了耙吸船在不能跨沉箱布设舾吹管线的情况下,对码头结构物后方陆域进行回填施工的难题,同时也快速为后续工序提供了施工作业面。跨沉箱虹喷施工在优化了回填施工工艺的同时,保证了回填施工的效率,节约了项目成本,为类似跨结构物吹填造陆工程提供了宝贵的施工经验,具有很好的借鉴作用和推广意义。

参考文献

[1] 交通运输部水运局.疏浚与吹填工程施工规范:JTS 207—2012[S].北京:人民交通出版社,2012.
[2] 宋海展,闫继红,武福亮.大型耙吸挖泥船在虹喷吹填中的施工质量控制[J].中国港湾建设,2019(4):63-66.

泥驳直抛砂垫层施工工艺及其平整度提高措施的研究与应用

洪旦云[1,2]

((1. 中国港湾西部非洲区域公司,科特迪瓦阿比让　06BP6687;
2. 中交广州航道局有限公司,广东广州,510220)

摘　要:采用泥驳直接抛填围堰砂垫层施工工艺,通过组织现场调查,分析确定影响砂垫层平整度的因素,针对性地制定有效措施并实施,切实提高了泥驳直抛围堰砂垫层的平整度,并在科特迪瓦阿比让港口扩建项目取得成功应用。

关键词:砂垫层;平整度控制;泥驳

0　前言

许多吹填项目均需要建造围堰以防止回填料外流,围堰砂垫层的抛填质量间接成为影响回填工程的关键因素[1],但目前大部分的水下砂垫层施工通常选择皮带砂船辅以定位架定点定量直抛的方式进行,很少有单一采取泥驳进行直抛施工的方法[2]。因此,目前还鲜有对泥驳直抛水下砂垫层平整度控制这方面的研究。如何有效提高泥驳直抛砂垫层的平整度,具有现实研究意义及广泛的应用前景。

1　工程概况

阿比让港口扩建工程,位于科特迪瓦经济首都阿比让市,是目前科特迪瓦第一大工程,该项目施工内容中包括填海造陆形成 37.8 hm^2 的集装箱码头后方堆场和 19.7 hm^2 的滚装码头后方堆场。

因陆域回填及码头结构同时施工,为了减少回填施工对码头结构的影响,在码头前沿线后方 150 m 处设计了一条长约 1 000 m 的临时围堰,其下砂垫层设计顶标高 −4.0 m,顶宽约 30 m,坡度为自然坡。结合项目特点和现场的设备资源,围堰砂垫层采取了泥驳直抛的施工工艺,砂垫层的平整度直接影响临时围堰结构的整体稳定性,因此必须严格进行施工控制。

2　砂垫层施工工艺

砂垫层采用泥驳直抛施工工艺:泥驳靠抓斗船装载回填砂料至满舱,施工技术人员按照施工计划绘制施工格网,并将其导入泥驳电子海图机,泥驳航行至指定的抛填网格内,调整好船位并保持,开体抛填,抛填结束后驶离抛填区进入下一作业循环,直至既定区域达到设计抛填标高[3]。

3 投入资源

采用在场 15 m³ 抓斗船取砂,两艘 1 200 m³ 自航开体泥驳进行抛填作业。

4 砂垫层平整度调查及分析

为检测泥驳直抛砂垫层施工的实际效果,项目部在回填区内规划了一个区域,安排泥驳进行了一次试施工。通过水深测量,发现砂垫层平整度较差,部分区域存在垄沟和沙丘,同一断面中最大高差达 2 m。

为查明抛填平整度较差的原因,项目部对施工技术交底文件和记录进行了检查,并指派施工技术员驻船,对整个施工过程进行跟踪,重点检查了装舱平整度、泥驳驾驶员的操作及沟通、船舶就位精度、施工工况和施工干扰情况,发现存在以下问题:

(1) 装舱平整度不够:在泥驳靠抓斗船装砂时,抓斗船挖泥手并未做到均匀装载,满载时回填砂料往往在泥舱中部集中堆载,舱内砂面高差极大。

(2) 泥驳就位不精确:驾驶员未落实技术交底要求,当施工区附近存在其他船舶或锚缆影响抛填作业时,驾驶员往往在泥驳并未完全就位在规划的施工格网内就进行抛填作业,影响抛填精度。

(3) 漏抛和重复抛填:有时驾驶员忙于操作,抛填后未做好抛填记录,也未用高频无线电话设备通知其他泥驳所抛填的格网,导致漏抛或者重复抛填。

(4) 水流影响:涨、退潮时,抛填区内存在一定水流,实际抛填过程中,驾驶员并未考虑水深和水流对砂粒的漂流影响。

(5) 测量频率不够:据施工船舶驾驶员反映,3 天一次的水深测量频次太低,无法及时反映抛填后真实水深,不利于抛填标高控制。

5 制定提高平整度措施

根据调查结果,项目部结合现场实际情况,制定了一系列措施来提高泥驳直抛砂垫层的平整度。

(1) 加强技术交底,提高质量意识:重新对挖泥手和驾驶员进行全面交底,强化全员质量意识,并在挖泥室和驾驶台醒目位置张贴技术要求,时刻提醒施工人员操作需规范。

(2) 确保泥驳装载均匀,提高单驳砂垫层平整度:要求挖泥手注意装载均匀,每驳需对装载后的泥舱进行拍照留底,控制舱内回填料的平整度。

(3) 减少操作误差,保证就位精度:利用 RTK 定位并通过 Hypack 软件导航,要求经验丰富的驾驶员进行抛填作业,严格按照规程及技术交底进行驾驶,注意潮汐变化,选择平潮时间段进行抛填施工,最终实现船舶精确抛填。

(4) 分层抛填,提高标高控制精度:为确保抛填后砂垫层顶面标高达到设计要求的 −4 m 并提高最终的整体平整度,采用底层满载粗抛、顶层最后 2 m 半载精抛的方式进行抛填。

(5) 加密测量频率,及时更新水深数据:施工过程中加密水深测量频率,由 3 天 1 测改为 1 天 1 测,同时,及时依据最新测量数据规划施工格网,保证水深图和施工文件当天反馈给施工船舶以指导下一步施工。

（6）指派人员驻船,加强现场协调管理:为确保各项措施得以落实,项目部指派施工技术员驻船,一是协调施工干扰,确保回填施工水域充裕,二是提醒挖泥手注意装舱均匀,三是检查抛填时泥驳就位情况,确保抛填平面位置精度,四是做好抛填记录并督促沟通,防止漏抛和多抛。

6 应用效果

项目部自 2016 年 12 月份开始按照制定的各项针对性措施指导现场施工,至 2017 年 4 月底完成集装箱码头陆域 H10、H15、H19 区的砂垫层抛填,从水深测量结果分析,砂垫层抛填平整度较试施工时有了很大改善,应用效果良好,满足下一步袋装砂临时围堰的施工要求,达到了预期目标。

7 结论

通过跟踪调查泥驳直抛砂垫层施工的全过程,分析确定了影响砂垫层平整度的多方因素,再以此为切入点,研究制定针对性措施并贯彻实施,最终实现了改善泥驳抛填砂垫层平整度的目的。科特迪瓦阿比让港口扩建项目泥驳直抛砂垫层的成功实施,为后续袋装砂临时围堰的顺利施工奠定了基础,保证了吹填工程的整体质量及安全。不同于常用的皮带砂船辅以定位架定点定量直抛的方式,泥驳直抛砂垫层的施工工艺被证明切实可行,也为国内外类似工程的砂垫层抛填施工积累了良好经验,具有广阔的应用前景。

参考文献

[1] 蓝洋,李明洋. 网格控制、分层抛填造陆工艺在秦皇岛山海关工程的应用:第十九届世界疏浚大会论文集[C]. 北京:中国交通建设股份有限公司,2010.

[2] 潘伟,卫学亮. 深水直立式防波堤石料抛填施工工艺及质量控制[J]. 中国港湾建设,2007(2):46-49.

[3] 李翔. 浅谈皮带砂船抛填砂垫层厚度控制施工技术:中国交通建设股份有限公司 2013 年现场技术交流会论文集[C]. 北京:中国交通建设股份有限公司,2013.

浅谈抓斗船淤泥开挖质量控制

鲁占营[1,2]

(1. 中国港湾西部非洲区域公司,科特迪瓦阿比让 06BP6687;
2. 中交广州航道局有限公司,广东广州,510220)

摘　要：目前国内外利用抓斗船开挖淤泥,且以开挖后的淤泥层厚度作为验收标准的工程实例很少。以开挖后残留的淤泥厚度作为开挖质量控制标准,施工质量控制难度大。本文详细介绍科特迪瓦项目抓斗船淤泥开挖质量控制,为类似工程提供借鉴。

关键字：抓斗船；淤泥开挖；质量控制

0　引言

随着经济社会的发展,许多港口的吞吐能力和配置满足不了经济腹地快速发展的要求,港口码头必须进行扩建和升级。科特迪瓦阿比让港口扩建项目就是在现有码头基础上进行扩建升级的例子。为了满足取砂回填后码头堆场的安全、稳定,地基承载力满足要求,在堆场回填施工前需要先开挖回填区内上部淤泥层,然后再取砂回填逐步成陆。

1　工程概况

科特迪瓦阿比让港口扩建工程位于科特迪瓦第一大城市、经济首都阿比让市,是近期科特迪瓦最大的项目。

码头建设内容为在旧码头基础上扩建新的突堤式码头,包括滚装码头和集装箱码头,其后方陆域区为新建码头的后方堆场,为保证地基的稳定性,需先利用抓斗船开挖上部淤泥层,再进行后续回填施工。滚装码头开挖淤泥面积约 19.8 万 m^2,工程量约 45.4 万 m^3;集装箱码头开挖淤泥面积约 37.8 万 m^2,工程量约 176 万 m^3。开挖出的淤泥泥土利用自航开体泥驳全部倾倒至指定的抛泥区。

根据项目设计文件,将滚装码头和集装箱码头淤泥开挖区进行分区,各分区暂定设计清淤标高如图 1 和图 2 所示,施工中以开挖至砂层和残留淤泥厚度小于 60 cm 为控制标准。

2　质量控制难点

科特迪瓦项目利用抓斗船进行淤泥开挖施工有以下重难点：①疏浚开挖标高需根据淤泥层下砂层的实际标高确定,开挖控制难度大；②淤泥开挖各分区清淤标高不同,跳跃性大、无规律；③清淤后软泥层厚度小于 60 cm；④规范中无相关的验收方法可借鉴。

施工中,若抓斗船开挖淤泥层质量控制不好,必须二次清淤。二次清淤会造成施工成本的增加和影响后续取砂回填的施工进度。因此必须对抓斗船淤泥层开挖进行严格质量控制。

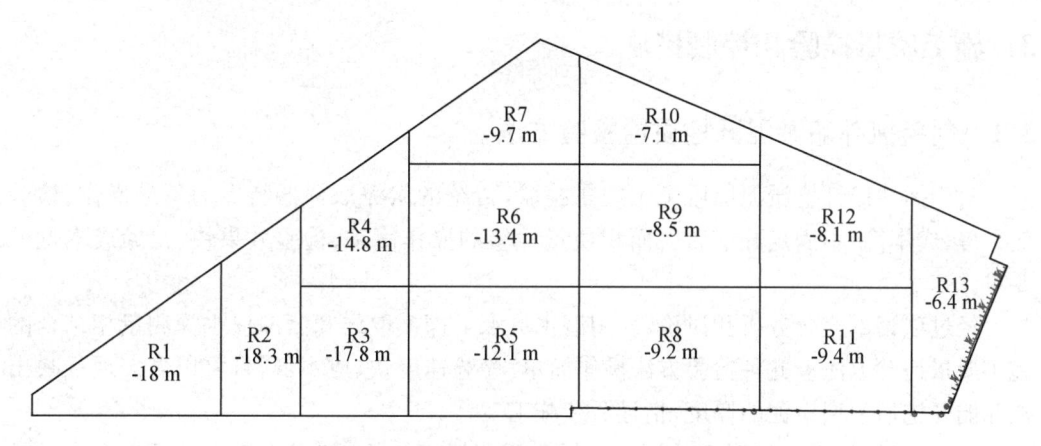

图 1 滚装码头淤泥开挖分区布置图

图 2 集装箱码头淤泥开挖分区布置图

3 施工质量检验和控制措施

3.1 创新抓斗船淤泥开挖质量检验方法

对于抓斗船开挖淤泥层后施工质量检验,传统的淤泥取样器特点为不易操作、检验效果慢、成本高,不满足开挖后大面积质量检验的操作简单、检验效果快、检验成本低的要求。

经过项目部充分分析和讨论,采用潜水员水下探摸取样和测深仪水深测量相结合的施工质量检验方法。此种检验方法操作简单、检验速度快、成本低,且可以真实地反映出抓斗船开挖后表层淤泥的厚度,指导后续施工[1]。

取样探摸时,先在规划好的探摸点抛设浮标进行标示,然后由潜水员下潜取样。具体流程如下:采用PVC管,管直径50 mm,长度1.5 m,两端配活动密封塞,由潜水员潜入水底,将管竖直插入泥砂中,水、淤泥及底砂层的砂等将不受扰动下贯入筒内,然后用密封塞塞住上口,用手封住下口轻轻托出泥面后用密封塞塞住下口,最后保持竖直状态拿出水面进行检测。

潜水员潜水探摸取样流程如图3所示,取样结果示例如图4所示。

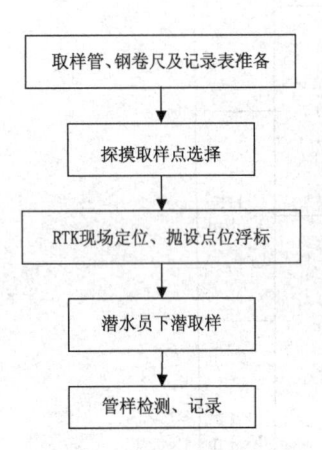

图3 潜水员探摸取样流程图　　图4 淤泥取样结果示例

3.2 质量控制措施

3.2.1 定期检核抓斗船的平面定位系统

抓斗船上部淤泥层开挖过程中,定位系统对其施工质量影响很大,定位系统误差较大将导致抓斗船不能按预定排斗方式进行开挖,出现漏挖。特别是最后一层开挖时,若定位不准,漏挖后将直接增加残留淤泥层厚度,不满足施工质量要求,造成返工,增加成本、延误工期。

施工中要求测量人员定期校核抓斗船定位系统,满足施工要求后才能进行开挖施工,抓斗船平面定位校核记录表如表1所示。

表 1　施工过程中抓斗船定位精度校核记录表

校核日期	实测偏差	限差	备注
2015 年 11 月 8 日	1.2 m	<2 m	合格
2015 年 12 月 6 日	1.3 m	<2 m	合格
2016 年 1 月 10 日	1.4 m	<2 m	合格
2016 年 2 月 13 日	1.3 m	<2 m	合格
2016 年 3 月 12 日	1.3 m	<2 m	合格
2016 年 4 月 10 日	1.4 m	<2 m	合格
2016 年 5 月 9 日	1.3 m	<2 m	合格

3.2.2　定期校核抓斗船挖深系统

抓斗船开挖过程中挖深系统校核对施工质量控制至关重要,直接影响开挖过程实际挖深,挖深控制不精确会造成超挖或欠挖。超挖造成后续回填砂量增加;欠挖导致施工质量不满足要求,造成返工。

校核挖深系统可从两方面进行:①定期检查吊斗钢丝挖深涂画标记,定期进行涂刷,保证吊斗钢丝深度标记清楚明朗;②对施工中根据抓斗按一定标高开挖一层完成后进行水深测量,将测量结果和抓斗船开挖标高进行比对,校核挖泥船挖深系统,抓斗船施工中水测量结果和定深开挖结果比对示例如表 2 所示。

表 2　抓斗船挖深系统校核记录表

校核点号	开挖标高(m)	测深仪测量深度(m)	偏差(m)
1	−8.4	−8.3	0.1
2	−8.4	−8.3	0.1
3	−8.4	−8.2	0.2
4	−8.4	−8.3	0.1
5	−8.4	−8.4	0
6	−8.4	−8.3	0.1
7	−8.4	−8.2	0.2
8	−8.4	−8.6	−0.2
9	−8.4	−8.5	−0.1
10	−8.4	−8.6	−0.2

3.2.3　保证抓斗船排斗密度

抓斗船开挖第一层后因排斗密度不足,出现漏挖现象,利用第一层开挖后测量数据绘制水下三维地形图(如图 5 所示),明显能看到挖后泥层表面高低起伏形态。

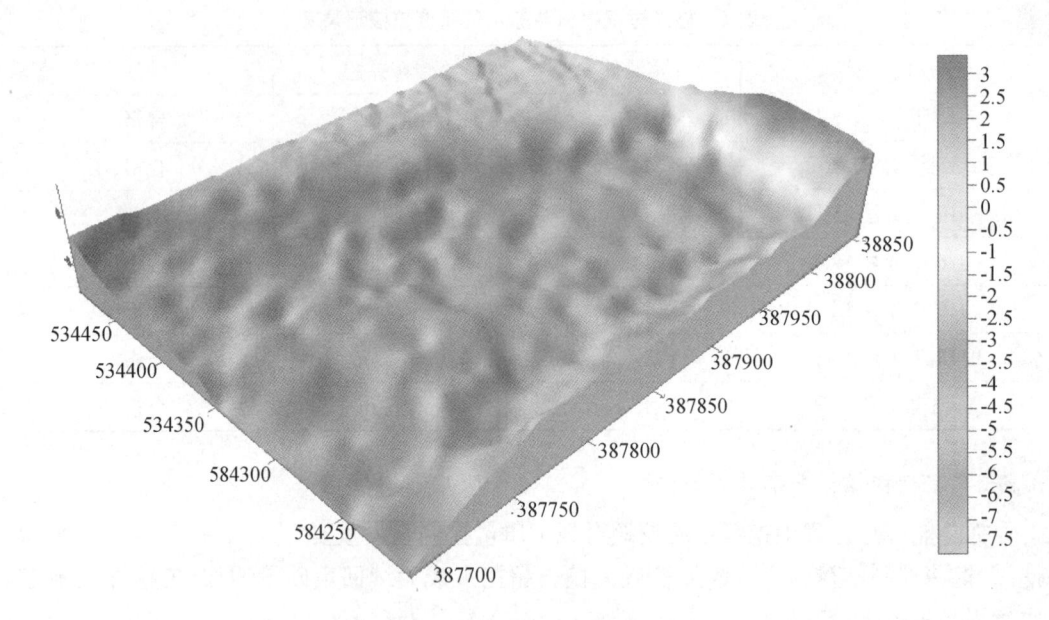

图 5　第一层排斗不足水下三维地形图

抓斗船开挖第二层淤泥过程中,根据抓斗的有效斗宽计算出每个网格需要排斗的数量,为防止漏挖,每个格网增加 1 斗,并对所有挖泥手交底,明确排斗要求。同时工程技术人员每日进行现场巡查,根据抓斗挖泥轨迹检查排斗数量是否满足要求。若发现排斗数量不足的情况,立即对挖泥手进行教育和再交底。

加密排斗挖完第二层后,利用测量数据绘制水下三维地形图,如图 6 所示,可以明显看到加密排斗的挖后水下地形高低起伏明显减少。

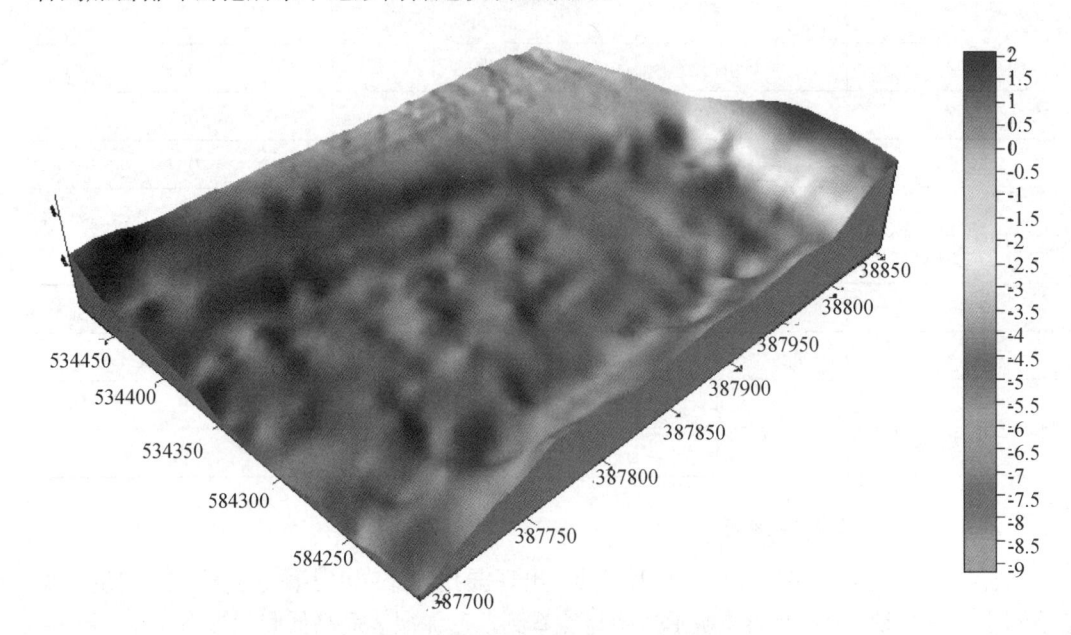

图 6　第二层加密排斗后水下三维地形图

3.2.4 严控分层厚度

根据 15 m³ 抓斗船抓斗的尺寸和斗容，每挖一斗的有效挖泥宽度大约在 2.0 m。如果挖泥时分层厚度过厚，抓斗合斗、提升过程中就会有一部分疏浚土重新散落至开挖面，直接影响开挖效果。实际开挖施工过程中根据各分区浚前水深，参考设计图建议的开挖标高，同时结合实际开挖中挖到砂层情况确定各分层厚度，制定如下分层厚度控制标准：

(1) 上层分层厚度控制在 2.0～2.5 m；

(2) 要求挖泥手根据开挖最后一层前标高和实际砂层情况，严格控制最后一层厚度。

抓斗船开挖淤泥层完成后，项目部安排潜水员利用 1.5 m 长的 PVC 管进行全面探摸取样，记录表如表 3 所示。结果显示，严格控制分层厚度后残留淤泥层厚度控制效果良好[2]。

表 3　浚后潜水员探摸取样记录表

点号	探摸取样样品数据(cm)				备注
	探摸管长度	水层高度	淤泥层高度	砂层高度	
1	150	—	—	—	操作失误，作废
2	150	45	13	92	
3	150	36	45	69	
4	150	28	68	54	
5	150	24	58	68	
6	150	90	3	57	
7	150	42	0	108	
8	150	65	55	30	
9	143	45	53	45	

4　效果分析

施工过程中定期校核抓斗船定位精度和挖深系统，严格把控抓斗船排斗密度和分层厚度。施工后潜水员探摸取样分析结果如表 4 所示。

表 4　淤泥层潜水取样和水深测量结果比对记录表

序号	区域位置	实际挖深(m)	取样管长(m)	水层厚度(m)	淤泥层厚度(m)	砂层厚度(m)	备注
1	R10	−7.2	1.5	1.15	0.10	0.25	
2	R9	−7.6	1.5	1.20	0.30	0.00	
3	R9	−8.6	1.5	1.47	0.01	0.02	
4	R8	−7.7	1.5	1.48	0.01	0.01	

(续表)

序号	区域位置	实际挖深（m）	取样管长（m）	水层厚度（m）	淤泥层厚度（m）	砂层厚度（m）	备注
5	R8	−8.2	1.5	1.45	0.02	0.03	
6	R11	−8.8	1.5	1.45	0.03	0.02	
7	R11	−7.6	1.5	1.47	0.02	0.01	
8	R11	−7.4	1.5	1.47	0.01	0.02	
9	R13	−6.8	1.5	1.46	0.03	0.01	
10	R12	−7.8	1.5	1.46	0.02	0.02	
11	R12	−7.7	1.5	1.45	0.02	0.03	

由表4可以看出，取样共11个点。从样管检测结果看，抓斗船开挖施工后淤泥层最大厚度为30 cm，有效最小厚度为3 cm，所有取样点残留淤泥层厚度均小于60 cm，满足设计和业主要求。

项目部创新的抓斗船开挖淤泥质量检验方法操作简单、检验过程迅速、成本低，同时结合项目部制定的保证排斗密度和合理分层的质量控制措施，既保证了抓斗船开挖淤泥施工质量，避免了二次清淤，又节约了施工成本，同时还为后续回填作业提供工作面，具有较好的经济效益。

5 结语

科特迪瓦阿比让项目抓斗船淤泥开挖分项工程，施工要求高、验收难度大，无类似工程验收经验借鉴，对挖泥手的现场操作和项目管理人员的施工质量监控及验收方法都是一个很大的考验。通过项目部全员的充分讨论，制定抓斗船淤泥开挖质量控制措施，同时创新水下淤泥层探摸取样检测方法，有效控制施工质量，验收方法和结果满足业主咨工要求，避免因淤泥开挖不彻底留下质量隐患，为以后类似工程提供借鉴经验。

参考文献

[1] 龙友力. 浅谈疏浚工程施工要点及质量控制[J]. 中国水运, 2013, 13(2):143-144.
[2] 季必勇. 航道工程疏浚施工技术要点与质量控制[J]. 珠江水运, 2017(14):38-39.

航道疏浚中水下不明管线探测方法研究与应用

杨彦豪[1,2,3]，姜淞云[1]，李　枫[1,4]

(1. 中国港湾西部非洲区域公司，科特迪瓦阿比让　06BP6687；2. 中交四航工程研究院有限公司，广东广州　510230；3. 中交交通基础工程环保与安全重点实验室，广东广州　510230；4. 中交广州航道局有限公司，广东广州　510220)

摘　要：通航运河的复杂水文地质条件往往会导致常规水下管线非开挖探测方法的精度偏低、甚至失败，针对这一问题进行了深入的研究。在外界不利条件影响下，浅地层剖面法无法穿透致密砂层；而对于软弱淤泥层而言，虽然可以穿透，但是其探测结果无法满足疏浚施工精度要求。采用射流式抽砂设备开挖水下探槽，然后通过多波束测深仪成像技术、水下探摸和摄像技术，发现在疏浚影响深度范围内不存在障碍管线。水下探槽法探测不明管线具有高效、准确、受外界环境干扰小的特点，可以为类似项目提供参考。

关键词：水下管线探测；浅地层剖面探测；探槽法；通航运河

1　引言

随着世界经济的不断发展，特别是中国政府和领导人提出的"一带一路"倡议顺利推进，"海上丝绸之路"沿岸国家和地区的港口将在经济飞速发展中起到越来越大的作用。为了满足国家和地区经济的发展需要，提高自身的市场竞争力，越来越多的港口选择进行扩建升级。而在港口扩建施工中，遇到的水下管线问题也越来越多，水下管线问题成为港口扩建施工中的最大风险之一。这些水下管线多已年代久远，受当时施工技术和现场施工条件的限制，缺乏精确的图纸资料，或因海底复杂、多变的地理环境，其实际平面位置和高程与设计资料往往存在偏差，这给港口施工建设带来极大的困难。

以往项目中经常出现由于未对拟疏浚区域水下管线进行探测或探测精度不够，而导致疏浚施工时破坏管线的现象，给当地居民或企业带来了巨大损失，从而引起巨额赔偿，并严重影响企业在项目所在国的声誉。

为避免因海底管线破坏而带来的重大损失，保证航道疏浚施工能按时保质完成，探明运河内管线的实际数量、走向及埋深势在必行。此外，由于疏浚施工所用船舶如耙吸船、抓斗船和绞吸船等进行水下施工时无法及时发现并避开管线，常常破坏后才被发现，因此必须掌握水下疏浚区管线相对于疏浚范围的准确位置。一旦疏浚影响深度内存在管线，必须采取措施。

2　工程背景

阿比让港口扩建工程项目位于西非科特迪瓦的经济首都阿比让市，是目前该国最大的港口项目。其中航道疏浚分项施工需对弗里迪运河进行加深疏浚，但施工区内存在水下管线，且分布情况不明确，成为航道疏浚施工的重大隐患。

2.1 航道疏浚要求

弗里迪运河全长约 4.5 km，航道宽 250 m，区域需疏浚至 −16.5 m、−18.0 m 和 −18.5 m，航道不同区域的疏浚标高要求如图 1 所示。

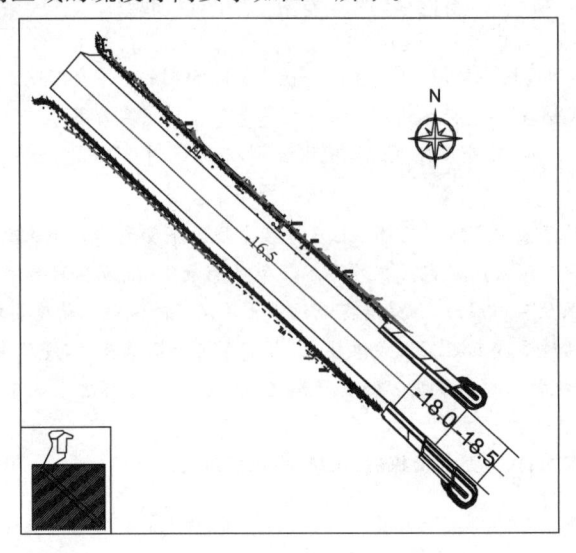

图 1　运河航道平面位置示意图

（单位：m）

2.2 不明管线概况

根据前期收集的管线资料进行初步分析，至少有 18 条海底管线穿越运河航道施工区，管径、材质不一且涵盖电缆、天然气管、水管、油管等多个种类。

因大部分管线没有具体的坐标信息，有的甚至铺设的年代久远，无法准确给出管线的位置。根据业主提供的管线与现有建筑物的相对关系，粗略绘制出运河内管线分布平面位置示意图，如图 2 所示。

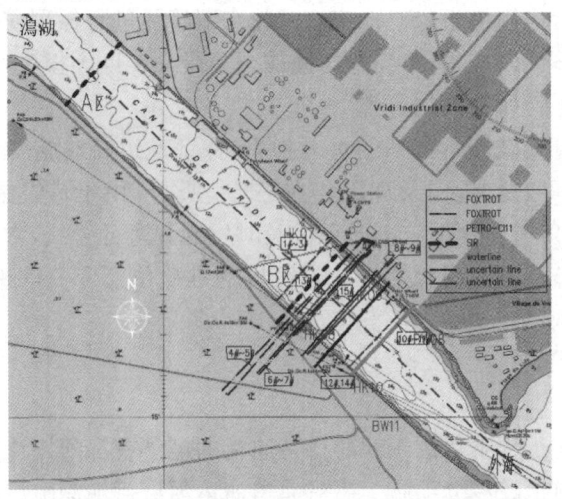

图 2　运河管线分布平面位置示意图

通过现场踏勘及资料排查,将部分明显不在疏浚范围内的管线排除,最终确定有 9 条不明管线需进一步探明,其具体情况整理如表 1 所示。

表 1　需探明管线信息汇总表

序号	管线编号	管线名称	类型
1	10#	6″水管	水管
2	11#	8″水管	水管
3	12#	10″水管主管道	水管
4	13#	10″水管备用管道	水管
5	14#	Cable (sous-marin)	电缆
6	15#	Cable (arme)	电缆
7	16#	A	电缆
8	17#	B	电缆
9	18#	C	电缆

所有疑似管线所处的范围内,疏浚标高均为－16.5 m。然而,由于不明管线的可靠信息缺失,无法判断其是否处于疏浚标高范围以外。如果疏浚前不进行探测而导致管线损坏,将给项目带来极大的负面影响。

3　常用探测方法及选用

陆上地下管线的探测方法主要为电磁法,其中探地雷达法应用广泛[1]。目前国内外应用较广泛的水下管线探测方法主要有回声深测法、侧扫声呐探测法、海洋磁力仪探测法以及浅地层剖面仪探测法等物探方法[2]。这些方法由于工作原理不同,分别适用于不同类型和不同铺设方式的管线。因此,管线探测前的设备选型,是制约管线探测成败的关键。

3.1　回声深测法

该方法的原理是通过换能器从水面向水底发射声波信号,声波信号穿至水底界面被反射,再被换能器接收。测定声波从发射,经水底反射,到被接收所需要的时间,就可以计算水深。结合 GPS 记录此时的位置,就可以形成不同位置的水深值。该方法的代表性设备为多波束,它可以很好地给出水下三维地形图,从而清晰看出水下管线的位置和走向。

然而,由于该方法所用的声波在水底即发生反射,因此无法探测出泥面以下的管线,也无法进行水下埋地管线的探测。

3.2　侧扫声呐探测法

侧扫声呐根据发射的频率不同,可以分为高频、低频和中频声呐。频率越低,衰减越慢,作用距离也越大,但是分辨率越低;频率越高,作用距离越小,但分辨率越高。其工作原理是利用发射声呐信号的探头，向水下发射出扇形声呐信号，当声呐信号碰到水底物质时，即发生反射。接收器接收并传输到记录系统，根据声呐强度、时间及角度，经计算机处理得到探头距离水底的深度。

与回声测深仪类似，该方法由于采用的声呐触碰至水底即发生反射，所以只能探测水下铺设于泥面以上或者悬空在水中的管道。对于水下埋地管道，无法进行探测。

3.3 海洋磁力仪探测法

自然界各种物体都受地磁场的磁化作用，在其周围产生新的磁场。各种物体的磁化率不同，那么它产生的磁场强度也不同。物体空间分布不同(包括埋深、倾向和大小等)，使其在空间磁场的分布特征也不同。由于探测范围内磁场的分布特征由该区内的物体分布情况及空间位置来决定，通过专门的仪器来测量、记录测区磁场分布，根据所测的磁场分布特征就可以推断出水下各种磁性物体的形状、位置和产状。

该方法适用于金属和水泥构件等磁化率较大的管道检测，但是对于其他材质管线效果欠佳；由于在纵向深度的探测精度较低，因此无法有效探测水下埋入式管道；此外，如果周围环境有较强的磁场干扰时，探测效果较差，无法获得准确的数据。

3.4 浅地层剖面仪探测法

该方法采用声波在水和水下地层中的传播和反射特性差异来探测水下地层分布。换能器将信号转换成不同频率的声波脉冲发射至海底，声波在向下传播途中遇到海底各地层中界面时，管道以及铺设物具有较强的反射，由于界面声阻抗的不同，一部分能量反射回来被接收，经过处理后形成地下各种地质体的分布图。

由于该方法可以穿透水下地层，并且管线及铺设物使反射波的波形和反射形态发生畸变，因此可以用于水下埋入式管道的探测工作。

影响浅地层剖面仪探测法的主要因素有[3]：

(1) 地质条件：海底的密实砂、岩石、珊瑚礁和贝壳类等，严重制约声波穿透深度；

(2) 气水界面：气水界面能将发射声全部反射，几乎无声波传至水下；

(3) 噪声：当外界声源信号与设备发出的声源的带宽范围相近时，对设备可能造成干扰，如电噪声、水噪声、船只机械噪声和沿岸工程噪声等；

(4) 海况：涌浪使船只摆动时，导致测量设备不稳定，影响测量精度。

通过对以上常规探测设备的分析可以发现，对于水下埋地管线仅浅地层剖面仪探测法(简称"浅剖法")可以穿透上覆土层进行探测，因此本工程可以采用该方法进行管线探测。然而，由于大部分管线位于靠近外海测的B区，而该区域波浪较大、航道通航船舶频繁、运河旁公路车辆较多，这些因素均可能影响浅剖法的测量精度。此外，勘察发现B区水下覆盖有较厚的密实砂层，这将削弱浅剖法的穿透深度。

3.5 探槽法

陆地管线探测时，常采用开挖法对常规电磁法进行验证，以确保监测结果的准确性。而水下管线则常采用水下探摸法对物探法进行验证。对于本项目，由于大部分管线所在区域(B区)底部为砂性土,根据水力式抽砂设备的工作原理,可以通过将覆盖管线的砂抽除,形成具有一定规模的探槽,然后通过多波束测深仪成像技术、潜水员水下探摸和水下摄像查看探槽内是否存在管线,以判定疏浚深度范围内是否存在管线。

探槽法进行水下埋地管线探测时,外界因素影响较小,探测结果直观、可靠,可以很好地满足疏浚工程对于管线探测的精度要求。考虑到本项目B区影响浅剖法探测精度的因素较多,因此采用浅剖法进行初步探测,探槽法复核验证。

4 探测方法在水下埋地管线的应用及效果

4.1 浅剖法及其应用

采用ChirpⅢ浅地层剖面仪(简称"浅剖仪"),对A区和B区管线进行了尝试探测,探测精度为15 cm。采用行驶稳定的小型船只,将仪器探头固定于船的右舷,测量时保证船只低速行进,同时采用GPS进行同步定位。

将管线测点进行分级,去除无法辨认的点,并根据管线所具备的抛物线或双曲线性质,解析得到管线分布曲线,去除清晰度和对比度欠佳的测点以及噪点。

整理A区探测结果如图3所示:

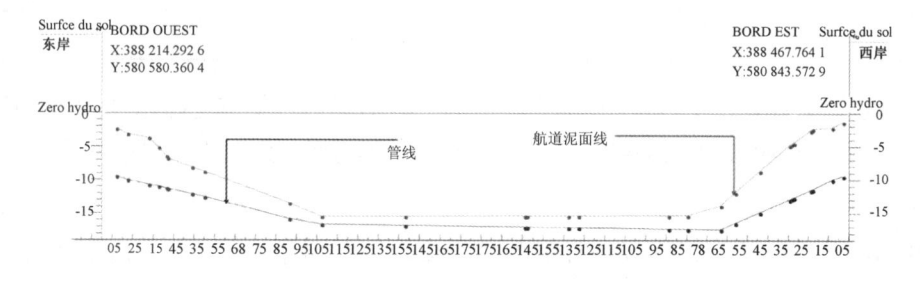

图3 A区管线探测结果

从图3可以看出,管线标高位于−17~−18 m之间,其中靠近东侧航道边线处标高最高,为−17 m,靠近西侧航道边线处管线标高最深,为−18 m。探测数据显示该管线可能影响到疏浚施工。经过与多方讨论,后续将对该管线进行开槽探摸,查看其实际深度。

B区泥面以下信号很弱,无法分辨出管道情况。分析后认为A区下部为淤泥和较为松散的砂层,而B区由于靠近外海,受波浪影响大,并且下部为密实粗砂,这对浅剖仪的下穿深度和探测精度带来极大的影响,直接导致了浅剖仪在B区探测的失效。

4.2 探槽法及其应用

4.2.1 探槽设计

水下埋地管道多数是通过水下开挖成槽,然后铺设管道,随后进行掩埋。由于运河口门处泥沙运动频繁,加之年代久远,无法找到铺设痕迹,也无法针对性地开槽探摸管线。所以,第一阶段在航道东侧底部边缘附近,平行于轴线开挖三条探槽,总长度330 m。探槽平面位置如图4所示,开挖分段情况如表2所示。探槽断面开挖呈"V"字形,边坡为自然稳定坡,三段探槽的槽底标高控制在-18.5 m左右,比运河疏浚底标高深2 m。

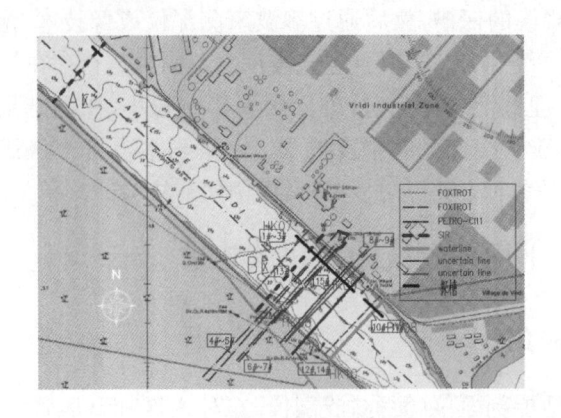

图 4 探槽平面位置示意图

表 2 探槽开挖分段表

分段	桩号	长度(m)
1	K0+930~K0+990	60
2	K2+260~K2+620	190
3	K2+700~K2+780	80

如果第一阶段发现了管线,则进行第二阶段探测,即沿着管道走向,开挖多个垂直于管道的探槽,以探明其铺设深度是否影响疏浚施工,如有影响则要求业主进行处理。

4.2.2 施工设备

探槽法虽然可以直观、可靠地查明水下埋入式管线,但是如果成槽方法不适用,或成槽过程中控制不良,可能使管线被破坏。前述提到B区下部为密实砂层,为了尽量减小对已有管线的破坏,采用类似于水力式抽砂船的工作原理进行开槽。项目船机设备资源丰富,经过项目技术组充分讨论,决定采用小型抽砂船进行探槽开挖(如图5所示)。本次所用抽砂船所配备的射流式抽砂泵生产效率约300 m^3/h,扬程44 m,配套柴油机功率330 kW,转速870 r/min,配套进水管道350 mm,排水管道350 mm,配套柴油机功率52 kW,1 500 r/min,采用直连方式,配套排泥管直径100 mm。

图 5 小型抽砂船

4.2.3 施工步骤

施工前,将定位驳船停靠至指定位置,射流式抽砂船停靠定位驳船,进行二次精确定位后开动抽砂船施工。

施工时,将射流式抽砂船的离心泵放置于设定好的开挖标高,离心泵的标高通过抽砂船上的卷扬机控制。开动离心泵处的高压水泵,将下部坚硬砂层冲散,同时离心泵将松散砂抽入管道,排放至指定区域。抽砂时根据排砂管中的泥沙浓度及时调整抽砂泵的下方深度和平移间距,做到动态调整,确保抽砂船以最高效率进行抽砂施工。

施工后,采用多波束测深仪成像技术(地形图如图 6 所示),联合潜水员水下探摸摄像技术(如图 7 所示),查看探槽内是否存在管线。

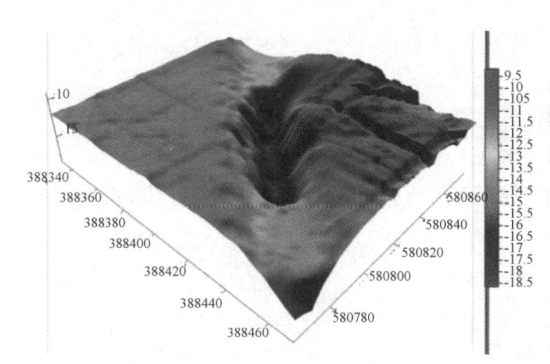

图 6　探槽三维地形图　　　　　　图 7　潜水员水下探摸

4.2.4 管线确认与疏浚施工

进行了一个多月的正式施工后,最终确保了所有探槽底标高均达到 -18.5 m 以下。潜水员对 B 区两条探槽进行水下探摸时,未发现任何管线。对于 A 区浅剖仪发现的管线,开槽后发现该处仅存在一条金属管线,但平面位置和实际埋深均存在一定偏差,其中实际埋深比探测深度深约 1 m,管线顶标高为 -18 m。由于疏浚深度为 -16.5 m,管线则位于距疏浚深度 1.5 m 的位置,只要控制好疏浚开挖深度,该管线对疏浚就不会造成影响。

管线探测结束后,采用 10 000 m³ 耙吸船进行了疏浚施工,该设备疏浚开挖精度高,深度偏差不超过 0.5 m。虽然管线探测并未发现管线,但是疏浚施工前仍然制订了详细的开挖计划,对于疑似管线存在的区域,采用降低航速、更换冲刷型耙头等措施,以降低破坏管线的风险。经过为期 3 个月的施工,未发生耙吸船触碰管线的事故,也未收到业主方任何关于管线的投诉。这表明探槽法在本项目水下管线探测中取得了良好的效果。

5　结论

由于越来越多的港口需要进行改扩建,原有运河、航道等需要加宽或浚深,既有水下管线将对疏浚施工带来较大的影响。目前较为有效的水下管线探测方法有回声探测法、侧扫声呐探测法、海洋磁力仪探测法以及浅地层剖面仪探测法。但是,对于埋地管线,较为有效的是浅地层剖面仪探测法。该方法易受地质条件、气水界面、噪声和海况等因素影响。

对于底质为密实砂的通航运河,其水下埋地管线的探测更易受外界环境的影响,这将极大降低探测结果的精度。

本项目采用抽砂船水下开挖探槽法,不仅对浅剖法的探测结果进行了校核,还对浅剖仪无法穿透的密实砂层区域进行了探测。结果显示浅剖法探测 A 区的管线较实际管线深度浅 1 m 左右;在 B 区开挖两条深度为－18.5 m 的探槽,经过多波束扫描和水下探摸,未发现管线。采用抽砂船水下开挖探槽法进行水下管线探测在本项目中取得良好效果,该方法在疏浚前管线探测中具有如下优势:①受外界环境较小;②不受管线材质、尺寸的影响;③不受管线埋深影响;④探测精度高;⑤不仅可独立作为一种探测方法,还可以作为其他非开挖探测法的一种辅助验证手段。

参考文献

[1] 袁明德. 探地雷达探测地下管线的能力[J]. 物探与化探,2002,26(2):152-155+162.
[2] 吕邦来. 海底管线的地球物理探测技术探讨[J]. 水运工程,2009(7):146-150.
[3] 周兴华,姜小俊,史永忠. 侧扫声呐和浅地层剖面仪在杭州湾海底管线检测中的应用[J]. 海洋测绘,2007,27(4):64-67.

水下地形测量误差分析及对策探究

张 鹏[1,2]

(1. 中国港湾西部非洲区域公司,科特迪瓦阿比让 06BP6687；
2. 中交广州航道局有限公司,广东广州 510220)

摘 要:GPS全球卫星定位系统在测量中的应用,已成为当今测绘行业的一个热点。它突破了常规测量仪器手工的局限性,数据全自动化采集,其船泊动态测量精度可达到厘米级。但在实际作业中,由于海洋环境复杂多变,水下GPS定位精度不可避免地受到各方面的影响,影响其水深测量的误差也是多方面的。

关键词:水下地形测量;精度;误差;分析

1 概念

一般来说,水下地形测量涵盖定位以及测深两个方面的内容。具体来说,现今常见的几种水上定位手段包括无线电定位、卫星定位、光学仪器定位、水声定位以及组合定位。针对具体的平面位置实施控制的基础在于陆地上已经存在的国家级别控制点,卫星定位若是运用差分形式,则岸台建议使用已知的控制点,力求实现坐标系统的统一。在水上实施定位的同时针对水深进行测量可谓实现水下地形有效确定的关键内容。回声测深仪是一种主要的水深度测量工具,在使用水声换能器的基础上朝向下方垂直地进行声波发射,同时有效接受来自水底的回波,依据声音速度以及具体的回波时间将被测点的水深情况确定下来,而后参考水深的实际变化情况充分了解水下地形的相关概况。

2 GPS水下地形测量原理

2.1 系统的组成

水下地形测量系统由岸台系统、船台系统与数字化成图系统三部分组成。其中岸台系统由GPS岸台接收机、数据发射电台、电瓶及数据发射天线组成；船台系统包括GPS船台接收机、数据接收电台、数字化测深系统、测量导航软件及电脑等设施；数字化成图系统主要为一些软件和打印设备,将采集的水下地形数据处理后,自动绘制出水下地形图并打印出图。

2.2 工作原理

将一台GPS接收机安置在地面已知点上作为基准台,其他GPS接收机分别安放在需要确定位置的运动载体上作为流动台,基准台和流动台的GPS接受机同步跟踪视场中所有的可见卫星。根据基准台的已知坐标即可求出定位结果的改正值(有坐标改正和距离改正),通过基准台和流动台之间的数据差分电台把改正数据实时传送给流动台,流动台根据实时接收到的改正数据对定位结果进行改正,提高定位精度,从而得到精确的平面位置;利用回声仪测量水深以得到水下地形高程。

2.3 精度误差来源分析

GPS水下地形测量方法,在仪器设置、勘测技术、校正与处理方法上形成了自身复杂的特点,在测量中需加以注意,否则将严重影响测量精度。水下地形测量误差主要来源于:①水深测量误差,包括声速改正误差、时间延迟、波束角效应带来的误差、吃水改正测定误差;②水面高程传递误差,主要来源于基准面确定误差、潮位观测误差、潮位改正误差;③船舶姿态变化造成的测深误差,主要来源于船舶横摇、纵摇、测量船东吃水带来的测量误差;④定位延时误差。由于GPS接收机要花时间计算位置,而且输出到采集软件也需要时间,所以测量时状态定位的时间将不同于实际记录的时间,这就产生了定位延时。

3 水下地形测量的 GPS 方法

3.1 水下地形测量方法

光学地形测量方法通常为光学定位法,即光学经纬仪配合测深仪定位法。由于测量时受到通视条件、能见度、气候、测站条件等限制,造成观测精度变低,且同时要进行水位测量,则无法保证水下测量作业的精确度。

在利用 GPS 技术进行水下地形测量的过程中,通常利用一台固定接收机校准已知的坐标点,再利用一台可移动接收机作为运动载体。在操作中利用卫星进行观测,这样使测量精度和速度都得到保证,确保测量作业的全天候。

3.2 GPS 具体实施的常用方法和步骤

(1) 基准站、流动站组合的动态实时定位(RTK)测量模式。此种模式下的测量精度最高,平面位置精度可达到分米至厘米级,基准站与流动站间的距离一般设置为 5 km 左右,由于电台功率以及遮挡情况的存在,影响数据传输,使得一些测点还是会出现盲区,造成数据中断。

(2) 基准站、流动站组合的伪距差分实时定位测量模式。此种模式使用单频 GPS 接收机,平面位置精度一般为 1 m 左右,可满足 1∶10 000 比例尺水下地形图的精度要求,基准站与流动站间的距离一般为 10 km 左右,但同样由于电台功率以及周边遮挡的情况,在一些测点处一样会出现盲区,影响数据传输的连续性,造成数据采集的中断。

(3) 由流动站与永久性运行的跟踪站相连接的伪距差分后处理测量模式。此种模式下的测量精度与第二种方案精度相当,由于采用后处理方式,可得流动站在测量过程中每一观测历元的高精度坐标,不需要在流动站与基准站之间建立数据传输,流动站亦不受电台功率及周边遮挡的影响,不会出现盲区,保证了测量数据的完整性和精确性。

3.3 水下粗差高程点的探测方法

水下地形测量是一种动态测量效益,这与陆地上测量是截然不同的,在水下测量数据受水和大气的双重影响,尤其是水流、水的质量、水下运动体等因素的干扰都要远远强于陆地测量。所以水下测量所得的数据比陆地测量所得的数据更加容易受到干扰造成较大偏差。所以在进行水深值测定时通常应用电能转换器向水底发射电能,水底反弹的回波又会通过转换器变成电能,通过软件的数据处理和分析后形成完整的数据显示出来。

4 水下地形图的绘制

水下地形图的绘制是通过软件根据时间和测量间隔而进行的。依据北京坐标系换算出大坝坐标系,根据计算机记录的定位数据、水深数据、水位数据,通过数据的加载,将测量数据转化成 CAD 文件,并且根据需要绘制出各种不同的水下地形图。

5 减弱误差的措施

减弱误差的措施可以从以下几个方面入手:①选择有利的气候条件;②采用高精度的水深测量仪器进行测量;③在差分 GPS 或 PTK 合理作业范围内进行水深测量;④在水深测量过程中应用延迟改正,船舶动吃水改正;⑤采用吨位较重的船舶进行测量,以减小测量船纵摇及横摇对测量结果的影响。

6 结束语

影响水深测量的因素很多,水深测量精度对很多测量工作者来说可能还是相对模糊的概念。在实际运用中,灵活把握各种因素的影响,可使水深测量工作更加得心应手。水下地形测量技术的重要性甚为突显,如今可采用 GPS 等现代化先进技术实施相应的测量工作,确保所得测量结果拥有较高的精确性、可靠性。

RTK 定位测量的误差分析及提高精度的关键探究

张 鹏[1,2]

(1. 中国港湾西部非洲区域公司,科特迪瓦阿比让 06BP6687;
2. 中交广州航道局有限公司,广东广州,510220)

摘 要:RTK 定位测量技术有其显著的技术应用优越性,只有在深入掌握其定位测量误差的基础上,才能采取针对性措施提高其策略精度,充分发挥 RTK 技术的作用。以下就 RTK 定位测量的误差以及测量精度的提高策略进行分析探讨。

关键词:RTK;定位测量;误差;精度

序言

实时动态测量技术 RTK(Real Time Kinematic)具有实时监测、高效运行、以及通视条件影响作用小的优点,在具体测量工作中具有很高的实用性。RTK 的关键技术是初始整周模糊度的快速解算、数据链传输的高可靠性和强抗干扰性。相对于 GPS 静态测量,RTK 的实时性也给测量人员提出了更高的要求。以下就 RTK 定位测量的误差分析及提高精度的有效策略进行分析探究。

1 RTK 定位测量的原理初探

RTK 测量是根据 GPS 的相对定位理论,将一台接收机设置在已知点上,另一台或几台接收机放在待测点上,同步采集相同卫星的信号。基准站在接收 GPS 信号并进行载波相位测量的同时,通过数据链将其观测值、卫星跟踪状态和测站坐标信息一起传送给移动站;移动站通过数据链接收来自基准站的数据,然后利用 GPS 控制器内置的随机实时数据处理软件与本机采集的 GPS 观测数据组成差分观测值进行实时处理,对待测点的具体坐标进行实时显示,在测量准确后,将数据与预设的数据相比较,来分析实际测量的精度能不能达到要求,一旦实测精度符合要求,手簿将提示测量人员记录该点的三维坐标及其精度[1]。在实际作业时,对移动站的要求较为宽松,因为它不管是在运动还是静止,都可以进行测量,这对移动站来说,其利用价值就更大了;可在已知点上先进行初始化后再进行动态作业,也可在动态条件下直接开机,并在动态环境下完成整周模糊值的搜索求解。

在整周模糊值固定后,即可进行每个历元的实时处理,只要能保持 4 颗以上卫星相位观测值的跟踪和必要的几何图形,则移动站可随时给出待测点的厘米级的三维坐标。

2 RTK 定位测量的误差分析

2.1 RTK 测量中的基准站误差

RTK 测量时,流动站的坐标都是利用基准站的坐标和基线向量得到的,所以,基准站的测量误差就会出现在最终结果里面,这对流动站的具体坐标来说,是会受到影响的。而且,基准站的对中、整平等人员操作误差也会系统地带入流动站的结果中,且基准站周围环境对 GPS 观测质量的影响也会影响到流动站坐标的解算。

2.2 RTK 测量中基准站与流动站间的距离误差

基准站与流动站之间的距离、轨道误差和大气延迟误差对 RTK 测量精度影响较大。一般情况下,基准站与流动站之间的距离较短时,其残差能够通过观测值的差分处理得到削弱。当基准站与流动站之间的距离较长时,GPS 误差的空间相关性随基准站与流动站间距离的增大而逐渐失去线性,因此在二者较长距离下,经过差分处理后的流动站数据仍然含有较大的观测误差,从而容易导致定位精度的降低与无法解算载波相位的整周模糊度的问题。

2.3 RTK 测量中转换参数引起的精度误差

在进行 RTK 测量时,首先需要输入控制点的 WGS-84 坐标和地方坐标系坐标,以此来求解转换参数,结算出待测点经转换后的地方坐标。这期间待测点坐标的精度存在着坐标转换的损失,经验表明,这种损失一般在 1 cm 左右,与控制点的精度和分布有关。所以控制点的选择是否恰当,直接影响转换参数的求解,进而影响 RTK 测量成果的精度。

3 提高 RTK 定位测量精度的策略

3.1 优选 RTK 定位测量控制点

在一般测区进行 RTK 测量,至少需要 3 个平面控制点,而且最好是在同一时期、同一坐标系下的坐标;可根据地形条件确定高程控制点的数目,高程控制点数量越多,拟合精度就越好。

一般情况下,取相邻距离 3~5 km 之内的控制点最好,控制点分布要均匀,要确保控制点能够覆盖整个测区。

如果测区的已知点数目很少,比如 2 个,作业半径不要超过两已知点之间距离的 3 倍;另外两已知点与测量坐标系的轴线不能在同一直线上,最好有一定的偏角。

如果 RTK 作业中没有已知点,这时就要任取一点在 WGS-84 坐标系下测量这点的绝对坐标。以这点的绝对坐标作为已知点,进行测量,以后再找已知点进行校正所测坐标。这时一定要输入测区的平均中央子午线的经度,这样所测结果不会产生太大的投影变形。

3.2 有效控制接收站周围环境

接收站周围应尽量避免出现大面积水域、大型建筑等面积较大的电磁波反射物,以消除多路径误差的影响。同时,由于基准站和移动站间距越增大,RTK 点位精度越不可靠,因此当二者距离较远时,也应尽可能地增加天线的高度,以提高电台的传输距离。

3.3 严格控制坐标参数转换

首先把求出 WGS-84 坐标进行转换,转换成 1954 年北京坐标系或 1980 年国家坐标系。这其中涉及两种转换方法:第一,通过手簿来自动求取转换参数;第二,通过现场采取方法,选取一定数量控制点的地方坐标,利用上述这些点用 TRK 来采集 WGS-84 坐标,然后建立模型(点校正拟合出最佳转换参数);3 个平移参数和长度比参数、部分旋转参数相关性很大,所以有可能参数不易分离与相互作用转化,这就需要当存在从公共点坐标的微小变化或选取存在不同时,能够导致左边转换参数极大的变化,所以对于小型测量区域来说,一般坐标转换采用三参数模型,即 3 个平移参数(DX,DY,DZ)。

3.4 重视并落实 RTK 测量中的校核工作

(1)已知点检核比较法:在布测控制网时用静态 GPS 或全站仪多测出一些控制点,然后用 RTK 测出这些控制点的坐标进行比较检核,如果发现问题,则应该及时采取措施整改,然后再重测[2]。比较法每次初始化成功后,先重测 1~2 个已测过的 RTK 点或高精度控制点,确认无误后再进行 RTK 测量。

(2)电台变频实时检测法:在测区内建立两个以上基准站,每个基准站采用不同的频率发送改正数据,流动站用变频开关选择性地分别接收每个基准站的改正数据,从而得到两个以上解算结果,比较这些结果就可判断其质量高低。

4 结语

综上,随着科学技术的不断发展,RTK 定位测量的重要性日渐突出。但是在测量工作中,其测量精度的影响因素普遍存在,主要表现为 RTK 测量中的基准站误差、基准站与流动站间的距离误差以及转换参数引起的精度误差。据此,我们要加大对其测量精度提高策略的分析探究,并加强成果的复核,以确保 RTK 成果的精确性和可靠性。

参考文献

[1] 阿卜杜热伊木江·伊斯马伊力. 利用 RTK GPS 定位的误差源与测量精度保障措施[J]. 工业 c,2016(57):276+278.

[2] 廖方兴. GPS-RTK 测量定位精度检测与分析[J]. 科研,2015(63):1.

安全管理

提升建筑安全生产管理水平的措施

张兆云[1],程冲冲[1,2]

(1. 中国港湾西部非洲区域公司,科特迪瓦阿比让 06BP6687;
2. 中交四航局第三工程有限公司,广东湛江 524022)

摘 要:建筑施工过程具有流动性,而且存在诸多不确定性,不利于安全生产,所以实施安全生产管理,对促进建筑顺利施工发挥了至关重要的作用。基于此,通过对国内外建筑安全生产管理模式的对比,明确了我国建筑安全管理的不足之处,并提出了提升我国建筑安全生产水平的具体措施,从而为建筑行业的可持续发展提供借鉴。

关键词:安全生产;建筑行业;管理模式

1 建筑安全生产管理的主要特点

1.1 流动性

建筑施工的环境较为复杂,周期长,工程从一个地点转到另一个地点,所以建筑安全生产管理具有明显的流动性的特点。另外,因为建筑行业是劳动密集型的行业,在务工人员中,大约有80%是农民工,而且人员的流动性比较大,所以对建筑安全生产管理提出了更高的要求。

1.2 复杂性

随着经济水平的不断提升,建筑企业越来越多,地区的经济发展水平具有差异,有的建筑工程由多方单位共同参与建设,管理层次比较多,在诸多因素的影响下,使得建筑安全生产管理更加复杂,增加了安全生产管理的难度。

2 国内外建筑安全生产管理模式对比

在安全生产市场主体参与方面,与德国相比较,我国存在不足之处。在德国,对建筑安全进行监督时,不仅发挥行政力量,而且社会与商业也发挥其监督的力量,对雇主进行约束,也实现对专业危害与工伤事故风险的控制,为保护员工的安全提供保障。但是,我国在安全生产市场主体方面,存在主体参与不足的问题,所以与国外有一定的差距。在安全管理手段方面,与美国相比,我国还有进步的空间。在美国,建筑安全软件公司依托伊利诺斯大学,开发了各种安全管理软件,数据库比较强大,为用户提供了相关项目的全部信息,借助于开发的安全监控软件,对施工现场实施监控,从而预防施工现场安全事故的发生。另外,在英国,构建建筑安全生产管理模式时,融入项目管理理论与安全管理理论,实现了对管理模式的优化,我国在此方面还需要不断完善[1]。总而言之,我国为了提高建筑安全管理质量,需要积极借鉴国外的先进经验,然后与我国的实际情况相结合,从而建立科学的建筑安全生产管理模式,为建筑安全生产管理工作的有序开展提供坚实的依据。

3 提升我国建筑安全生产管理质量的措施

3.1 加大安全生产市场主体的参与力度

为了进一步提高我国建筑安全生产管理的质量,应当合理地借鉴国外的先进经验,在安全监督方面,不但要充分发挥行政力量,而且应当加大安全生产市场主体的参与力度,有效地发挥社会与商业监督的力量。在改革过程中,政府的职能需要转变,为了促进安全生产市场主体的积极参与,原来是全能型,应该转变为有限型,以企业为主导,政府协调服务,安全生产市场主体参与到建筑安全管理过程中,促进管理效果的增强。因此,为了提升我国建筑安全生产管理的质量,通过加大安全生产市场主体的参与力度,从而优化安全生产管理模式,为建筑行业的可持续发展奠定坚实的基础。另外,随着国家安全生产法律法规的进一步完善,也对我国安全生产市场主体的参与力度提出了更高的要求。

3.2 融入项目管理理论与安全管理理论

当前,从我国的建筑安全生产管理现状看,还有很多需要完善之处,尤其是需要融入项目管理理论与安全管理理论,确保建筑安全生产管理模式更加健全[2]。结合新形势,以及建筑安全生产的具体特点,在建筑行业安全生产时,制定中长期安全管理规划,立足于未来,进而为建筑安全生产管理工作的开展提供指导。利用项目管理理论与安全管理理论,打造项目管理信息平台,基于项目管理信息平台,合理地运用信息数据,对施工进度、施工质量以及安全等方面实施一体化的综合管理,对各个环节容易存在的漏洞予以及时处理,最大程度地降低事故的发生概率。因此,在建筑安全生产管理中融入项目管理理论与安全管理理论,有利于建筑安全生产管理工作的有序开展,继而保证在建筑施工过程中,可以实现安全生产。而在建筑生产过程中,如果安全生产得到了保证,才能促进建筑生产的安全实施,也在某种程度上有利于提升经济发展的水平,从而提高建筑行业的综合实力。

3.3 运用现代安全管理系统进行管理

目前,建筑行业是我国的支柱产业,在发展建筑行业过程中,为了全面提高建筑的施工质量,应当对建立完善的建筑安全生产管理模式予以高度重视。为了确保安全生产模式越来越健全,应当加大对管理模式的健全力度,发挥信息技术的作用,运用现代安全管理系统进行管理。通过现代信息技术与IT技术,开发出安全管理信息系统,该系统不但包含了安全管理决策支持系统、知识管理系统,还涉及大监测监控智能系统等,进而充分满足建筑施工安全管理的需求,也达到简化安全管理流程、促进安全信息在各个层面能够快速传播的目的[3]。总之,通过现代安全管理系统进行建筑安全管理,可以积累丰富的安全管理信息数据资料,为安全管理决策提供支持,继而推动动态的安全管理模式的构建,也进一步为提高我国建筑安全生产管理质量打下坚实的基础,从而为提升我国建筑安全管理水平提供有力支撑。

3.4 采取科学的安全管理方式、增强监管力度

基于宏观的角度,在市场经济环境下,在实施建筑安全生产管理阶段,应当遵守相关法律法规,落实职责,所以通过将安全生产法制建设作为重点内容,促进对建筑安全生产管理体制的创新。在安全生产法制建设期间,应该以安全生产基本法作为主体,再依据法律,不断地完善各级安全生产机构,使得人员的编制得以落实,为建筑安全生产工作的开展提供可靠的制度保障。建筑行业为了能够实现可持续发展,应当对安全生产予以高度重视,然后采取科学的安全管理方式,并且增强监管的力度,从而提高建筑安全生产管理的效果,也保证建筑项目的整体质量,继而促进行业取得较大的进步。在安全生产管理实践过程中,事前控制、超前管理是科学的管理方式。通过采取该管理方法,有利于减少事故产生的概率,对风险进行防范与控制,因而能在根本上促进对建筑工程的安全与高效管理[4]。

另外,为了保证建筑安全生产管理的质量,还应当加大监管的力度。从建筑行业的自身特点可知,工程建设的过程比较复杂,在工程中,涉及多个部门,工种也很多,所以存在交叉作业,增大了施工的风险,也增强了监管的难度。基于此,为了充分发挥监管的作用,需要增加监管的力度。在实施监督与管理过程中,严格执行监管制度,对材料、机械以及人员等进行全面监管。政府做好安全生产监察工作,针对违规与违法等行为,加大惩罚的力度,为建筑安全生产能够稳定的执行创造良好的条件。实施动态的管理,确保项目的整体安全管理质量都得到提升,并且工程的效率有所保证,也同时实现建筑施工过程的稳定。从某种意义上来说,安全生产的整体监管力度在较大程度上决定了国内建筑施工行业的安全生产管理水平。

4 结束语

综上所述,在竞争日益激烈的市场环境下,建筑企业为了能够实现可持续发展,提升综合实力,并确保建筑工程能够有序进行,加大安全生产管理显得尤为重要。然而,我国的建筑安全生产管理模式还需要进一步完善,通过引进国外的经验,与实际情况相结合,不断地完善建筑安全生产管理模式,从而为提高建筑工程施工质量提供坚实的保障。

参考文献

[1] 朱玉强.建筑施工安全管理模式分析[J].黑龙江科学,2018(22):98-99.
[2] 何源涛.建筑施工安全监督管理模式分析[J].中国设备工程,2019(15):30-31.
[3] 王积金.建筑项目施工安全生产标准化管理研究[J].中国标准化,2019(16):27-28.
[4] 雷永泰.建筑安全事故成因分析及预警管理的研究[J].价值工程,2019(8):26-28.

安全系统工程在项目安全文化建设中的研究

陆秋贵[1,2], 张兆云[1]

(1. 中国港湾西部非洲区域公司, 科特迪瓦阿比让 06BP6687;
2. 中交四航局第三工程有限公司, 广东湛江 524022)

摘　要: 项目安全文化的建设是安全管理全员参与的核心, 是刚性管理衍生柔性管理的必经途径。选取阿比让港口扩建项目实施过程中安全系统工程在项目安全文化建设中的应用, 结合安全设计、预警、生产、训练等具体实践效果, 阐述安全系统工程在国内建筑业发展趋势, 达到项目安全管理在系统思想的指导下, 自觉运用系统工程的原理和方法进行安全工作的目的。

关键词: 安全系统工程; 安全管理; 策略

　　安全系统工程作为系统工程学的分支之一, 研究的内容主要有危险的识别、分析与事故预测; 消除、控制导致事故的危险; 分析构成安全系统各单元间的关系和相互影响等; 进而通过协调各单元之间的关系, 取得系统安全的最佳设计等方法, 以达到减少事故发生的目的。

　　在项目安全管理文化的建设过程中, 利用安全系统工程分析、研究个体与群体在安全管理中的因果关系, 寻求在作为结果的安全问题未发生前的管理措施、办法, 通过刚性管理手段策划管理设计、预警机制以及生产过程中的纠正手段等, 进而影响、左右项目运行、管理规则, 达到由习惯转换为文化的目的, 展望柔性管理的理想状态[1]。

1　特征分析

　　科特迪瓦阿比让港口扩建工程位于科特迪瓦经济首都阿比让市。工程总规模9.33亿美元, 合同总工期45个月, 预计参建人数2 000～2 500人。项目体量、周期、样本数等足够满足设计、验证环节所需。项目结构由以下三个部分组成:

　　(1) 项目决策层结构组成。项目由科特迪瓦共和国阿比让扩建港港务局基建处的人员组建施工业主方, 主要对施工进度情况、工程量核定、进度款批复等方面进行监督, 对项目内部管理、日常运行关注不大; 咨方由BRIGHTEN DEVELOPMENT FZE、CID及TERRABO三方联合组成, 咨方的监管内容高度吻合业主(不涉及进度款管理); 施工方由中国港湾担任EPC总承包, 中交四航局担任施工总承包, 项目内部管理、日常决策、文化建设等工作, 均由二者商定、执行, 项目文化建设的掌控权受控。

　　(2) 项目管理层结构组成。项目管理层约65人, 平均年龄33.9岁, 其中70后占比6%, 80后占比80%, 90后占比14%。本科以上学历占比97%, 大、中专占比3%。管理层整体结构年轻化、受教育程度高, 易接受新的管理思想、策略, 能有效降低新思想、新方法执行过程中的层级衰减效果。

　　(3) 项目执行层结构组成。执行层主要由中、科两国员工组成, 合计占比超99%,

中、科雇员比例分布约1∶2。其中中国籍员工年龄结构老年化严重，40岁以上占比高达57%。科特籍员工技能素质偏低、流动性大的特征与国内劳工相比更为突出，存在较为明显的逻辑思维能力、思维灵活性差等特点。

2 项目安全文化建设途径分析

2.1 项目策划、筹建阶段（安全设计）

安全设计是保障安全最好的办法，也是项目策划、筹建期间的核心安全管理环节。借鉴"时间维"的角度来分析所有的安全设计，均可将其划分为两阶段，即特征分析和策略制定。如对阿比让扩建项目结构组成的特征分析，就是本阶段的策略制定的前提条件，人员结构组成直接决定策略执行、衰减等因素，而借助特征分析结果专门制定的管理策略，其工作生命力就在于降低管理衰减效应，保障管理措施得到长期、有效执行。

（1）以阿比让扩建项目为例，项目在策划阶段即抽调EPC总承包和施工总承包的项目主要负责人组成策划小组，并将项目的安全管理列为必备策划项，选用风险矩阵法对项目风险进行评价。该环节的分工采取生产经营负责人提供原始参数→专职安全工程师协助构建风险矩阵→企业专家组提供原始系数（安全管理折减系数、企业评估值等）→策划小组讨论结果的模式开展。目的是让项目生产责任人参与生产风险的量化过程，专职安全工程师参与项目施工工艺讨论过程，企业参与项目风险评价过程。

（2）管理策略制定时秉承"标""本"并重、防治结合的基本原则，充分考虑系统工程中各单元之间的相互关系、相互影响，尤其是消除或减少时间效应、个体因素带来的衰减效应。

2.2 项目监督机制建设（安全预警）

事故隐患相比于安全生产风险来说，虽然是主观产生的，但系统在运行过程中，因单元之间的相互影响，以及个体衰减因素，事故隐患仍是不可避免会发生，这就需要预警机制加以纠正。结合"海因里希"提出的事故发生的直接原因98%可以归纳为人的不安全行为(88%)和物的不安全状态(10%)的比例分配原则不难看出，安全监督、预警机制建设主要应立足于上述两处。阿比让港口扩建项目在建立预警机制时分别从自我控制和社会群体控制两方面着手。

以阿比让港口扩建项目综治安全网络建设为例，项目部在制定综治安全网络策略时，除重点调查项目所在地的政治、社会、宗教等环境外，还应结合人员结构组成的分析结果综合考虑。从个体自我控制角度出发制定：①设立活动区域隔离设施，视频监控网络；②治安知识培训机制；③兼职治安员津贴；④高额举报奖励机制；⑤结合分区功能设定活动限制规则等。从社会群体控制角度出发制定：①武装哨岗；②武装力量办公室；③政府支援力量互动机制等。

2.3 项目实施阶段管控（安全生产）

项目实施阶段的管控已然进入安全管理策略的实施阶段，其核心是保障各个单元在策略实施过程的优化和管理效果的维持。管理文化的形成是需要过程铺垫的，这就需要对管理策略的实施加以维护，确保短期行为控制的"策略"演变为文化。将整个项目划分为单元后，某个单元的管理策略经分析、制定后，过程中的优化、维护即是项目实施阶段的管控。

以阿比让港口扩建项目水上交通安全管理为例。项目共设有三个营区，其中东防波堤、水工结构现场、施工船舶三处施工场所均需借助交通船前往，且作业人员占比长期高于70%，最长路途约8 km。以该单元的管理策略制定为例，涵盖短期行为控制、过程调整措施、监察纠正机制、反向验证措施。

2.4 项目安全教育（安全训练）

以项目三级技术交底为例，绝大多数人在短时间内接受的知识是有限的，因而在设计三级交底该项活动时，首要明确的是交底不是一次性行为，要多层次开展，将一、二、三级之间的内容相互串联，让一、二、三级交底的参与人相互之间发生交集，促进安全主体责任群体与安全监督责任主体之间的相互交融[2]。

阿比让港口扩建项目的一级交底由项目经理主持，总工亲自交底，并要求项目总监结合施工组织设计编制安全策划同步交底。在交底过程中，项目领导层向管理层灌输主轴思想：施工项目的风险与施工环境、工艺、设备机具等息息相关，很难在施工初始阶段将所有风险全面、细致地辨识出来，所以各级交底应针对整个工程、分部分项、工序等的风险识别，在工程施工的不同阶段应开展相应层级的技术交底。要求各分管领导、部门、主管在开展下一层级的技术交底时，上一层级的交底人必须参与监督，并向被交底人发放不记名交底效果反馈表，用于评价交底效果和改进方向。定期开展技术交底交流会，表彰技术交底优秀组织者，纳入个人绩效考核，并成立专项奖励资金机制。

由领导层带头发挥导向功能后，对管理层执行过程中的约束、激励必不可少。正如上文中提到的，阿比让港口扩建项目在教育培训体系建设中，设立个人绩效考核和专项奖励资金的双向约束机制，每季度考核、公布、兑现一次奖惩，利用领导、教育、宣传、奖惩、创造群体氛围等手段，不断提高个体对安全教育的参与度，保障教育机制高效、长久运行，进而使得员工从被动地服从安全管理制度，转变为自觉主动地学习安全知识、遵守安全制度。

3 具体实施效果

安全系统工程的系统思想始终贯穿项目各个阶段，运用系统工程的理论和方法，对安全管理契机影响因素进行分析、评价，进而指导安全文化的建设工作。阿比让港口扩建项目自筹建开始，借助安全系统工程的思想，推动安全管理工作有序开展，截至2018年11月，项目累计完成安全工时870万，未发生安全生产责任事故。结合项目安全管理团队变化情况、事故隐患分布情况不难看出，项目安全文化建设已然成功。

4 结束语

安全文化的建设关键是围绕"建设"开展，需借助强有力的组织领导、有序的工作机制、有效的推动措施来保障。安全系统工程的指导思想和分析方式,可以科学、形象地阐述如何开展安全文化建设工作,对个体的作用是长久浸润和潜移默化的,对群体的影响是思想和理念的深信不疑。将安全系统工程运用在阿比让港口扩建项目安全管理文化建设中的研究,充分说明结合项目特征开展系统分析制定相应管理策略的方式是可靠、有效的。它不仅是安全理论知识在实践中的验证过程,也是触动专职安全管理工作者借助专业知识开展实践工作的现实案例。

参考文献

[1] 胡闯,翟惟平.浅谈安全系统工程在安全管理中的应用[J].中国管理信息化,2017(15):64-66.
[2] 谭宇.安全系统工程练学思拓能力提升模式教学改革[J].科技创新导报,2017(18):232-233.

海外疏浚吹填工程中 OHSAS、SMS 双体系的具体应用

李 枫[1,2]，张 杰[1,2]

(1. 中国港湾西部非洲区域公司，科特迪瓦阿比让 06BP6687；
2. 中交广州航道局有限公司，广东广州 510220)

摘 要：结合科特迪瓦阿比让港口扩建项目，围绕 OHSAS、SMS 双体系的运行展开探讨。阐述其基本目的、流程以及运行原理，对该体系具体运行情况作总结，实际运行结果表明：该体系具有较强的指导性和可操作性，在未来一段时间内可以满足项目 HSE 管理需要。

关键词：疏浚吹填；HSE；OHSAS；SMS；双体系

1 项目概况

科特迪瓦阿比让港口扩建项目位于阿比让港，地处埃布里耶湖口东岸，濒临几内亚湾的北侧，是西非最大的集装箱港。

项目 2015 年 11 月 9 日开工，自开工以来，投入包括 10 000 m³ 耙吸挖泥船、3 500 m³/h 绞吸船、200 m³ 抓斗船组等 18 艘船舶，其中 500 总吨以上船舶高达 13 艘，在场人员高峰期达 309 人。

本项目合同规定项目 HSE 管理运行 OHSAS 安全管理体系，运行 OHSAS 安全管理体系是履行合同的要求，也是工程安全管理的需要。

在疏浚工程中，一是船公司会要求运行其自身建立起的安全管理体系，二是根据主管机关要求强制运行实施 ISM 规则。运行两种体系，对参建人员减少工伤事故和职业病以及船舶安全运转提供了较强的支撑。两体系在疏浚吹填工程 HSE 管控中作用相辅相成，OHSAS 体系体现出了对人员行为活动的管理、SMS 体系是以船舶为主体进行管理；两体系均从现代管理出发，对实现最终安全所需的组织机构、职责、程序、过程和资源作出了较为详细的规定。

2 实施目的和流程

2.1 目的

按照两体系中的职业健康安全和船舶安全管理的管理规范要求，遵循 OHSAS、SMS 管理体系的实施原则，结合项目的实际情况，将体系运行贯穿项目 HSE 管理的每个环节，保障体系有效运行，旨在实现项目 HSE 管理目标。

2.2 项目 OHSAS、SMS 体系建立

(1) OHSAS 体系

随着社会经济的快速发展,暴露出日益严峻的安全生产形势,HSE 事件频发,参建人员伤亡事故和患职业病比例增加,OHSAS 体系在此背景下应运而生,该体系是在全球范围内的安全一类系统规定标准[1]。

项目运行 OHSAS 体系文件主要从风险评估及法律清单、职业健康及卫生管理、绩效与监测记录、化学和危险物品、危险废弃物管理计划等 29 个大类出发。该体系在项目中以规范化、制度化、系统化的运行,并且建立出的 OHSAS 体系最大的亮点是对风险源进行源头识别,对于识别出的危险源进行全过程的管理。通过 OHSAS 体系一系列的运行较好地控制了参建人员的职业健康安全。

(2) SMS 体系

随着海运业的蓬勃发展,海上船舶航行密度大幅增加,船舶事故率增加,船舶一旦发生事故,将会给货物财产、船员生命和海洋环境造成巨大的危害[2]。1994 年在国际海事组织缔约国大会上确立了 ISM 规则为强制性规定。该规则要求船公司需建立、运行并动态更新一个安全管理体系(简称 SMS 体系),建立体系后经主管机关审核并发放"符合证明",船公司下属船舶在拥有"符合证明"的情况下,再经审核合格者发放"安全管理证书"。取得证书后,船公司可运行其 SMS 体系。

本项目疏浚吹填工作开工后,根据上级主管机关和船公司 SMS 体系要求,建立起本项目的 SMS 体系,项目 SMS 体系以行动管理为出发点,包含船公司安全保护方针、船岸联系桥梁、紧急反应及报告程序以及人事、海务、机务等方面。通过运行 SMS 体系,实现船舶工作规范化、行动程序化和作业记录文件化,从而将潜在安全和防污染活动置于严密控制之下。

2.3 运行原理

以 OHSAS、SMS 双体系运行为管理平台,在运行过程中实施责任分解,指导项目在场船舶、协作队伍实施。每月对各船舶 OHSAS 实施情况记录收集、检查、反馈、整改、归档。SMS 体系情况记录表船舶存档,每月项目经理部在月度 HSE 检查中对记录情况进行专项检查。每月对 OHSAS、SMS 体系运行情况进行有效性、适应性评价,所得评价为接下来运行体系提供参考。

3 体系运行情况

3.1 具体实施

(1) 建立健全组织结构,明确职责和权限

项目部成立后,为贯彻 SMS、OHSAS 管理体系,使之有效运行,按体系要求,建立、完善了生产组织机构、安全管理组织机构、应急组织机构等。项目部通过建立领导班子责任制,安排专职人员跟踪管理体系在项目中的运行情况,进一步加强体系机制建设。按体系文件要求,项目经理是安全生产第一责任人,项目部对每个岗位进行分工,明确岗位的职责和权限,并按岗位的职权在管理范围内实施管理和控制,全员参与保障管理方案的实施。

(2) 完善体系文件和专项方案

项目部按照 OHSAS、SMS 体系文件要求动态更新《危险源辨识、风险评价和风险控制程序表》，项目开工以来，共进行了 6 次全面的危险源辨识，系统确定出危险危害因素。依据 JHA（作业危险性分析）、STARRT（安全作业分析与风险降低讨论卡）对新出现的危险源进行评级，对三级以上危险源制定相应的预防控制措施，确保每个人或船的危险源得到体系的有效监控。

(3) 体系宣贯和培训

为确保管理体系的有效运行，贯彻落实管理过程的方案措施，使员工正确理解和认识管理体系要素，项目部有重点地进行适时的培训教育和交流，学习管理体系文件有关法律法规、标准、操作规程、安全知识培训，案例分析及安全教育等。

(4) 安全检查及纠正

项目部按照 SMS 体系中《HSE 检查制度》，对本工地船舶（含分包及租用船舶）的安全检查每月不少于 1 次，覆盖面 100%；对陆域施工现场的安全检查，采用日常安全巡视、月度检查和专项检查相结合的方法。检查出的缺陷记录到对应 OHSAS 表格中，截止到目前发现缺陷 213 项，全部完成整改，整改率 100%。

(5) 实施应急演练

为了更好应对安全事故的突发，对事故做出快速、有效的反应，项目部编制修订 SMS 体系中《生产安全应急预案》，并建立应急指挥机构，设立应急指挥部，同时根据现场实际情况和施工进展，不断总结改进；按规定保障应急资金来源，按需求配备应急物资，并组织学习、观摩和演练，持续提高项目部和船舶应急处理能力，截至 2018 年，共进行了 7 次大型船岸应急演练。

(6) 现场船舶安全管理

根据 OHSAS、SMS 体系的计划和组织能力要求，加强船舶航行作业安全和调度管理，保证现场安全管理工作连续高效。

全面切实加强非自航挖泥船或设备在港内拖带的安全管理工作，将船舶风险关口前移。提前做好相关沟通与准备，由方案计划制定到组织实施，将日常调度工作作为对自航船舶开展航行安全工作的重点，将防碰撞作为防范重大水上交通安全生产事故的关键点，重视对驾辅设备的检查和监控，及时提出意见，对发现问题及时整改；按照体系要求，加强船舶调度和应急管理，保证航行安全。当船舶进行本项目重大风险点施工时，均有较为专业的安全人员驻船，以双体系为引导，有效保证了完成施工重难点任务。

每天安排专人在船舶现场进行安全巡查，对现场人员作业安全、船舶装载安全、文明施工情况进行监控，并协调解决干扰现场安全生产的问题和隐患，巡查情况以 OHSAS 表格形式记录存档。

3.2 运行结果

科特迪瓦疏浚工程项目部在运行双体系期间，各项方针、目标、政策都得到了有效的落实，具有较强的指导性和可操作性，在未来一段时间内可以满足项目 HSE 管理需要。以双体系文件作为指导开展的各项工作，截至 2018 年 7 月，项目安全天数 981 d，安全工时达 1 039 136 h,未发生船舶交通事故、环境污染事故、工作人员伤亡事故、机损事故、车辆交通事故等。

4 结论

（1）OHSAS 和 SMS 双体系可以分别以船舶及人为出发点对疏浚项目进行管理,不受体系自身所带的缺陷所影响,较好的兼顾到投入项目实施中的设备和人员。

（2）双体系运行下的安全管控可在疏浚工程范围内广泛推广。OHSAS 体系重点在于对人的管理,着重点在危险源辨识、职业病方面,其不能反映出船舶突发情况及现场处置方案。SMS 体系着重点在于对船舶的管理尤其是对船舶操作程序上进行规范化管理,但其不能较好地对人尤其是职业病进行管理。OHSAS 体系、SMS 体系在疏浚工程中具有很强的互补性与兼容性。因此,运行双体系在疏浚工程中具有广泛的应用前景。

（3）由于 ISM 规则下的 SMS 体系和 OHSAS 体系均为国际性标准,在"一带一路"大的国家方针下,越来越多的疏浚企业投身到世界各国港口建设中去,因此 SMS 体系、OHSAS 体系在此背景下具有广泛的适用性和应用性。我们在学习和运行时,必须全面深入和理解两者基本精神,工作中应从实际出发,不能硬搬照抄。另外,项目职能部门须加大激励考核力度,全员参与,发挥参建人员的主观能动性,才能切实有效地做好项目安全工作。

参考文献

[1] 黄娟.浅谈提高职业健康安全管理体系(OHSAS)的有效性[J].广东造船,2013(03):92-94+60.
[2] 公茂顺.SMS 运行现状分析与探讨[J].中国水运(上半月),2019(05):36-37.

大型非自航疏浚船舶复杂条件下靠泊补给的安全管理

龙波明[1,2],鲁占营[1,2],张 杰[1,2],陈铭祥[1,2]

(1. 中国港湾西部非洲区域公司,科特迪瓦阿比让 06BP6687;
2. 中交广州航道局有限公司,广东广州 510220)

摘 要:以在阿比让港口扩建项目参建的大型非自航疏浚船舶靠泊补给为例,阐明在复杂水文和通航干扰条件下大型非自航疏浚船舶靠泊补给过程中的安全风险分析和应对措施,同时提出提升靠泊补给效率的具体建议,供类似工程参考。

关键词:大型非自航疏浚船舶;复杂水文;靠泊补给;阿比让港

科特迪瓦阿比让港口扩建工程为在港口现状情况下进行扩建。阿比让港位于科特迪瓦经济中心阿比让(Abidjan),其日常运营非常繁忙,港区和航道通航密度大。

根据阿比让港总平面布置图,运河航道东岸有四座油码头,其中三座可以正常加油补给,一座已损坏。港区内多数大型船舶的燃油补给通常靠泊运河航道东岸三个可使用的油码头进行补给。阿比让港运河航道为连接阿比让港区和大西洋的唯一通道,受每日潮汐涨退影响,退潮时段潮流较急,流速最大可达5节。

运河航道通航密度大和退水流速较急是大型船舶安全靠泊运河航道油码头燃油补给,特别是大型非自航疏浚船舶安全靠泊补给的重要影响因素[1]。因此,如何在运河航道通航干扰大且水文条件复杂情况下,做好大型非自航疏浚船舶靠泊补给的安全管理尤为重要。

1 大型非自航疏浚船舶参数

科特迪瓦阿比让港口扩建项目疏浚吹填施工投入多种类型的大型疏浚船舶,船舶类型有:耙吸船、抓斗船、绞吸船等。

抓斗船"东祥"是日本于1995年建造的第一艘200 m³抓斗式挖泥船,是目前世界上最大的抓斗船。"东祥"船长100 m,型宽36 m,型深6 m,吃水3.6 m,总重6 985 t,总高45 m,见图1。

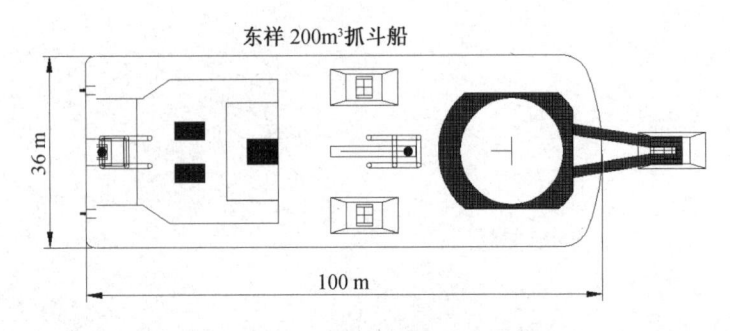

图1 200 m³抓斗"东祥"平面尺寸图

大型非自航绞吸船"新宇航 3"船长 97 m,型宽 17 m,型深 4.8 m,吃水 3 m,总重 1 922 t,净重 576 t,钢桩高 40 m。

2 运河油码头自然环境和通航条件分析

2.1 风的影响

阿比让地区风向多变且风速较小。阵风瞬时风速可达 20～30 节,但发生频率较低,持续时间短。一年中超过 30 节的风速(7 级风力)累计时间约 3 d。每年的 4—7 月及 9—11 月的雨季存在突风骤雨。

2.2 波浪影响

波浪从深海通过运河航道传到潟湖内的港池传播过程中产生较大衰减,对潟湖内影响小。影响工程建筑物的主要为小风区风浪,百年一遇的波浪为 $Hs = 0.6$ m($H_1\% = 1.0$ m)。统计数据分析,外海海况的分布规律为:每年的 6—8 月为最差时段,有有效波高>2 m 以上的波浪出现;其次为 5 月及 9 月;每年的 12 月至次年 1 月海况相对较好,有效波高<1.5 m。外海海浪对大型非自航船舶靠泊运河东岸油码头过程基本无影响。

2.3 退潮水流影响因素

阿比让海域属不规则半日潮,潮差较小,最大潮差≤1.3 m。水流作用在连接潟湖与海的运河通道中的影响很重要,特别是口门处由于导流堤形成的瓶颈效应,会对运河航道形成冲刷作用[2]。经统计计算,在雨季落潮时段弗里迪运河退潮时的最大流速高达 5 节。退水流速较快,增大了拖轮拖带大型非自航船舶靠、离泊运河油码头的操作难度。

2.4 航道有效通航尺度影响

阿比让港口扩建项目实施之前,航道有效通航尺寸较小,大型非自航疏浚船舶,特别是船长 100 m 左右的船舶,在靠、离泊运河航道油码头过程中因受紊流和突风影响,拖带过程船位控制难度增加,容易产生较大安全风险。

2.5 运河航道通航密度影响

根据阿比让港口运河航道通航情况统计分析,弗里迪运河通航船舶类型有货船(集装箱船、散货船、滚装船)、油轮、施工船、渔船、客船、拖轮等,中、大型船舶以货船、油轮及施工船为主;90 m 以上的中、大型船舶船长主要分布在 15～200 m 之间,船宽分布在 25～30 m 之间。

经统计分析,弗里迪运河航道单日通航次数约为 14 次,船舶单次通航时间约为 15 min,单日各船舶航道占用总时间约为 3.4 h;运河通航船次及航道占用时间在时间跨度上分布较均匀,全天各时间段以及各周次分布基本相同。

随着施工船舶的陆续进场,航道使用频率将大幅增加,单日通航船次约 110 次,通航密度的上升增加了对大型非自航施工船舶安全靠、离泊油码头的通航干扰风险。

3 复杂条件靠泊补给的安全管理

阿比让港口船舶燃油补给泊位主要位于运河中的 PETROTI SOUTES 码头,能满足船舶吨位大、船舶尺度长、燃油需求量大等条件。该泊位专用油码头总长为 70 m,为高桩墩式码头结构,码头的三个墩台及码头陆地上均有带缆桩,项目部的大型抓斗船、绞吸船均超过此码头长度。运河航道存在退潮时段流速超过 5 节,水流复杂、水域狭窄、通航环境复杂等难点,已超越了一般燃油补给,具有较大的操作难度。

3.1 大型非自航疏浚船舶靠泊运河油码头风险分析

科特迪瓦阿比让港口处于埃布里耶潟湖中,连接潟湖与大西洋的是弗里迪运河。弗里迪运河总长度为 3 km,有效通航宽度约为 250 m。因弗里迪运河航道水域狭窄、复杂的水流情况和繁忙的船舶通航,结合项目在场船舶特点,分析得出在弗里迪运河内的油码头进行燃油补给过程中存在的风险点如下。

运河呈狭长特征,全天候通航,船舶通航密度大,运河北口门频繁有轮渡及小渔船横穿运河,非自航施工船舶在拖航时避让操作难度大。

运河航道内水流速度较大,退潮时高达 5 节,且在某些区域流压角较大,易造成船舶的操纵难度增大,特别是拖带非自航船靠泊时极易压船。

运河航道水流急,通航宽度约为 250 m,船舶在运河中调头靠泊油码头存在较大风险。

油码头总长度为 70 m,对超过 70 m 的船舶靠泊和带缆操作难度大。在靠泊油码头加油过程中,需要带 4 条陆地缆,需要油码头带缆艇配合。

油码头加重油速度较慢,船舶靠油码头时间长。加油时间跨度长,此间经历运河涨退潮水流速度最大时刻,船舶会产生移位,拖轮在旁待命配合非自航船加油过程。

部分船舶供油管与接口不匹配,若采取油管直接加油,当油速过高时,会产生管头弹摆,存在造成物体打击和溢油风险。

3.2 制定靠泊补给安全控制措施防范风险

针对以上基于油码头工况和船舶特性进行的危险源分析和风险评价,制定安全控制措施,加强靠泊加油过程跟踪和监督,以保证靠泊加油期间的船舶安全和无事故发生。

靠泊过程中,密切保持与阿比让港调及项目通航协调室沟通联系,在大型非自航船靠泊运河油码头加油时,项目部安排专人在港调室值班,及时了解运河航道中船舶动态,提前确定避让措施及靠泊方案。

准备靠泊前,密切观察运河航道水流速度,选择水流速度小于 1 节的时机拖带大型非自航船至运河油码头。所有船舶选择在高平潮时靠泊加油,避开退潮时段进行靠泊作业。靠好油码头后,为避免水流影响使船舶移位,船舶应下锚固定。

拖带大型非自航船舶在运河调头靠泊过程中,拖船和被拖船应保持充分瞭望,与运河相邻的已靠泊船舶及当地渔船注意保持安全距离。

项目部的商务部门应提前与船舶代理确认好带缆艇时间,避免造成大型非自航施工船舶到油码头后不能及时带缆,影响船舶靠泊顺利进行。

对于加油量大和时间较长的大型非自航船舶,为避免长时间运河水流急造成船舶移位,应在靠泊后及时下锚固定,根据涨退潮及时调整缆绳受力情况。

码头油管油泵启动前,对加油管连接和固定情况进行检查,确认油管出油口绑扎固定完善;在加油前,应做好防溢油的准备工作;在拆装加油管时,检查和确保加油管内已无压力和燃油;拆装动作一定要熟练、防止溢油,在吊起加油管时要先装好封板;吹气的油舱一定要有足够的剩余舱容。严格控制加油速度,保证在出现问题时,有足够的反应时间;当班轮机员及其他机舱人员应熟悉掌握各加油仓的管路和转换阀门,确保在异常情况发生时,能及时排除问题;船舶应按照ISM规则要求,定期进行防溢油演习,熟练掌握船舶溢油应变部署表中各自的分工内容,确保当溢油发生时,能及时反应并采取有效措施减少损失。

3.3 靠泊补给合理分工提高效率

为确保大型非自航船舶顺利地进行靠泊补给燃油,需要项目部通力合作,保证足够的岸基支持。

船机部门负责及时关注施工船舶剩余存油量,做好加油计划;及时与加油供应商取得联系,并确定好加油数量和日期;负责现场加油数量和油品质量监控。

4 结束语

通过对大型非自航施工船舶靠泊运河油码头补给过程进行风险分析,制定出大型非自航施工船在复杂水流条件下靠泊补给的安全控制措施。在具体实施过程中,项目部和需要加油补给的大型非自航施工船提前策划,项目部和船舶合理分工,选择合适的时机,充分沟通,安全、高效地完成船舶靠泊和燃料补给,不断总结经验,持续改进,为项目的顺利实施提供有力保障。

参考文献

[1] 王宏标,谢广伟.超大型油轮复杂水文条件下靠泊方案探讨[J].世界海运,2019(06):41-45.
[2] 李大超.超大型船舶靠泊曹妃甸矿石码头的操纵要点[J].港口经济,2017(03):61-63.

提升航道疏浚施工中根源式安全隐患排查水平的措施

田 磊[1,2]，钱忠华[1,2]

(1. 中国港湾西部非洲区域公司，科特迪瓦阿比让 06BP6687；
2. 中交广州航道局有限公司，广东广州 510220)

摘 要：近年来，我国航道疏浚事业快速发展，沿海各大城市港口吞吐量与日俱增，有力地推动了当地经济平稳向上增长。然而，随着航道疏浚工程建设规模的日益扩大，各项目的安全隐患排查意识及水平停滞不前，施工期间的安全事故发生率也呈逐年上涨趋势，给工程建设、管理单位带来了诸多困扰。在此情况下，如何从源头着手，进一步提高航道疏浚施工期间项目的安全隐患排查水平，保障工程生产安全，成为摆在所有工程参建单位面前一道亟需解决的重点问题。本文介绍了现阶段几种常见的、潜在的、易对项目安全生产造成重大影响的根源式风险及隐患，并提出了相应的排查、解决措施，对于今后类似问题具有一定的参考价值。

关键词：航道疏浚；安全生产；根源式隐患；排查

1 航道疏浚施工中常见的根源式安全隐患

在工程建设过程中，安全事故的发生绝非偶然。无处不在的安全风险、隐患间看似毫无关联，实则环环相扣，潜在的根源式隐患倘若得不到及时有效的辨识、排查，必将诱发各式各样的风险及隐患，最终导致安全事故的发生，对工程形象及进展造成负面影响。通常而言，航道疏浚施工中常见的根源式隐患有以下几点。

1.1 安全生产管理意识不到位

随着国家、集团、各级公司对安全生产的日益重视，施工人员的安全防护设备较以往有了明显升级，自我保护意识也有了大幅提升，但在工程建设过程中，"生产高于一切"的管理理念仍时常可见，部分管理人员未在思想上扭转安全与生产的关系、地位，在安全生产管理意识上仍存在较大隐患，对安全工作重视程度不足，最终导致工程事故的不断发生，拖累整个工程的进度及效益。

1.2 安全管理体系及制度不健全

传统航道疏浚工程多涉及航道的拓宽、浚深等临水或水上作业内容。工程中"安全管理体系庞杂""安全管理制度繁多"是该行业安全管理工作者普遍面临的问题。因而在工程实际施工过程中，受限于人员的配置、知识结构及专业化水平等，施工现场通常在安全责任、安全监管、隐患排查规程、安全费用投入、安全奖惩等方面的体系制度不够明确、清晰和完善，致使管理人员在隐患排查及治理过程中容易出现权责不明、流程不对、积极性与针对性不强等现象，甚至产生推诿扯皮、推卸责任等问题，最终使安全隐患预防、整改率不断降低，事故重复出现率持续升高。

1.3 专职安全员配置不全面

相较于其他工程领域,航道疏浚具有"水上施工、陆地管理、水陆联动"的鲜明特点,导致现场安全管理涉及面广、内容多,在一定程度上加大了对专职安全员数量的需求[1]。然而,近年来因疏浚市场的蓬勃发展,施工项目逐年增多,项目中专职安全员的配置数量通常难以满足工程安全管理要求。同时,"安全队伍年轻化""专业知识储备欠缺""管理经验不足"等问题的出现,也使得项目专职安全员的配置难度大大提升。而项目专职安全员倘若配置不全面,将在一定程度上降低工程安全隐患的排查水平,增大安全事故的发生概率,给工程的顺利进展造成严重影响。

2 提升根源式安全隐患排查水平的措施

2.1 提高安全觉悟,加强组织领导

排查安全隐患应从思想扭转上着手。通过培训学习与精神宣贯,彻底改变对待安全隐患的"无畏"态度,帮助一线作业工人在内的全体人员牢固树立"隐患就是事故"的理念,突出施工安全隐患排查与整治的重要地位,逐步形成安全隐患"零容忍"的排查氛围,在思想上将保安全与促生产"划等号",除事故于未然。

要严格执行"一岗双责",切实加强组织领导。将工程安全管理成果纳入个人业绩成就考察范围,督促领导层及管理人员提高对风险隐患的敏感程度,将风险隐患排查工作视为确保施工安全的重要抓手,充分利用领导的资源协调能力及组织号召力,带动参建员工加大安全隐患排查力度,在领导小组科学有序的统筹规划及强而有力的工作推动中,逐步实现安全生产隐患排查治理常态化,切实提高工程风险防控能力及水平。

2.2 建立健全安全保障体系、制度

系统而全面的安全管理体系、制度,是指导排查各类安全隐患的重要依据,也是落实各项安全管理措施的坚实基础。而在制定各项体系、制度之前,应首先根据工程性质、规模、进度、人员数量及所用机械设备等情况,预判并列明工程中潜在的安全隐患及风险,根据其最大影响范围及程度,划定相应的排查、防控等级。而后,应采用分级管控法搭建"权责清晰、协作共进、全员参与"的施工安全保障体系及制度,建立"一一对应、流程细致、标准规范"的安全隐患辨识、排查系统,保证施工过程中的安全管理工作始终处于可控范围内。

2.3 贯彻落实安全生产责任制

做好安全生产责任、管理权限的定义与划分,对提升项目整体安全管理水平具有重要意义。为此,要制定详细明确、适用性强的项目风险清单、隐患清单、责任清单,将施工过程中的可能产生的安全风险、隐患及责任"清单化""列表化",并组织全体员工共同学习,确保每位项目成员掌握熟悉;要定期对人员密集场所及常用作业场所开展安全隐患排查工作,及时公布、通报检查过程中发现的安全问题,根据问题情况追究负责人管理责

任并限期整改,以"蚕食"形式逐步将安全隐患排查彻底;此外,要坚持"举一反三",详细了解现场隐患分布情况,深层次剖析隐患、问题成因,根据已查明隐患推测其他潜在问题,不断细化员工安全生产责任制,修正项目"三张清单",提高安全隐患排查的效果,提升项目施工安全水平。

2.4 明确安全隐患排查治理流程

做好项目危险源辨识及安全风险评估是有序排查各类施工风险、隐患的重要前提。项目安全管理人员应在工程建设前,深入分析当下疏浚工程实际环境(外部环境及内部环境),参考施工安全标准、规范,结合工程施工进度计划,建立清晰全面、节点明确的施工危险源辨识与风险评估表,重点关注施工过程中的危大工序所带来的安全风险,针对影响性较大的根源式安全隐患,应充分明确相应隐患排查范围及原则,做到防患于未然。

要根据隐患、风险清单有计划、有针对性地展开安全隐患排查,常规化、常态化开展安全检查,逐步将排查范围逐步扩展至工程施工中的方方面面[2]。针对检查中发现的安全隐患影响级别,要及时采取必要的控制措施。对于现场一般隐患,要及时进行消除,并加强对员工的培训和教育,提高现场带班负责人及工人的隐患排查意识,加大排查力度及广度,提升现场安全环境;对于现场重大隐患,特别是人员相对较少的高空以及临水作业,要先制定专项整改方案,经领导批准通过后,由专职安全员进行现场监督实施,严格落实隐患治理措施,做好整改闭合工作,杜绝重大安全事故的发生。

要做好对安全隐患排查工作的全过程跟踪及备案。定期召开施工安全风险分析会,追踪各部门前期安全隐患排查治理结果,并对当期发现的安全隐患及风险进行集中分析、讨论,制订切实合理的排查计划及方案,做好追踪落实。对发现并排除的隐患、风险进行及时分类、汇总、统计,做好经验总结,逐步形成信息化隐患排查数据库,为今后类似安全隐患的排查治理提供可鉴案例,指明发力方向,提高工作效率。

2.5 强化学习教育,打造安全管理团队

配置、培养符合工程需求的安全管理团队,是快速提升项目安全管理专业水平、提高安全隐患排查治理效率的重要手段。考虑到航道疏浚工程安全管理范围广、内容复杂,对安全管理人员的知识储备及专业水平要求较高,若想快速、准确地识别施工中存在的安全隐患,为项目安全生产提供系统化、专业化排查治理方案,需不断提升现有安全管理团队的专业化水平。要为安全管理人员提供形式多样、内容丰富的培训教育,通过持续专业的学习,帮助其在熟悉、掌握现场施工工艺、作业环境的基础上,将安全规范标准、法律法规灵活运用于现场安全管理,拓展安全隐患排查的广度、深度。

2.6 加强监督检查,确保工作有序推进

加强监督检查有助于推动提升项目安全隐患排查治理的效率、效果。要落实安全自检制,各部门定期组织开展安全自检活动,梳理现场范围内的安全隐患,并及时排查整改,保证各部门所辖人员及设备的生产安全;要加强领导带班检查,积极发挥领导的带头作用,通过身体力行提高全体成员对安全管理工作的重视程度,督促各项安全整改措施

抓紧落实；要加强对现场工作程序的监督管理，督促施工人员严格按照安全技术交底、安全技术规范展开作业，把各项安全保障措施落实到每项施工工序中去，尽可能避免安全生产事故的出现；要组建项目巡视组专家库，定期对项目进行安全生产巡查，利用其专业性和权威性，帮助项目安全管理人员更彻底、深入地开展隐患排查，确保整改到位；要推行"发现隐患，排查有奖"的激励制度，鼓励广大一线员工参与隐患排查治理，提升项目风险防控能力及水平。

3 结束语

近年来，施工中因安全思想意识松懈、管理体系制度匮乏、安全团队配置不全而引发的各类事故屡见不鲜。由于航道疏浚工程多为海上全天候作业，员工工作环境相对危险，倘若常见根源式安全隐患得不到有效的排查治理，必将引发无尽的祸患。因此，探索如何提升航道疏浚施工期间的根源式安全隐患排查水平，对于打造安全作业环境、保障工程顺利进展具有十分重要的意义。

参考文献

[1] 周伟文,陈慧军.上海市内河跨航道桥梁水上安全隐患处置对策[J].中国水运(下半月),2017(06)：51-52.
[2] 周明.港口航道施工中常见的安全问题及措施[J].科技创新与应用,2017(14):194.

抓斗船在封航施工中的安全管控措施

王 特[1,2]，谢 青[1,2]

(1. 中国港湾西部非洲区域公司，科特迪瓦阿比让 06BP6687；
2. 中交广州航道局有限公司，广东广州 510220)

摘 要：结合弗里迪运河疏浚工程，该项目采用抓斗式挖泥船以"半天封航，半天通航"的方式施工，综合考虑运河封航施工中的安全风险因素后，提出了具体安全管控措施，包括施工前准备、合理选择施工时间、建立完善的沟通与检查机制、增强船舶驻位能力以及落实船舶施工安全措施等内容，以此为相关工程提供参考。

关键词：抓斗式挖泥船；航道疏浚；封航施工

在港口的扩建中，为提高港口的运营能力，需要对原有航道进行升级改造，以增强通航能力。但在航道施工中，受土质或风浪、水流等条件的限制，必须采用对通航干扰大的抓斗式挖泥船进行疏浚施工。因为抓斗船在施工过程中，依靠锚缆定位，为了确保安全，需要临时关闭航道后才能安排抓斗船驻位施工。同时为了避免疏浚施工对港口的运营造成过大影响，一般采用"半天封航，半天通航"的方式进行施工，以同时兼顾施工和港口运营。采用此作业方法，需在封航开始时，临时关闭航道，抓斗船驻位施工；封航结束前，抓斗船及时撤离，恢复通航。在这种施工模式下，抓斗船需要频繁起锚移船，存在许多安全隐患，因此只有加强施工中的安全管控，制定应对措施，才能保证施工安全。

1 工程概况

阿比让港口扩建项目是中非合作的典型项目之一，位于科特迪瓦经济首都阿比让市。弗里迪(Vridi)运河疏浚工程是该项目的重要分项工程之一，施工内容是对弗里迪运河航道在原有基础上进行拓宽和加深，以满足第五代集装箱船(载箱量 6 000TEU，满载吃水 14.5 m)全天候进出港的需要，同时需对运河口门处东西防波堤进行拆除和重建。弗里迪运河航道长 4 552 m，宽 250 m，需由港区内向外分区段疏浚至 −16.5 m，−18.0 m，−18.5 m，−19.0 m。考虑到运河口门段土质为块石混砂，加上建造旧防波堤时，在运河底遗留大量粒径 2m 以上的大块石，因此在运河疏浚施工中需要采用对通航干扰大的抓斗式挖泥船施工，而无法采用机动灵活、对通航干扰小的耙吸船施工。

2 运河封航施工中的安全风险因素

2.1 小渔船对封航施工干扰大

在弗里迪运河周边，许多居民都以打渔为生，他们经常驾驶小渔船在运河内以及运河口门外撒网捕鱼，昼夜都有渔船进出航道，不受封航管控，给施工带来安全隐患。特别是在夜间施工时,由于视线差,渔船过于靠近抓斗船,极易造成人员伤害,出现安全事故。

2.2 受潮水、风浪影响大

弗里迪运河南临几内亚湾,与大西洋连通,全年西南风。受上游来水、海上的西南季风和涌浪影响,运河内涌浪大,水流急。在大潮期,有效浪高可达 2.5 m,最大退水流速可达 5 节以上。在这种海况下施工,抓斗船定位锚走锚风险、锚缆断裂风险、泥驳与抓斗船之间缆绳断裂的风险都比较大;且泥驳在靠离抓斗船时,受急流影响,航行控制难度大。

2.3 施工船舶无自航能力,机动能力差

抓斗船靠艏艉四个锚定位,无自航能力,施工过程中机动性差,遇到突发状况,无法依靠自身动力躲避危险,撤离到安全区域,需要借助拖轮、泥驳等辅助设备。

2.4 施工作业人员伤害风险

运河航道内涌浪大、水流急,船身摇晃剧烈,加上抓斗船船舷无掩护,施工作业人员极易发生落水风险;泥驳船靠驳施工时,缆绳容易断裂,给解缆带缆人员带来人身伤害;抓斗船施工时船身摇晃,船上的机械备件可能会发生倾倒,给工作人员的人身安全带来隐患。

3 运河疏浚施工的安全管控措施

弗里迪运河疏浚施工时间紧任务重。但是,越是这样越容易出现安全事故。因此在施工过程中,不仅要抓生产,还要抓安全,只有安全、生产两兼顾,才能保证工程高效进行。在该航道疏浚工程中,应采取一系列措施,对运河疏浚施工进行安全管控,杜绝安全事故发生,保证安全生产[1]。

3.1 施工前安全准备

(1) 认真贯彻"安全第一、预防为主、综合治理"的方针,层层落实安全生产责任制,将责任明确到个人身上,建立安全管理保证体系。

(2) 结合实际情况编制项目《安全技术交底书》。船舶进场施工前,由工程技术人员、HSE 人员组队登船或到施工现场,对船舶进行安全技术交底,告知并提供船舶相应的施工文件、图纸、技术要求资料,在完成交底后进行签名确认,并督促船船干做好层层交底工作。

(3) 加强应急管理。对施工过程中存在的安全隐患和可能出现的突发状况以及危险来临时的应对措施作出详细的说明,并组织全体班组工作人员认真学习,并在现场组织抓斗船组进退场演练、走锚断缆演习等,提高船岸人员的应急反应速度和应急能力。

3.2 选择有利船舶施工的封航时间

科特迪瓦阿比让港口属于不规则半日潮,退潮时,水流急涌浪大,涨潮和平潮时候航道内水流相对较平缓,有利于抓斗船施工。鉴于这种情况,应提前做好潮位预报,合理规划时间,挑选出海况良好的时段施工,避开水流急的退潮时段,这是应对航道内施工条件

恶劣的有效措施。积极与当地港务局沟通,协调好商船的进出港时间,排出有利于船舶进行航道施工的封航时间表,选择在退潮时段开放航道通航,涨潮和平潮的时段限制通航,进行封航施工。

3.3 建立通航协调小组

弗里迪运河封航施工工作,不仅涉及多家施工单位、船舶,还涉及港口的运营、国际商贸等,工作环节十分复杂。加上科特迪瓦官方语言为法语,船舶施工人员大多不会讲外语,沟通极为不便。因此,由业主牵头,多家单位合作,组建运河施工通航协调小组,建立通航协调室,建立良好的沟通机制,搭起畅通的沟通渠道,协调施工船舶与施工船舶之间、施工船舶与来往商船渔船之间的相关通航事宜[2]。封航施工时,施工船舶一切行动必须听从通航协调室的指挥,船舶所有动态都必须向通航协调室汇报,待批准后,才能进出封航区。通航协调室 24 h 值班,并配备足够的安调和船机人员,及时解决施工现场的安全问题和船机故障,消除封航安全施工隐患。

3.4 建立完善的安全检查机制

3.4.1 安全检查

项目部通过开工前安全巡查、每日巡查、月度定期检查、专项检查、季节性检查和配合业主进行联合检查等多种方式排查船舶隐患,同时结合安全生产要求,多次开展安全生产大检查,力求隐患排查工作"纵向到底、横向到边、不留死角、盲区",对发现隐患问题开具整改通知,明确整改责任人,专人跟踪和督促整改进行情况,确保存在隐患按要求及时整改,并将安全事故隐患治理情况按期复查,复查合格后进行销项,并形成文字记录。

3.4.2 船舶自查

为保证船舶装载及航行安全,项目部组织船舶进行自查活动,并编制《泥驳航行前安全检查记录表》《自航船靠、离泊(抓斗船、码头)安全检查表》,督促各施工船舶在不同海况下的航行施工要求,对照表格进行自查装载量、船机状态、通导设备、系泊设备等情况。在施工过程中,坚决做到不超载、不在恶劣海况下施工。

3.5 增强船舶驻位能力

抓斗船施工时,船艏采用"八字锚",船艉采用"交叉锚"的方式固定船舶(见图1),可以在每个锚缆末端与锚连接处增加一节约 10 m 长的锚链,锚链质量大且可以紧贴泥面,锚链与泥面之间的摩擦力可以有效降低走锚的风险。必要时可以根据船舶自身的情况增加一组锚定设备作为备用锚,增加船舶的驻位能力或应急能力。另外,可以结合锚艇的起重能力更换质量更大的锚或在原有锚的基础上"串联"一只小锚形成"一缆双锚",以增强抓力,提高船舶驻位能力。

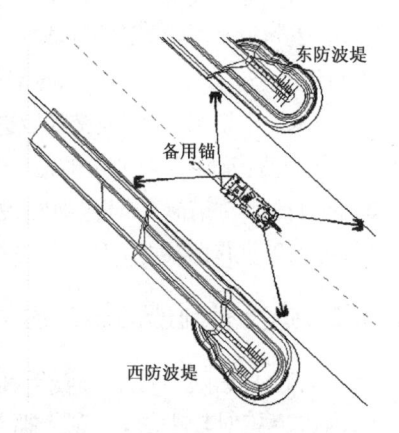

图 1 抓斗船增设备用锚

3.6 船舶施工安全措施

（1）完善抓斗船移锚制度和大浪预警制度。每天及时查看几内亚湾的天气海浪预报和运河航道的天气预报并通知到各个船组人员，遇到恶劣天气海况，提前移船退出航道，到安全水域锚泊。

（2）合理规划施工区域，保证施工船舶之间留有足够的安全距离，相互之间没有干扰。施工船舶装配高频，施工船舶之间有统一的高频频道，保持与港调以及其他船舶的联系。

（3）封航施工过程中作业人员应观察锚缆受力情况并及时调整锚缆均匀受力。夜间施工时，加强值班巡逻，在锚链浮筒上装配锚灯，以便能准确找到抛锚位置。

（4）抓斗船锚位每次展布或移位后，均须进行测量定位，并将锚位坐标及时上报给通航协调室，由通航协调室知会港调及其他船舶，若不满足要求，应及时进行调整。

（5）各船舶必须保证施工作业及航行的最低配员，严禁人员疲劳作业。

（6）操作人员应严格遵守船员值班制度和交接班制度，落实岗位责任制。

（7）严格执行有关设备操作规程和须知，安全作业。

（8）封航施工，提前准备驻位，封航结束前及时撤出。

4 结束语

在弗里迪运河封航疏浚施工时，存在的安全风险特别大。在实际施工过程中，应对运河施工中的存在风险进行细致的分析，制定合理的安全管理措施，才能防止在封航施工时发生安全事故。采用以上安全管控措施，既保证了阿比让港口的正常运营，又保证了运河航道的施工安全，提高了施工效率，真正做到了运营和施工两不误，对此类项目的经营和实施有重要的借鉴作用。

参考文献

[1] 赵文戬.航道疏浚工程常见问题及治理措施[J].中国水运,2016(12):35-36.
[2] 董帅帅,闫继红.海外项目施工船舶通航协调沟通机制究[J].中国水运(下半月),2019(05):27-28.

自航挖泥船在狭水道施工的安全管控

张 杰[1,2]，戴文安[1,2]

(1. 中国港湾西部非洲区域公司，科特迪瓦阿比让 06BP6687；
2. 中交广州航道局有限公司，广东广州 510220)

摘 要：在港口疏浚工程中，为了保证生产以及施工效率，一般采用"边通航边施工"原则进行作业，而自航挖泥船在此施工过程中常会遇到复杂的通航环境，文章结合阿比让港口扩建工程，对影响该项目施工风险因素进行分析，包括人为因素、航行水域条件因素、自然条件因素、交通因素等内容，并针对上述原因提出具体安全管控措施，以此提升港口施工的整体质量。

关键词：自航挖泥船；复杂环境；狭水道

1 施工环境概述

自航挖泥船常会伴随着外界复杂的通航环境进行施工，其中广义上的通航环境是指船舶运动所处的空间与条件，包括以下3个方面。

航行水域：由港口和航道组成。港口水域包括调头区、锚地、停泊区、港池等；航道则是由满足条件的净空高度、深度、宽度和弯曲半径组成，通常用航标表示。

自然条件：由气象、水文、泥沙和底质等条件组成。气象水文条件包括水流、潮汐、波浪、风、能见度等；底质表示海底为淤泥质、礁石、沙、珊瑚礁等；泥沙条件是指港内泥沙来源及其冲淤变化对通航水深的影响。

交通条件：指港口和航道的布置情况、助航标志和实施、船舶间的沟通、交通调度管理、交通流量和密度。

自然条件中能见度不良与施工区水流情况对自航船航行施工的影响较大，造成能见度不良的自然条件主要有雾、雪、雨、雹；水流对船舶航速、冲程、舵效、旋回等船舶操纵性能产生一定的影响，船舶顺流航行时，实际航速加大，对地冲程增加，舵效变差；反之顶流航行时，舵效变好[1]。

在港口航道疏浚工程中，绝大多数港口方为了不影响其正常的生产运转，同时又能保证疏浚施工的效率，通常采用"边通航边施工"的方法，这就需要自航挖泥船在航行施工过程中，切实加强施工船舶的责任，规范船舶严格遵守有关规定和控制程序，加强对自航挖泥船在狭水道内施工的安全管控显得尤为重要。

2 9 000 m³自航耙吸式挖泥船及其依托工程简介

2.1 9 000 m³自航挖泥船简介

本文以广航局9 000 m³耙吸式挖泥船"浚海1"为例，该船长125 m，宽25.4 m，型深

9.8 m,空载吃水 4.7 m,满载吃水 8.35 m,空载排水量 6 000 t,满载排水量 23 000 t,最大挖深 39 m,最大航速 14.5 km,双车双舵。"浚海 1"主要挖泥设备及参数如表 1 所示。

表 1　"浚海 1"具体参数

参数名	参数值	参数名	参数值
主机功率	11 560 kW	主机类型	柴油机
侧推功率	450 kW	额定转速	750 rpm

2.2　依托工程简介

"浚海 1"在科特迪瓦阿比让港口扩建项目运河疏浚施工区域如图 1 所示,运河航道总长度 4.552 km,设计宽度 250 m,设计挖深－16.5 m～－19 m,边坡比 1∶5、1∶8。

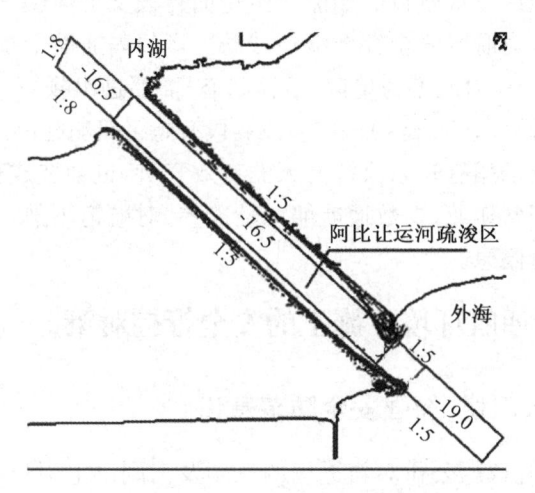

图 1　"浚海 1"运河航道施工区域(单位:m)

3　复杂环境下狭水道内施工潜在风险影响分析

3.1　人为条件因素的影响

自航挖泥船在航行过程中,部分驾驶员会不按要求遵守海事类相关法律法规。在紧急情况下,心理素质能力不强,不能按要求履行自身的职责,不能运用良好的船艺来操纵船舶;在国外施工过程中,经常会发生与外籍船舶会遇的情况,当班驾驶员能及时与外籍船舶取得联系并确定避让方案,对船舶安全航行显得尤为重要。

3.2　航行水域条件因素的影响

科特迪瓦项目运河呈狭长特征,该工程具有通航施工的作业要求,运河通航宽度约 250 m,最窄处位于运河口门,运河口门施工情况下通航宽度约 135 m。运河航道口门段存在海底管线(水管、电缆),埋设标高接近疏浚标高,施工过程中存在碰损风险;防波堤堤头附近航道海底面存在大量散落块石,疏浚清除难度大。

3.3 自然条件因素的影响

航道内水流速度在大潮汛时最高可达 5 节左右,且在某些区段流压角较大,易形成船舶的操纵性风险。科特迪瓦为热带雨林气候,进入雨季后(6—10 月份)以后,施工面临强对流天气导致的暴雨、强风、突风,以及由此产生的强涌浪、大雾等不利环境因素的影响[2]。

3.4 交通条件因素的影响

科特迪瓦阿比让港工程具有通航施工的作业要求,船舶通航密度大,施工船舶与通航船舶之间的交会频率较高,避让难度大,工程风险加大。根据作业需要,耙吸船在航道内逆向作业时,与航道内正常航行的船舶产生逆向行驶交会风险。夜晚,运河航道中央有大量渔船撒网捕鱼,对航行安全存在潜在威胁。运河内通航干扰较大,施工避让压力大,具体可表现为:(1) 运河航道为单向、运营状态,商船进出频繁;(2) 航道内有正在运营的油码头以及引航码头;(3) 运河口门防波堤段有施工船舶驻位。

此外,在运河通航船舶有时未保持高频的有效守听,也会造成耙吸船紧急避让的局面,影响了耙吸船的正常作业,少数通航船舶性能差、对航道不熟,容易对耙吸船的作业造成影响,并带来安全隐患。

4 耙吸船在复杂通航环境下施工的安全管控对策

4.1 提高船员准入门槛,加强安全防范意识

科特迪瓦项目部建议船公司对新进场的三副及三副以上岗位员工的英语口语能力进行把关,严格遵守《阿比让港口运行条例》《1972 年国际海上避碰规则(2001 年修订版)》,正确显示、悬挂施工航行的号灯、号型、号旗,以及与本工程有关的通告规定、项目经理部制定的各项安全措施,做到及早联系,主动避让。严格执行公司、经理部和船舶的各项安全措施和岗位安全操作规程,开展反"三违"活动。

4.2 规范本船助航设备、制定合适安全措施

船舶需配备足够的 VHF 高频电话及通信设备,以满足安全施工的需要。VHF16 频道为船舶共同安全频道,用于船舶之间的呼叫,船舶动态通报和交会避让措施;VHF12 报告频道用于船舶向港调报告船位、锚位、船舶动态。船舶在施工期间保持收听 VHF16,与其他施工船舶联系时使用 VHF73 频道,与阿比让港调联系或收听信息则使用 VHF12 频道。工程船根据本船性能、工地的施工环境和特点,制定本船在本工地的施工避让安全措施、能见度不良施工安全措施等,报工程项目经理部批准后执行。

4.3 运用良好船艺、建立沟通机制

船舶驾驶员应注意风、流的影响,正确使用车、舵,使用安全航速谨慎操作,施工船在

施工避让时应根据本船的特点做到早让、宽让。因施工需要掉头挖泥时,应选择航道宽度为船长的1.5倍以上。船舶应服从阿比让港调的指挥,积极主动与港调取得联系,随时掌握大型进出港船舶的动态,同时做到加强瞭望,主动与进出港船舶、周围施工的船舶密切联系,协调避让动作,从而保证船舶间的安全交会。在施工或航行时应加强瞭望,夜间施工或航行要特别注意避让进出港来往船舶。在高频通话时应注意文明礼貌,严禁开斗气船;船舶挖泥手应严格按照疏浚标高下放耙的深度,不得超挖;当对向有来船时,及时起耙避让至运河东侧,待驶过让清后,恢复运河施工。

4.4 关注自然条件,灵活处理变化

施工期间每日收听气象预报和海事部门发布的安全航行信息,船舶根据气象预报采取相应的防范措施。在雨季施工期间,施工船舶应特别注意加强瞭望,做到宽让,以免发生渔船碰撞或渔网缠绕桨叶事故;采取适合当时环境情况和能见度的安全航速,谨慎驾驶。当能见度<1 000 m时,施工船舶应与其他船舶保持足够安全距离,并与港调保持有效联系;如能见度较差,挖泥船应停止作业,择地锚泊,并报港调。船舶施工作业时必须打开"船舶自动识别系统(AIS)"设备,方便船舶交会和避让时的识别和联系。驾驶员在交接班时,应清爽、明朗地交接清楚当班情况。

5 结束语

综上所述,为保证施工的顺利进行,航道施工单位应积极关注自航挖泥船在复杂环境下的狭水道内施工的安全问题,提升耙吸船在航道施工中的组织计划能力,提供必要的专业支持与施工策划、安排,有效排除可能会对施工过程中造成的风险,采取行之有效的管控措施和施工工艺来完成自航耙吸船的安全管理工作,将风险关口前移,防患于未然。船舶自身应配备素质过硬的船员以应对突发的风险情况,应施工过程中应遵守各项操作规程及管理规定,建立与其他需避让的船舶、港调间的良好沟通机制,及时获取相关外部信息。

参考文献

[1] 郭旺,郑洪武. 自航耙吸挖泥船复杂工况施工与航行安全管理探析[J]. 工程建设与设计,2019(15): 274-278+292.
[2] 李长虹. 耙吸挖泥船在阿比让港的安全施工措施分析[J]. 中国水运(下半月),2017(12):151-152.

浅谈如何打破安全管理之"墨菲定律"

谭 斌[1,2]，许万胜[1,2]，杨 易[1,2]

(1. 中国港湾西部非洲区域公司，科特迪瓦阿比让 06BP6687；
2. 中交一航局第五工程有限公司，河北秦皇岛 066022)

摘 要：通过在科特迪瓦阿比让港口扩建项目防波堤工程现场施工，根据项目的特点及项目团队的特点，采取多种措施进行监控管理，建立起适合现场施工项目安全管控的组织、制度，并保证有效执行，形成良好的安全文化意识，实现了安全管理从被动管理转变为主动管理，从而打破了安全管理之"墨菲定律"。

关键词：墨菲定律；安全管控制度；信息化管理

在我国经济迅猛发展的大背景下，工程项目建设体量逐年增长，但国内安全事故率却呈下降趋势，这主要归功于国家出台的一系列安全法律法规，以及随着老百姓物质生活条件改善，其自身的安全意识增强，全国的安全发展文化的发展。如何将相关的法律法规、有效的制度及文化意识建设高效地运用到现场施工项目安全管理中，打破因施工项目安全管理高风险、高频次的特点所呈现的"墨菲定律"思想，需要根据项目及团队特点从制度及文化意识上逐步地加强和完善体系，这是项目施工现场安全管理的关键。

1 浅谈国内外安全管理发展

随着社会的发展，我国的建设工程项目规模日益庞大，从事建筑行业的施工人员逐渐增多，已成为事故频发的群体之一。近年来，包括房建工程和市政工程在内的建筑施工事故情况见图1、图2和表1。统计数据主要来源于中华人民共和国住房和城乡建设部发布的2004—2007年度《全国建筑施工安全生产形势分析报告》，2008—2009年度事故快报和2010—2012年度《房屋市政工程生产安全事故情况通报》等[1]。

图 1 2004—2012年建筑施工事故发生趋势图

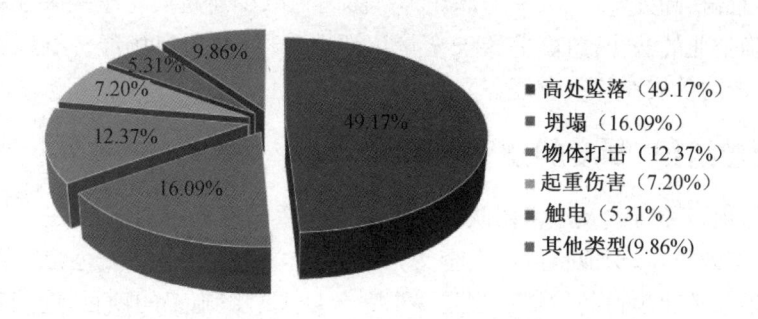

图 2　2004—2012 年建筑施工主要事故类型分布图

表 1　2004—2012 年建筑施工主要事故类型分布表

	2004	2005	2006	2007	2008	2009	2010	2011	2012	平均值
高处坠落(%)	53.10	45.52	41.03	45.50	52.03	51.90	47.37	53.31	52.77	49.17
坍塌(%)	14.43	18.61	20.61	20.36	13.86	13.74	14.83	14.60	13.76	16.09
物体打击(%)	10.57	11.82	12.79	11.56	11.37	12.28	16.75	12.05	12.11	12.37
起重伤害(%)	3.10	5.53	8.78	6.62	8.76	6.43	7.02	8.32	10.27	7.20
触电(%)	7.18	6.54	6.20	6.42	5.62	4.09	4.63	5.09	2.05	5.31
其他类型(%)	11.62	11.98	10.59	9.54	8.36	11.56	9.40	6.63	9.04	9.86

从图 1、图 2、表 1 可以看出：

(1) 2004—2012 年我国建筑施工事故次数和死亡人数呈下降趋势。在此期间国家前后出台了不少法律法规，用于规范建筑施工的安全生产活动，是事故次数和死亡人数呈下降趋势的主要原因。自 2004 年《建设工程安全生产管理条例》(1511211635)施行以来，在各级政府大力推行和强制要求下，建筑施工安全形势有了明显的好转。另一个重要原因就是建筑企业开始重视安全管理。

目前我国建筑施工安全形势依然严峻，虽然我国建筑施工事故次数和死亡人数在 2004—2012 年呈下降趋势，但从每年发生的事故次数和死亡人数来看，绝对数仍然不低，并且下降趋势逐渐变缓[2]。

(2) 高处坠落、坍塌、物体打击、起重伤害和触电等五大伤害是 2004—2012 年我国建筑施工事故的主要事故类型，占事故总数的主要部分，是事故的预防重点。

美国、日本、德国 2002—2012 年建筑行业事故死亡人数处于一个较低且平稳的状态，且近年来有缓慢下降的趋势。上述国家能够有效地改善建筑施工现场安全现状，主要是其完善的法律制度、市场经济、管理监督制度共同作用下的结果。

作为世界上最发达的国家之一，美国的市场经济发育完善，法律制度完备，在国际建筑市场中占有重要的份额。美国承包商 2001 年在全球建筑市场份额约占 20.5%，根据事故统计，其当年度岩土施工业因工死亡 633 人，造成人员死亡的原因分别为交通、攻击与暴力、物体打击、高处坠落、火灾与爆炸等。美国为减少建筑安全事故采取的主要方法和对策为明确企业的法律责任,完善安全量化评估指标,利用市场经济有效调节施工安全问题,执行严厉的安全检查制度[3]。

2　安全管控组织、制度的建立执行

如何根据项目的特点及项目团队的特点建立起适合现场施工项目安全管控的组织、制度,并保证有效执行,形成良好的安全文化意识,是施工现场项目安全管理的关键。

阿比让港口扩建项目防波堤工程是一个完全自主组织施工的项目,施工项目管理团队由自有正式管理人员及外聘管理人员组成。自行组织施工与传统的管理分包队伍相比,在细节及量化评估管理方面对整个团队提出了更高的要求,整个安全管理全部需要团队自行渗透至操作层的每一个人身上,包括大量的属地员工。因此如何建立一个扁平高效的安全管理组织体系,是做好施工现场安全管理的第一步;在建立好组织体系后,针对项目施工组织特点建立相应的量化评估考核制度,保证体系高效地运作执行,是做好施工现场安全管理的第二步;在安全管理执行过程中做好安全培训教育及安全意识宣贯,逐步建立起项目团队安全文化,是做好施工现场安全管理的第三步。

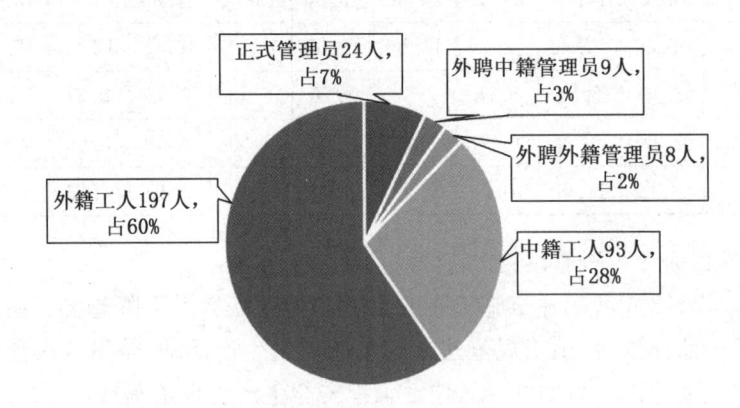

图 3　防波堤项目人员组成情况

阿比让港口扩建项目防波堤工程,项目施工主要分为石场开采区、船舶水上施工区、陆上水工结构施工区、构件预制场区、水路交通及营地生活区 5 个主要区域,根据项目施工区的划分建立了项目安全管理考核体系,项目部设立了领导班子分区负责连带责任制度,安全总监及 HSE 部门监督管理,根据各个区域的特点量化考核指标,月度进行评分考核并奖惩;根据量化考评体系,建立了相关的周、月安全检查制度,针对安全风险及整改情况进行量化评分考核,根据"四不放过"原则建立了事故上报调查制度;建立了领导班子与管理人员组合进行夜间值班及带班制度;建立了外出请假、项目健康体温上报及交通车辆外派等相关制度。

针对安全风险较大的施工项目定期组织安全风险头脑风暴研讨会(如船舶口门处施工及石场爆破运输,项目部针对施工过程中的隐患或者已发生的安全事故每月由各主管领导组织班组进行分析),各工序必须有最终行之有效的预防解决方案后,风险项才可纳入可控风险项。对于项目中的风险提出有效的解决方案,如石场 24 h 长途高速路上块石运输，尤其夜间司机容易瞌睡的交通事故风险，项目部经过多次分析研究后给自卸车全部安装 GPS 定位系统，为司机配备防瞌睡仪，在高速途中设置休息驿站，晚上免费提供咖啡和茶饮，要求夜班司机必须在驿站休息 10 min。针对运营港口运河内商船频繁进出较大的施工风险，项目部与总承包单位及港务局成立联合通航小组，根据商船进出运河情况，协调组织施工船舶抛石及外海卸驳。针对口门处长周期波、大流速船舶靠离及抛带锚困难的安全风险，采取拖轮监控协助靠离，机动船逆流靠泊，锚艇陆上带锚吊车配合并设置自动脱钩器，与广航共享海况预报及时预判等措施。

3 安全文化意识建立

根据相应的项目及团队特点，组织建立并完善了相应安全管理体系及执行制度后，项目部确立了"安全管理人人有责，为了您和您家人的幸福，让您的每一份付出与收获都能与您的家人快乐地分享，让咱们人人去管安全，人人去学安全"的安全文化。通过入场培训及班前会等日常工作进行安全文化意识宣贯，通过应急演练落实风险预控措施；根据安全量化指标，季度设立平安班组评比活动；成立"千里眼"现场施工安全风险随手拍，上传到微信群等活动提高管理团队及操作层安全文化意识。

4 安全管理属地化及信息化

在施工过程中通过培训当地安全员进行属地化安全管理，减少由于语言障碍，安全管控及文化宣贯难以渗透到当地员工的问题。通过编制完整的当地员工工作手册及详细的现场安全巡查及风险清单，标准化、流程化地进行当地员工安全管理。

通过建立班组微信及 QQ 群等信息化手段时刻跟踪现场各个班组安全风险情况及落实整改情况，提高监控效率及有效地拉动全员参与，使安全监控管理更实际高效。

5 结束语

综上所述，在施工项目现场安全管理过程中，提前做好项目的整体安全策划，建立完善可行的安全管理组织体系及相适应的安全管理制度是项目安全管理能够警钟长鸣的关键。要从积极的方面来理解和运用"墨菲定律"，实现安全管理从被动管理转变为主动管理。

参考文献

[1] 中华人民共和国国家统计局. 中国统计年鉴 2013[M]. 北京：中国统计出版社，2013.
[2] 武永峰，袁明慧. 2004—2012 年我国建筑施工事故统计分析. 价值工程[J]. 2014,33(21):96-98.
[3] 甄亮. 事故调查分析与应急救援[M]. 北京：国防工业出版社，2007.

浅谈通航水域沉管的安全技术管理

周　钦[1,2]，李艳磊[1,2]

(1. 中国港湾西部非洲区域公司，科特迪瓦阿比让　06BP6687；
2. 中交广州航道局有限公司，广东广州　510220)

摘　要：文章针对通航水域沉管的敷设、移除及使用过程中的安全风险进行分析，主要围绕3个阶段的安全技术管理工作展开了详细的研究和探讨，并提出勘察拟敷设区水下地形和土质情况，采取多种方式禁止航行船舶靠近沉管作业区等系列管理措施。

关键词：通航水域；沉管敷设；安全技术管理

1　引言

随着现代社会的快速发展，原有许多港口已不满足经济腹地发展要求，需对港口进行扩建。对于扩建型港口项目，特别是取砂区和吹填区在通航水域两侧的吹填项目，需要在通航水域敷设沉管，以避免吹填管线干扰通航。沉管在敷设、移除及使用过程中存在一系列安全风险，施工中应加强安全管理，制定应对措施，才能杜绝水下沉管引起的人员伤亡和船舶损毁。

2　通航水域使用沉管的主要安全风险

2.1　沉管敷设和移除过程中安全风险

通航水域敷设和移除沉管存在多种安全风险，主要分为以下几种：船舶碰撞风险、突发恶劣环境因素引起的风险、作业船舶船机故障导致的风险、其他因素引起的风险、作业人员落水及受伤风险。

2.2　沉管日常使用过程中安全风险

通航水域吹填沉管日常使用过程中的安全风险主要有以下几方面：
(1) 因较快的涨退潮流速对固定两端沉管头的八字锚造成移位的风险。
(2) 因吹填过程中管壁磨损造成的钢管穿孔和胶管爆管风险，此风险为主要风险，若爆管不能及时发现并处理，会造成爆管点附近的通航水域变浅，引发船舶安全事故。
(3) 因吹填过程中不稳定吹填流速和海床处不稳定的水流造成的沉管弯折风险。
(4) 沉管头警示标志和警示灯故障带来的碰撞风险。

3　通航水域沉管的安全技术管理措施

3.1　沉管敷设前安全技术管理

通航水域沉管敷设前应做好以下安全管理相关工作：

3.1.1　勘察拟敷设区水下地形和土质情况

提前安排测量人员利用多波束测深仪对拟敷设沉管区域进行扫海测量，掌握此区域水深情况和水下地形起伏情况，选择水深满足要求且海床平缓的区域敷设沉管，防止因地形变化较大造成胶管弯折或钢管受力不均。如图 1 所示为拟敷设沉管区水下地形选择示意图。

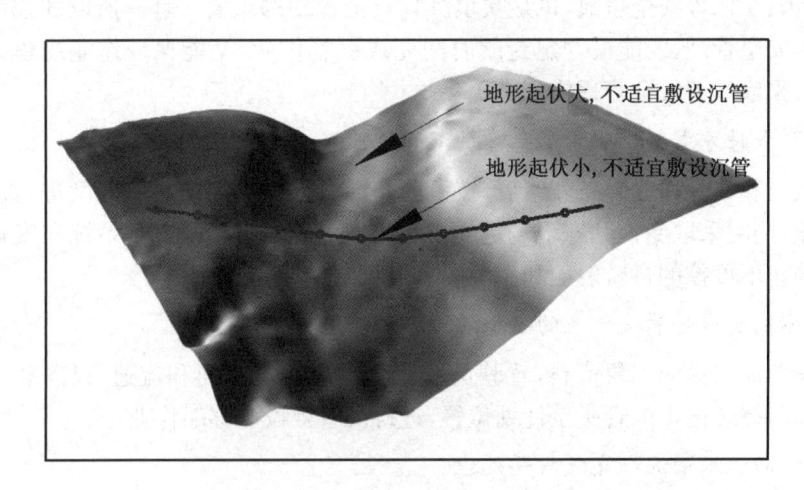

图 1　拟敷设沉管区水下地形选择示意图

了解沉管敷设区域的水下土质情况，敷设沉管应避开土质较软的海床处，选择土质有一定强度的区域，防止沉管下放后因土质松软管线被掩埋，使沉管打起困难。

3.1.2　选取质量优的钢管和胶管对接成沉管

将拟敷设的钢管和胶管逐根进行钢管管壁测厚和胶管外观质量检查，选取质量较好的钢管和胶管进行组装，降低后续施工过程中钢管壁穿孔和胶管爆管风险。

3.1.3　在沉管头布设排气阀

排气阀是沉管的重要组成部分。排气阀能将泥水混合物中的空气在进入沉管之前及时排出，避免因管内残留的空气导致敷设时的管线"蛇形翻滚"及使用过程中沉管翻起或悬浮，而引发安全事故。故选择新的且质量好的排气阀布设在沉管一端的浮管处，避免灌沉过程和后续正常使用过程中管内残留空气引起的安全风险。

3.1.4　选择天气海况较好时段进行作业

良好的天气和海况条件对沉管敷设和移除作业特别有利，可以使沉管快速、顺利地敷设在计划海床位置上，同时良好的气象条件能使沉管移除更加迅速、平稳，减少安全风险。所以，沉管敷设前应收集近期天气海况资料，选择天气晴朗、能见度好、无风浪的平潮时段作为敷设沉管作业窗口期，上报沉管敷设时间段和封航要求，征得港调的作业许可。

3.1.5　做好沉管作业安全技术交底

做好沉管作业人员的安全技术交底，特别对拖带沉管头的锚艇驾驶员和水手、绞吸船合泵吹沉操作的船员做好安全施工技术交底，使参与沉管敷设作业的所有人员熟悉作业过程中的操作要点和安全风险点。

3.2 沉管敷设和移除过程中的安全管理

沉管敷设和移除作业是安全风险较大的过程，作业过程管控不好可能引起船舶碰损、人员落水、受伤等安全事故，也是吹填沉管安全管理的重要一环。所以加强沉管敷设和移除作业安全管理，既能按约定封航时间完成沉管作业，又能保证作业过程无安全事故发生。可采取如下安全管理措施：

3.2.1 采取多种方式禁止航行船舶靠近沉管作业区

沉管敷设和移除作业准备就绪后，按事前与港调部门确定的封航时间进行沉管敷设和移除作业，同时采取专人驻守现场港调办公室值班、实时查询 AIS 系统和安排警戒快艇等措施禁止不可控的自航船舶和小渔船靠近沉管作业区。

3.2.2 强调锚艇拖带管头作业的安全管控

根据作业前收集的气象资料，驾驶员应充分考虑潮流流向和流速、风向和风压的影响，规范操舵，缓缓拖带沉管头至计划位置，进行沉管敷设和移船作业。

3.2.3 沉管的注水灌沉和充气打气处理

沉管布设时，拖带完成后的沉管及时与绞吸船船尾水上管进行对接，待具备注水灌沉条件后，绞吸船可以合泵。合泵过程中必须缓慢加车，以低速向管内注清水，保证排气阀能充分排出管内空气，减少压缩空气向沉管段挤压而出现沉管在水中"蛇形"翻腾风险[1]，杜绝因管内空气造成沉管不能平铺在海床上。

沉管移除时，首先将沉管两端头与水上管断开，根据现场实际情况选择一端封板打气，待沉管逐节全部上浮后，用锚艇拖带一端沉管头，将沉管拖出通航水域外进行拆管处理，同时移除沉管头警示标志。

3.2.4 布设警戒标志

沉管注水灌沉后，立即安排测量人员使用多波束测深仪进行扫海测量，检查沉管敷设姿态，核实沉管是否顺直地平铺在海床上，杜绝出现悬浮的沉管造成商船航行事故。同时在两端沉管头靠航道一侧布设醒目的警戒标志，并附上锚灯。

3.3 沉管使用过程中的安全管理

通航水域沉管使用过程中的安全管理是沉管安全管理最重要的部分，因为沉管开始使用后，来往船舶已经开始在通航水域正常航行，此时沉管发生故障，导致的水中悬浮、突然浮出水面及浮出水面后的翻腾都可能是致命的，可能会酿成人员伤亡和船机损毁的重大事故，故做好沉管使用过程的安全管理尤为重要。日常使用过程中安全措施主要有：

（1）沉管使用过程中，定期检查排气阀工作状态。每次停机后复工时，必须先慢车抽清水，沉管头处的排气阀完全封堵后，才能逐步加大主机马力至正常施工状态[2]。实际施工时可根据沉管头处排气阀的工作情况，进行排气阀修理和维护，必要时采用双排气阀。

(2) 绞吸船每次停机复工时应先观察港区船舶动态,尽量选择在无船通过沉管敷设区的时间窗口进行合泵,降低风险。

(3) 每天使用多波束测深仪对沉管敷设区域进行扫海测量,生成三维水下地形图,检查沉管姿态,防止半浮的沉管造成商船触管的安全事故。同时通过多波束三维水下地形图可以明显看到沉管在海床上状态,直接判断沉管是否平顺铺在海底泥面上以及沉管有无穿孔、爆管露砂,露砂面积大小及水深,多波束扫海测量是日常监测沉管状态的最有效、最直观的方法。

(4) 根据通航水域沉管使用时长和取砂吹填工程量,定期将沉管打起进行钢管和胶管外观质量检查,并对钢管进行测厚、翻管(即绕管线中轴线进行 180°旋转,管线下部磨损一般较大,上部磨损一般较小),对不满足质量要求的管节及时进行更换。

(5) 定期使用 RTK 校核两端沉管头较初始计划位置偏移情况,偏差较大时利用锚艇重新抛锚进行调整。

(6) 沉管使用过程中每日安排管线队检查沉管头警示标志和夜间锚灯工作状态,发现警示标志或警示灯状态异常及时维护或更换,防止夜晚航行船舶因警示标志失效发生安全事故。

4 沉管使用过程中的应急情况处理

通航水域沉管的敷设和使用,尽管经过挑选采用了质量较好的钢管和胶管,也按既定要求平顺地使沉管敷设在海床上。经过长时间的施工,还是可能出现沉管爆管、管线弯折(橡胶短管处)、堵管等突发状况。施工中应密切关注沉管工作状态,采取加大扫海测量频率、加强沉管敷设区域浑浊水和气泡瞭望、密切关注绞吸船驾驶台仪表盘度数,及时发现上述突发状况,并对突发状况立即处理,防止引发安全事故。

4.1 吹填过程中沉管爆管处理

因长时间的取砂吹填作业会造成钢管和胶管管壁磨损严重甚至穿孔,可能会导致吹填过程中沉管爆管,发生爆管后可通过日常多波束扫海测量、绞吸船驾驶室仪表的排压和流速表异常等方式发现,应立即进行处理。

施工中发现沉管爆管时,应立即停工,安排测量人员利用多波束测深仪复测整个沉管敷设区域,核查爆管位置露砂堆积范围及浅区水深情况。若爆管露砂区域水深浅于通航水深时,及时将情况汇报港区管理部门,申请封航,安排挖泥船进行清除。

4.2 吹填过程中沉管弯折点处理

绞吸船取砂通过排泥管线吹填过程中,因管内紊流流速不稳定冲击以及海床处复杂的紊流等因素可能会导致水下沉管的胶管弯折,弯折后应力集中易致使弯折处破损,应及时发现并停工处理。

施工中可结合日常多波束沉管区域测量、绞吸船驾驶室排压异常和吹填管头流速和流量异常等方法发现沉管弯折。发现弯折后应立即停工,安排测量人员利用多波束测深仪复测整个沉管敷设区域,细化检查沉管弯折点情况。结合港调部门进出港计划,选择港区无船航行的窗口期打起沉管,理顺后再次下放。

4.3 吹填过程中沉管堵管处理

疏浚土质为黏土或中粗砂、粗砂时,如果挖泥手在施工操作时过于追求施工产量,挖泥浓度控制过高,管内泥浆流速低于临界流速,就会导致堵管的情况。堵管后应立即抬起绞刀桥梁吹清水,尽可能地吹通管线。如果吹清水没有明显效果,则需要尽快用锚艇吊起被堵的沉管进行更换,防止泥沙在管内沉淀固结,增加处理难度。

5 结束语

在通航水域敷设、使用沉管安全风险特别大。在沉管实际使用过程中应对敷设前、敷设和移除、日常使用过程中的安全风险细致分析,制定安全管理措施,才能杜绝沉管引起的人员和船舶通航安全事故。通过对沉管使用过程系统的安全管理,可以极大降低沉管故障率和安全风险,保障挖泥船的施工效率。

参考文献

[1] 李益风.浅谈绞吸船沉放沉施工[J].珠江水运,2010(06):77-79.
[2] 周波.沉管技术在航道疏浚施工中的应用[J].水运工程,2004(06):77-78.

综合管理

质量管理体系在阿比让港口扩建项目中的应用

朱 锐[1]，姜 丁[1,2]

(1. 中国港湾西部非洲区域公司，科特迪瓦阿比让 06BP6687；
2. 中交第四航务工程勘察设计院有限公司，广东广州 510230)

摘 要：文章阐述了质量管理体系的发展历程，明确推广ISO质量管理体系的意义，并结合阿比让港口扩建项目的运行模式进行分析，得出一套能够复制推广于海外工程项目层面的质量管理体系模式，包括分析外部施工环境、建立相关制度框架、体系管理人员统一培训以及执行年度内审等内容，以此为相关单位提供参考。

关键词：质量管理体系；ISO；海外项目

1 质量管理体系的发展

现代质量认证制度发源于英国，1901年，英国工程标准委员会(ESC)成立。1922年，ESC按照《商标法》的规定注册了"风筝"标志，标志着现代质量认证制度的诞生。

我国于1978年加入ISO，1988年质量认证纳入了国家技术监督局的管理范畴，发布了我国GB/T《质量管理和质量保证》系列，并于1989年起在全国推行，与ISO国际标准的关系被确定为等效采用。

2 ISO质量管理体系的意义

(1)强调以顾客为中心的理念，明确公司通过各种手段去获取和理解顾客的要求，确定顾客要求，通过体系中各个过程的运作满足顾客要求甚至超越顾客要求，并通过顾客满意的测量来获取顾客满意程序的感受，以不断提高公司在顾客心中的地位，增强顾客的信心。

(2)明确各职能和层次人员的职责权限以及相互关系，并从教育、培训、技能和经验等方面明确各类人员的能力要求，以确保他们是胜任的，通过全员参与到整个质量体系的建立、运行和维持活动中，以保证公司各环节的顺利运作。

(3)明确控制可能产生不合格产品的各个环节，对于产生的不合格产品进行隔离、处置，并通过制度化的数据分析，寻找产生不合格产品的根本原因，通过纠正或预防措施防止不合格产品产生或再次产生，从而不断降低公司产生的不良质量成本，并通过其他持续改进的活动来不断提高质量管理体系的有效性和效率，从而实现公司成本的不断降低和利润的不断增长。

3 本项目的质量管理体系运行情况

阿比让港口扩建项目是科特迪瓦近年来最大的工程，也是中国港湾在该国乃至西非市场非常重要的项目,具有重大的政治、经济和社会影响力。本项目包括新建一座现代化集装箱码头(岸线长 1 312 m),近期靠泊 6 000TEU 集装箱船,结构按 12 000TEU 集装箱船靠泊的需要建设;新建一座滚装码头,包含 1 个结构水深 −14.0 m 的汽车滚装泊位(岸线长 220 m)和 1 个结构水深 −14.0 m 的通用杂货泊位(岸线长 250 m);拓宽和浚深弗里迪运河航道,同时对航道口门处东西防波堤拆除并重建。纵观项目的发展过程,对于推行项目质量管理体系,其中有 4 个关键步骤。

3.1　分析外部施工环境

当前质量控制体系尚在思想意识上存在一定的误区,照搬国内质量控制的架构、体系建制对待国际项目的质控工作,没有从项目自身的特点、所处环境、服务对象等进行统一规划和考虑,在工作流程和质量验收程序上不能适应海外项目要求[1]。一方面咨询工程师对于承包商在质量控制方面的信任缺失;另一方面造成大量的返工和成本增加,得不偿失。

对项目现状进行充分的调查分析,建立一个具有本地区特色、有效性强和效率高的质量管理体系,应做到以下几点:

(1) 收集相关法规资料,包括:国际组织、政府和其他第三方机构发布的有关法律、法令、规则、规定和标准;国内外各机构和上级主管部门发布的与本行业有关的质量体系标准或指导文件。

(2) 调查现有文件及其执行情况。为使体系既符合 ISO9001 标准,又与原有的质量管理具有连续性,应对本组织现有的相关规章制度逐个调查其执行情况和适合性,把既符合体系标准又适合组织操作的部分纳入体系文件。要避免新建的体系文件与原有的管理文件并存,导致实施同一活动,却有两份不相同的文件作为依据的"两张皮"现象。

(3) 质量管理现状调查。在体系策划前与各相关部门访谈并进行调查分析,内容包括:产品和服务的模式、组织结构、组织的资源、体系环境、目前的问题。

(4) 产品和服务形成过程的调查分析。应按照过程方法和质量环,调查分析每一类产品和服务的形成全过程。可采用绘制流程图的方法,考察哪些过程具有改进机会。

(5) 风险和机遇的综合分析。基于现状调查分析,考虑内外部关键环境因素、相关方的需求和期望,识别、预测、确定为确保质量管理体系实现其预期结果而需要应对的风险和机遇,策划应对这些风险和机遇的措施,在质量管理体系中整合并实施这些措施。

3.2　建立项目质量管理体系的制度框架

虽然大部分工程企业都通过了 BSI 的审核认证,但面对项目实际管理中各类负责的工序、人员机械的流转等因素,使 ISO 质量管理体系完全贯彻至项目层面相对困难,许多工作都存在"两层皮"的现象。对于不同的组织,质量管理体系形成文件的信息的多少与详略程度可以不同,主要取决于:组织的规模、活动、过程、产品和服务的类型,过程的复杂程度及其相互作用,以及人员的能力等。图 1 为质量管理体系文件结构示意图。

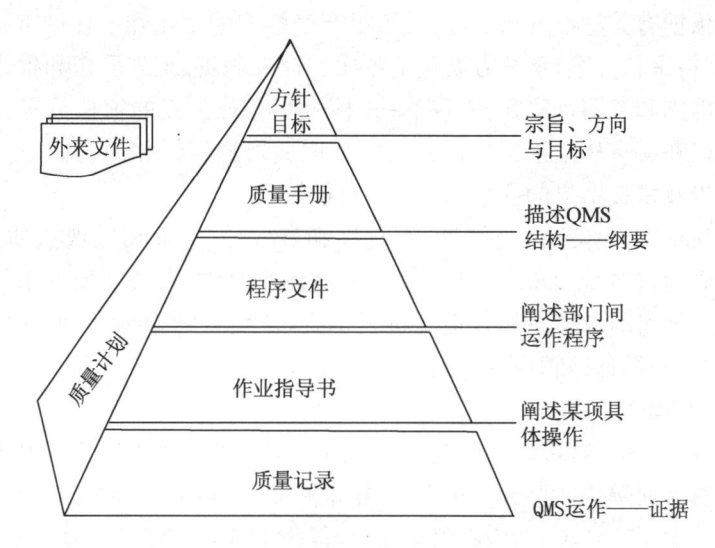

图 1　质量管理体系文件结构示意图

阿比让港口扩建项目秉持高标准严要求,将 ISO 质量管理体系、公司总部的制度与所在国的法律法规等相结合,积极与各参建单位开会讨论,在项目筹备期间就搭建完成了项目质量管理体系框架。

组织的质量管理体系应包括标准要求的形成文件的信息,以及组织确定的为确保质量管理体系有效性所需的形成文件的信息[2]。例如,质量手册是质量管理体系结构的纲要性文件,其结构内容至少包括以下三项:(1) 质量管理体系的范围(包括不使用要求和合理性);(2) 质量管理体系的程序文件或对它的引用;(3) 对质量管理体系过程和过程间相互作用的表述。

3.3　体系管理人员统一培训

每家参建单位都有各自的公司管理体系,文件抬头、行文语言、表格形式等都存在差异,但是按照中交集团打造"一体两翼"的发展体系,各兄弟单位在海外承揽业务,需打造同一个 CHEC 品牌,统一标准、统一形式才能更好地发挥团队的整体实力。

在项目质量管理体系确认后,由项目总经理部组织项目质量管理体系相关人员统一培训,对项目制度进行宣贯,使每个人清晰明确质量管理体系内容,加深个人对业务过程的理解,提高个人的问题解决技能,便于日后开展管理工作。

体系管理团队给项目带来的好处有:协同过程设计或问题解决,客观分析困难和机会,促进跨职能部门的沟通和理解,提高质量和劳动生产率,对变化做出更灵活的反应,降低人员流动率及缺勤率等。

3.4　执行年度内审

项目属于项目经理负责制,开展内审非常重要的一条就是"领导作用",最高管理者应证实其对质量管理体系的领导作用和承诺,从公正的角度获取有关质量管理体系绩效和有效性的信息,确保达成策划的安排,并有效实施和维持质量管理体系。内审程序执行关键点:(1)依据有关过程的重要性、对组织产生影响的变化和以往的审核结果,策划、制定、实施和保持审核方案,审核方案包括频次、方法、职责、策划要求和报告;(2)规定每次审核的审核准则和范围;(3)选择可确保审核过程客观公正的审核员实施审核;(4)确保相关管理部门获得审核结果报告;(5)及时采取适当的纠错和纠正措施;(6)保留作为实施审核方案以及审核结果的证据的形成文件的信息。

检查项目质量管理体系的连续性、符合性和有效性,从而持续改进质量管理体系。确保项目质量管理符合 ISO9001:2008《质量管理体系要求》及公司质量手册和程序文件要求。应每年对项目质量体系运行情况进行审查,从项目开工至今,项目总经理部组织内审 2 次,北京公司总部组织内审 1 次。

(1) 项目总经理部内审

项目至今,项目总经理部每年末进行一次项目质量体系内审,检查主体包含项目总经理部以及所有参建单位。已分别在 2016 年末和 2017 年末执行 2 次,针对审查中发现的问题开具了一般不符合项,并跟踪整改闭合,保障了项目质量管理体系的良好运行,计划在 2018 年末将进行第三次项目质量体系内审。

(2) 北京公司总部内审

北京公司总部于 2016 年 9 月对项目进行内审,参加本次审核的内审员共 3 名,采用分别访谈、查阅文件记录、参观现场的方式开展工作,通过与总经理部各部门深入交流沟通,审核组认为阿比让港口扩建项目总经理部 2016 年管理体系运行情况良好,基本符合公司综合管理体系的总体要求,未开具不符合项。

4　结束语

自 2015 年项目实施以来,在中国港湾及西非区域中心的统筹指导下,项目总经理部切实发挥总领作用,带领各参建单位充分做好项目前期策划及设计优化工作,在协调业主关系、工程进度把控、构建 HSE 及质量管理体系等方面取得一定成效。

质量管理体系在阿比让港口扩建项目的成功应用,不仅提高了该项目的整体管理水平,为项目运行保驾护航,同时也将为其他海外项目实践提供重要经验。

参考文献

[1] 徐晶晶. 水运工程建设质量管理体系研究[D]. 杭州:浙江工业大学,2017.
[2] 姜云鹤,唐斌. 港口工程项目质量管理文件控制的探讨[J]. 中国水运(下半月),2015(04):138-139+142.

国际工程管理中的若干风险评估及应对策略

刘振兴[1],李沛川[1,2]

(1. 中国港湾西部非洲区域公司,科特迪瓦阿比让 06BP6687;
2. 中交第四航务工程勘察设计院有限公司,广东广州 510230)

摘　要:国际工程的风险评估在项目的全生命周期中都占据极其重要的位置,若承包商对国际工程的风险评估缺乏全面和准确的认识,那么风险很有可能变为危机,威胁整个项目的盈利能力,进而使承包商面临巨大的挑战。文章基于几内亚西芒杜项目之实际,从商务合约管理的视角,通过项目内、外部两个方面,阐释了该项目潜在的风险和不利因素,通过深入分析和探讨,总结了相应的应对策略。

关键词:国际工程;风险评估;应对策略;利益攸关方;合规

随着中国实力的崛起、"一带一路"倡议的启动,中国及中国企业在国际工程领域的角色日趋重要,与此同期而至的则是红海、蓝海及绿海等各类商战战术的攻守与博弈。在此背景下,中国企业在宏观上要深刻体会取势、明道、优术的重要性,在微观上要取长补短、精益求精,提高国际工程项目的管理水平。

然而,与国内传统工程领域及工程环境不同,国际舞台为中国企业提供的生存环境风云变幻,因此,在工程实施过程中,将面临各种难以预测及估量的风险[1]。

诚然,国际工程保险在某些层面上可以缓解、规避、转嫁或者排除一些风险,但是在非洲这块政局动荡、治安不稳的地区,国际工程有着它与生俱来的风险,同时,面对文化迥异的西方企业,面对陌生的游戏规则,中国企业走出去的过程堪称举步维艰。因此,一份详细而准确的风险评估报告和有效的应对策略,对国际工程项目的盈亏起着举足轻重的作用。

通常,项目的风险评估可以从政治、治安、市场环境、合规、技术、施工、QA/QC、HSEC、商务合约、法律等方面进行,而这几方面又是相互渗透和相互影响的,特别是其他几个方面的风险使商务合约管理层面的风险骤升。

下面,本文就以西非地区几内亚西芒杜铁矿石码头项目为例,分析和讨论该项目所面临的若干风险及其应对策略。

1 项目背景

几内亚西芒杜铁矿石码头项目工程一期,合同总价约3 878万美元,主要施工内容为新建一座斜坡码头、堆场进场道路改造升级、34万方石料开采、165万方外借土回填、100万平方米堆场建设等,最大业主为澳大利亚的矿业巨头力拓集团(RIO TINTO),咨工为美国的FLUOR。其中,业主和咨工均为各自领域的翘楚,且其内部严密的企业管理制度和流程,在项目合约中都有具体体现,针对此类现汇项目,业主充分利用角色优势,制定了诸多不利于承包商的合同条款。

西芒杜项目的控股情况复杂,涉及力拓集团、几内亚政府、世界银行、中方联合体等。由于业主的不唯一性,多方力量彼此博弈,导致项目管理难度增大。

2　外部风险

几内亚经济落后,政治局势不稳,市场机制不健全,物资供应匮乏,加之政府严重腐败,因此加剧了项目的实施风险[2]。

(1) 政治风险

政局不稳。执政党与反对党之间的斗争已延续多年,各种游行时有发生;如遇大选之年,局势更是扑朔迷离,导致项目人员及财产的安全、物资的采购及清关货物的运输,都面临巨大威胁。现场进度和工程量验收因业主人员撤离遇阻,承包商商务谈判和索赔亦然。此外,几内亚政府在此项目控股比例为19%,项目存在变更、拖延、取消的风险,不可小觑。

应对策略:①应及时与中国驻几内亚使馆、几内亚政府相关人员进行征询并保持联系,第一时间捕捉当地的政治动向;②正常推动项目生产,严格按照合同要求继续履约,保护业主现场利益;③加强沟通,处理好利益攸关方的关系,维护企业信誉;④在面临停工甚至项目被取消的情况下,从长远考虑,积极促成项目的复工。

(2) 物资匮乏,进口流程复杂

几内亚物资短缺,地材质量欠佳,因此及时采购物资并顺利运送到场,对保证项目如期完工极为重要。由于业主懈怠于全力推动项目实施,与海关之间相关免税量和免税政策意见相左,对物资按时到场造成极大阻力,进而对工程进度产生严重影响。

应对策略:①严格遵守物资采购流程,积极与业主沟通,推动相关许可的办理;②深入研究业主的管理模式,反利用业主与当地政府之间的矛盾以及力拓内部体系的管理漏洞,捕捉索赔机会,占据主动权,对业主形成一定的压力,从而推动项目的良性发展,并为取得索赔的最终胜利做足准备工作。

(3) 社区问题

西芒杜铁矿石码头工程位于距离几内亚首都科纳克里约 80 公里之外的 Senguelen 村,根据合同要求,所有非技术工种,需从当地村庄或附近村庄招聘。由于当地经济十分落后,当涉及土地的征用、道路的占用、人员的招聘等问题时,都会在当地人中间产生各种冲突;加之力拓将社区管理的天平转向当地社区,当地法律对劳动者保护条款过于不合实际,致使现场时常发生停工,同时使得 HR 部门的责任更重,工作内容及范围增大,需要协调的多方利益关系也增多。

应对策略:①尽快形成一套完整的经过业主批准的用工招聘流程和完善的劳动合同条款。有了业主认可的招工流程,在很大程度上降低了项目在社区问题上的风险,对项目的顺利推进也起到了积极的作用;②及时记录因社区问题产生的停工档案,留存各类影像资料,为今后的工期、费用索赔做好资料支撑准备。

(4) 疫情风险

事实再一次证明,在非洲地区,疫病的暴发对项目的影响不亚于其他类型的风险。2014 年 3 月,几内亚陆续发现数 10 例 Ebola 病例,并在不足半年的时间里,确诊病例和疑似病例就已突破1 000人。由于该疫病传染性和致死率极高,因此,保护承包商人员的人身安全和业主的现场财产安全尤为重要。

应对策略:①确保承包商及所有分包人员的人身安全,减少外出,保持个人和环境卫生,在生活区常打扫、勤消毒,降低染病概率;②关注几内亚政府、中国大使馆及其他社会媒体对疫情的报道,掌握疫情暴发区域及发展态势,做好疫情暴发的撤离疫区应急方案,分批次撤离项目人员回国;③妥善保护现场机械设备和业主财产,解决好"利益攸关方"的利益问题;④做好施工日志,为今后的商务谈判做储备;⑤在疫情暴发始末,要与业主保持沟通,汇报现场情况,要求业主认可现场疫情并发出停工指令,在满足合同要求的前提下,尽最大努力保证承包商人员和财产的安全,同时降低商务风险。

(5) 合规风险

随着中国企业不断成长,西方发达国家的企业面临较大生存压力,霸主地位受到挑战,因此,他们通过各种伪正义的手段遏制中国及中国企业的崛起,借助世界五大银行的联动制裁腐败事件即为其手段之一。

应对策略:①针对被制裁的领域,要积极配合制裁方做好相关工作,缩短被制裁时限;②在从事市场开拓和项目经营的同时,防范违规现象,避免重大合规问题发生,提升企业在国际工程领域的美誉度。

3 内部风险

部分分包商的国际工程经验缺乏、人员及设备的配置欠佳,管理人员对合同的理解不透彻,导致一些风险逐渐从无到有、由小变大,这类问题不容忽视[3]。

(1) 分包商的合同管理能力

本项目的合同是力拓主导并根据其企业特点及行业特征编制的,对于这一非传统类型的合同样式,分包商只有全面及深入地了解合同内容,方能增强其对合约的把控力。由于分包商队伍普遍具有年轻化这一特点,分包商对合约的管理能力存在一定风险。

应对策略:①总承包商人员需加强对分包商的监督和指导,降低合约管理的风险;②针对这类现汇项目的合约管理,要配备经验丰富的项目管理团队,优化组织架构,增强内部整体合力;③必要时,需聘请资深的第三方合约顾问、技术顾问、法律顾问等,对各类风险进行梳理和总结,尽量将项目的商务风险降至最低。

(2) 工程计量

项目执行过程中,除合同规定的施工范围需要详实计量外,对于一些额外施工活动或服务,也要准确完整地计量并留存经咨工签字确认的记录性文件,对今后获得施工或服务补偿,甚至未来可能存在的其他索赔,都有很大的积极意义。

应对策略:①及时了解现场情况,指导并提高分包商的工程计量水平,为商务索赔工作提供有效的支持文件;②提高技术人员对合约的认识,明确合同工作范围、技术要求等,做好施工记录,有效辨别变更或索赔的机会,避免遍地"黄金"抓不住,从眼前溜走;③在项目投标阶段,严格把控BOQ的校审,细化各类技术要求、施工方案等,杜绝漏项情况发生。

（3）商务索赔

由于业主的合同条款在很大程度上规避了自身的风险,留给承包商及分包商的索赔机会非常有限,因此,项目团队要能发现和把握索赔机会,做好项目二次经营工作,这对合同额不大的现汇项目十分重要。分包商的项目管理经验不足,很难把握好索赔机会,甚至可能出现被动的反索赔风险。

应对策略:①承包商应在项目管理中对商务索赔起主导作用;②承包商须密切关注现场信息,确保信息通畅、真实,抓住这些稍纵即逝的商务机会,不断提高承包商和分包商的合约管理水平;③项目投标阶段,应详细列明各类费用的参考指标,当发生变更或索赔时,可以做到有据可查,避免后期项目执行时因定价问题与业主产生分歧和矛盾。

（4）与咨工的合作能力

由于该项目的咨工是美国的FLUOR,能保持与咨工的友好、有效合作是一项极具挑战性的工作。沟通障碍不仅仅影响着现场生产,对商务和一些隐性的工作也会带来阻力。

应对策略:①深入了解外企的管理模式,深谙外企的企业文化和人文背景,积极推动双方关系良好发展,是解决上述问题的关键;②严格履行合约责任,确保工程质量符合业主要求,通过实际工作获取咨工的信任及认可;③通过"小会谈问题,大会定方向"的方式,妥善处理与利益攸关方的关系。

4　小结

国际工程内外部风险并存,风险发生的时间和类型无规律可循,承包商要敏锐觉察各类风险。为更好地履行合同义务,承包商要做好商务管理,对各类风险因子做好预判和应对策略,而科学的风险识别和评估,对应对策略和手段的有效性有引导作用。

参考文献

[1] 冯建锋,王树林.浅论国际工程项目的主要风险与对策[J].山东煤炭科技,2016(05):183-185.

[2] 郑菁苗.国际工程项目承包风险识别与应对措施[J].中国石油和化工标准与质量,2017,37(15):46-47.

[3] 朱珊.国际工程承包中的项目风险管理[J].建筑经济,2004(5):76-79.

提升疏浚吹填工程技术管理工作的有效途径

李 枫[1,2],龙波明[1,2]

(1. 中国港湾西部非洲区域公司,科特迪瓦阿比让 06BP6687;
2. 中交广州航道局有限公司,广东广州 510220)

摘 要:技术管理是项目管理成功的基石,良好的技术管理促进项目在安全、质量、进度和成本各管理活动方面的提升。文章以科特迪瓦阿比让港口扩建工程疏浚吹填工作为例,总结该项目的工程特点,阐述该项目项目管理具体流程,并提出了提升管理工作的措施,实现以技术管理引领项目管理。

关键词:疏浚吹填;技术管理;阿比让港

技术管理作为项目管理的重要内容,贯穿项目实施全过程,是实现项目管理目标的重要手段。在施工条件复杂、技术难度大、资源投入多的工程项目中,技术管理的重要性尤其突出,良好的技术管理能够避免项目出现安全、质量、进度和成本管理失控。做好技术管理提升是项目管理综合水平提高的重要基石,项目管理层需要足够重视技术管理工作。

1 项目简介

1.1 项目工程内容

科特迪瓦阿比让港口扩建工程位于科特迪瓦阿比让港,工程内容包括一座岸线长 1 250 m的集装箱码头、一座岸线长 470 m 的滚装泊位、港池航道疏浚和陆域回填、运河航道两侧旧防波堤拆除和各 600 m 长的新建防波堤等内容,其中疏浚吹填工作包括港池疏浚面积 131.3×10^4 m^2,疏浚至 $-14.5/-16.5$ m;弗里迪运河航道长 4 500 m,底宽 250 m,加深疏浚至 $-16.5/-18/-18.5/-19.0$ m;陆域表层清淤和陆域回填面积约 56.8×10^4 m^2,回填砂至 $+4.0$ m。

1.2 工程特点

本工程位于阿比让港区内,受港区营运繁忙、工程地质复杂、口门区域涌浪大、运河底部不明管线多、工作面交接多等因素影响,疏浚吹填工程呈现如下特点:

(1)受码头营运影响、项目施工水域分批移交,施工连续性差,临近施工区的泊位正常营运,对施工影响大。

(2)弗里迪运河狭窄、商船进出港频繁,对港池疏浚施工泥驳、航道疏浚挖泥船与航道通航船舶施工干扰大,施工船避让时间长。

(3)弗里迪运河底部横跨运河不明管线众多,种类、数量及分布情况不明,疏浚施工风险极大。

(4) 弗里迪运河航道口门区域受大西洋长周期波影响和潟湖内潮流涨退水作用,该区域水文条件极其复杂,船舶施工困难。

(5) 陆域清淤质量控制标准高,实现难度大。

(6) 回填砂质量要求高,港区内取砂区土质跳跃性大,回填砂施工质量控制难度大。

(7) 回填施工跨越码头施工区域,码头作业船舶多,相互施工干扰大。

1.3 疏浚吹填设备投入

为按合同履约实现本项目,结合项目工期进度、安全环保、质量等要求和疏浚设备特性,本项目疏浚吹填工作投入抓斗挖泥船、耙吸挖泥船、绞吸挖泥船和抽砂船等多种类型的工程船舶以满足工程需要,具体包括:15 m³、20 m³、200 m³抓斗挖泥船各1艘;1 200 m³自航泥驳2艘、2 000 m³自航泥驳2艘、3 000 m³自航泥驳2艘、4 500 m³、10 000 m³耙吸挖泥船、3 500 m³/h绞吸挖泥船、100 m³/h吸沙船各1艘;2 941 kW拖轮1艘;锚艇1艘。

2 项目技术管理过程和提升途径

科特迪瓦阿比让港口扩建工程的疏浚吹填工作综合性强、工程重难点多、投入设备类型多、前期工期紧,使得本项目的项目管理压力巨大。项目部以技术管理作为突破口,项目管理层多措并举提升技术管理工作,攻克项目实施难题,促进项目管理提升,不断实现项目管理目标。

2.1 总体策划、有计划地开展项目技术管理工作

在设备进场前,结合工况编制有针对性的技术研究报告、对海况、土质进行细致分析,找准攻克点,为工程实施提供指导意见。

结合工程特点和资源投入,编制科学可行的施工组织设计和专项施工方案;制定并落实图纸会审制度、技术交底制度、设备材料检验制度、三检制度、技术档案管理制度等;结合工程内容和船舶特性制定不同船型施工作业指导书、特殊作业的施工作业指导书(陆域抛填施工)以科学指导船舶施工。

2.2 加强顶层设计、高目标引领技术管理工作

本项目是单体较大的海外港口建设项目,项目重难点多,项目管理层多次召开专题会部署技术管理工作,围绕既定目标制定行动方案,形成技术策划、创优计划、质量计划书、质量奖惩办法等文件,在项目实施过程中严格执行。

2.3 开展技术攻关、创新工艺方法解决工程难题

针对弗里迪运河海底管线种类、数量及分布情况不明的情况,成立课题攻关小组,组织多次现场勘查摸排管线情况、召开专家会商讨海底管线探明工艺并初步形成"V型"探槽探测工艺,充分利用现场资源实施和完善"V型"探槽探测工艺,成功排除运河海底不明管线风险,并形成"V型"探槽探测海底不明管线工法(图1)。

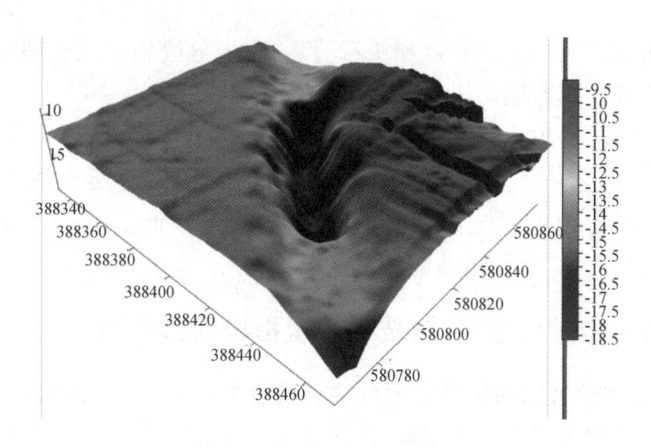

图 1 "V 型"探槽探测实施效果

2.4 及时开展典型施工、为现场施工提供技术支撑

在陆域清淤、泥驳定点抛填、航道疏浚等关键分项工程开工前,项目部依照既定的专项施工方案制定典型施工方案,对船机设备配备、施工工艺选择、工效发挥、质量控制等方面进行评估验证,以确保最终各方面均能达到要求。典型施工结束后,立即对施工效果进行分析,对发现的问题及时进行总结并制定相应的技术措施用于指导现场施工。

2.5 结合工程特点、工程难点开展技术工作

(1) 在工程实施中,发挥 200 m³ 抓斗船钢桩定位占用水域少、超大斗容抓斗施工效率高、钢桩抓斗配合可迅速移船避让的特点,充分利用码头营运空闲期进行陆域干扰水域清淤施工,解决了项目水域分批移交产生的施工干扰,为后方大面积陆域回填施工创造了条件。

(2) 在耙吸挖泥船进行运河航道疏浚中,疑似运河口门区域分布大范围石块,为进一步探明护底块石分布情况,采用先进的多波束测量仪器扫测运河口门水域,形成护底块石分布图,为选择投入匹配船舶资源进行口门护底块石开挖提供了基础。

(3) 在运河口门护底块石清除施工过程中,针对口门涌浪高、水流复杂的特点,改进抓斗船抛锚系统以增强锚抓力,加装长锚以稳定船体,从而为抓斗船在复杂水域施工创造工作条件。

(4) 针对沉箱后方回填进度慢、工作面提供滞后影响后续工序胸墙施工的难题,研讨利用耙吸挖泥船进行箱后回填,经充分研讨和多次尝试,成功使用耙吸挖泥船跨沉箱虹喷工艺和耙吸船接管舱吹进行箱后回填,大幅提高沉箱后方回填进度,为后续工作提供了充足的工作面[1]。

2.6 结合投入疏浚设备,深度挖掘施工工艺

(1) 在运河航道疏浚过程中,结合航道区域特点,采用大型耙吸船大面积航道疏浚、小型耙吸船针对性扫浅施工,运河油码头运营干扰区采用抓斗船精细化、少干扰施工。

(2) 在运河口门护底块石区域清除施工中,进行分区分段、分季节封航施工,减少施工对运河通航产生干扰,把口门通航段分为东槽、中槽、西槽三区施工以保证港口通航需

要,封航期半日封航以兼顾港口营运和块石清除施工,分段施工以合理布局挖泥船资源、减少施工干扰、充分发挥产能。

(3)在陆域回填施工中,采用自航泥驳抛填深水区底层砂、绞吸船和耙吸船回填浅水区形成陆域的指导工艺,研究自航泥驳定位抛沙工艺和耙吸船定位抛沙工艺,提高抛沙精确度和平整度,综合统筹了疏浚和回填施工安排[2],保证了疏浚、回填工作的顺利实施,形成多船型、多工艺综合回填造陆技术成果。

2.7 加强项目实施过程监控,以技术管理指导项目实施

(1)为严格控制绞吸船回填砂含泥量达到质量要求,针对取沙区土质跳跃性大的特点,对绞吸船取沙吹填进行全过程跟踪,从源头上加密取沙区钻孔核对取沙区砂质,在绞吸船取沙施工时监控仪表浓度、开挖到异常土质时及时停止挖掘,在管线排出口派专人值班盯砂质、发现含泥量高的吹填料时立即通知吹清水、调整取沙区,吹填后及时取样检测成陆区含泥量。

(2)针对陆域清淤区软土质分布跳跃性大的特点,为控制清淤区清淤质量,严格执行双控,确保开挖清淤区至硬土层,验收检测在水深检测外增加潜水员探管多点取样、核实淤泥清除效果,保证了清淤施工后的软土层厚度最小化、达到设计要求。

3 项目技术管理成果及提高建议

科特迪瓦阿比让港口扩建工程的疏浚吹填工作通过实施技术管理引领项目管理,项目领导层高度重视技术管理工作,不但形成技术管理为项目顺利实施保驾护航的良好态势,也陆续形成一系列技术管理成果,包括:完善的技术管理体系文件、编写技术论文 20 篇(发表 13 篇)、形成工法 1 项、3 项 QA/QC 小组成果(均获集团和公司奖励)、2 项科技研发成果等。

4 结束语

综上所述,随着社会发展和科学技术的不断进步,在疏浚吹填工程中要不断创新、研发和应用新技术、新工艺,持续更新技术管理理念,逐渐提高信息化在技术管理中的应用,实现技术管理骨干人员能力提升、项目技术管理水平不断提升,持续加强技术管理在项目管理中的引领作用。

参考文献

[1] 疏浚工程手册编委会.疏浚工程手册[M].上海:交通部上海航道局,1994.
[2] 王安德,杨春.工程施工组织与管理[M].武汉:中国地质大学出版社,2009.

平台公司海外大型 EPC 项目质量管理实践

陈继军,王笛清

(中国港湾西部非洲区域公司,科特迪瓦阿比让 06BP6687)

摘 要:通常平台公司项目部由于人员配置等问题,项目质量管理人员略少,难以完整地履行质量管理监督职责,主要质量管理流程靠分包单位自己控制或者由第三方把控,导致平台公司对项目质量管理风险把控较弱,极易导致质量事故发生,影响公司品牌形象。因此,如何积极主动推动项目质量管理,掌控质量风险成为平台公司需要考虑的问题。

关键词:平台公司;质量管控

0 引言

科特迪瓦阿比让港口扩建项目从 2015 年 11 月开工至今,未出现质量事故,未出现不合格品,多项 QC 成果获得集团奖励,现场一次验收通过率达 95% 以上,业主、咨工表示对本项目工程质量高度满意,对部分分部、分项工程甚至给予了免检的特权,这其中平台公司项目总经理部的质量管理思路及方法起到了非常关键的作用。本文对平台公司项目总经理部实施全过程质量管理进行总结,积累经验,反思工作,查改不足,为今后公司其他相同模式的项目起到参考和借鉴作用。

1 概况

科特迪瓦阿比让港口扩建项目地处非洲西部,项目为 EPC 总承包,主要内容包括:新建一座现代化的集装箱码头,一座滚装泊位和一座通用杂货泊位,拓宽和浚深 4 552 m 的运河航道,同时对航道口门处东西防波堤拆除并重建,项目采用欧洲标准设计施工。项目咨工方为两家国际知名咨询公司迪拜 CID 咨询公司、摩洛哥 Brighten Development FZE 咨询公司及科特迪瓦本地 TERRABO 咨询公司组成的联合体;由集团内的四家兄弟单位负责项目设计与施工。

2 项目核心质量风险点及质量管理难点分析

(1) 项目核心质量风险点

项目码头基床下方部分区域有软黏土和松散砂夹层,需采用换填砂振冲处理,最大换填层底标高达 −43.0 m,基床换填砂振冲处理难度大,沉降控制风险大。

(2) 项目质量管理难点

① 项目组织结构复杂,各实施单位以及业主、咨工方质量管理方式存在差异;

② 码头基槽开挖后最大深度达 −43 m,基槽较深,回淤风险大。基床换填砂层厚度大,振冲深度深,施工及检测难度均较大;

③ 码头采用重力式沉箱结构，上部结构为现浇混凝土胸墙，混凝土方量较大，易出现大体积混凝土施工质量通病，如混凝土裂缝等；

④ 码头施工存在大量隐蔽工程检验及验收，易出现码头施工的质量通病，如漏砂等；

⑤ 新防波堤堤头部分 Core-loc 安装处于外海无掩护区域，Core-loc 安装精确定位难度大；

⑥ 项目在开工前制定了创国家优质工程（鲁班奖）目标，创优标准较高。

上述质量管理风险点、难点及项目创优要求使得项目质量管理工作具有很大的挑战。鉴于本项目的质量风险及质量管理难点，为确保本项目工程质量及创优目标落实，项目总经理部特设立专职 QA/QC 部，配置经验丰富的质量管理人员及法语专业人才，全面负责项目质量管理工作。

3 "四个精神"引领项目质量管理

在项目的实施过程中，项目质量管理团队践行四个精神，即"服务精神，职业精神，工匠精神，创新精神"，取得了卓越的成效。科特迪瓦交通部及港务局参观团、几内亚总统秘书长及国务部长参观团等到现场参观，均对本项目工程质量给予高度评价，西部非洲部分国家在建港口及待建港口均将本项目作为示范工程予以推广，极大提升了公司在西部非洲区域的影响力。

3.1 四个精神之"服务精神"——换位思考，构建和谐关系

（1）真诚的态度

在与业主、咨工的沟通交流过程中，项目总经理部 QA/QC 部与各分包单位始终保持着真诚的态度，注重与非专业人士的沟通方式，按照先普及基本知识，然后讲解专业知识，再现场实操的思路，通过多种渠道消除疑问，取得业主信任。

（2）施工方案讲解

项目总经理部 QA/QC 部在施工过程中就各种施工方案对业主进行交底，采用通俗易懂的语言及流程图、形象示意图来描述施工方法，突出施工重点和施工顺序，让业主理解我们的施工方法和过程，使业主真正参与项目。

（3）按时提交验收计划

项目总经理部 QA/QC 部制定了《工序验收办法》，明确了工序的验收流程及责任人，在与业主、咨工沟通确认后予以执行。在各道工序验收的前一天向咨工提交第二天的验收计划，根据当天潮位以及现场实际进度将验收时间精确到分，方便咨工根据验收计划调整自己的工作时间。

3.2 四个精神之"职业精神"——建立健全项目质量管理体系

（1）质量管理，策划先行

项目总经理部于开工之前制定了项目质量目标及工程创优目标（鲁班奖－境外工程），总经理部 QA/QC 部结合该目标编制了质量计划书及工程创优策划书，在质量计划书中明确了项目质量方针，质量管理组织机构，质量管理职责，项目资源配置要求，质量控制措施及

保证措施、质量管理风险点、重点、难点、质量管理改进措施、记录管理流程等。

(2) 质量管理，职责分明

项目总经理部设 QA/QC 部，按照国家政策法规、公司规章制度及项目质量管理策划内容，主要职责包括：

① 建立项目质量管理体系，完成项目质量管理策划，制订项目质量计划书、工程创优策划书及各项管理制度(Plan)；

② 监督各实施分部的质量管理体系运行，确保各分部按照项目质量管理策划、工程创优策划书及各项质量管理制度要求实施(Do)；

③ 组织各项检查及各项质量会议、活动、培训，监督现场验收、试验、测量流程的规范化，对各分部质量管理体系运行进行考核(Check)；

④ 处理质量事故及问题，对发现的问题及潜在的隐患提出整改意见及提升措施(Action)；

⑤ 负责就质量管理方面的问题与业主及咨工进行沟通协调(Coordinate)。

(3) 统一质量管理思路

由于项目各分包单位来自不同的工程局，大家对于体系管理的认识不一，质量管理方式存在差异，因此在开工之前项目总经理部 QA/QC 部开展了长达半年的质量管理职责、质量意识、质量管理知识的培训教育活动，组织全员认真学习了 ISO9001:2015《质量管理体系要求》、ISO19011:2011《管理体系审核指南》、公司质量手册、程序文件及上级单位的发文与各项规章制度，确保项目参建全员的质量管理思路一致。

(4) 重视核心资源保障

① 人力资源

确定项目质量目标及创优目标后，项目总经理部与参建单位精心筛选项目质量管理团队成员，确保人员配置及资质满足现场质量管理要求。

② 设备资源

总经理部 QA/QC 部结合现场试验、测量、检测、监测、监控的工作要求，梳理了项目仪器设备清单，建立了仪器设备台账，要求各分部按规范及厂家说明定期对仪器设备进行标定及校核，同时积极推动先进检测设备的应用，确保检测数据更加科学、真实。

3.3 四个精神之"工匠精神"——严格的过程把控

设计、采购、施工的各阶段、各环节的工作优劣都影响着本项目的最终质量，因此从项目开工起，项目总经理部就要求全员严格执行已制定的质量控制程序、制度和措施，在质量管理中大力弘扬工匠精神，对项目实施的各环节进行认真的检查和确认，规范细致地开展质量管理工作。

(1) 设计阶段质量管理

为了确保设计成果质量，项目总经理部建立了设计文件审校制度，所有设计成果均经过逐级检查和验证检查，以保证设计满足规定的质量要求。

(2) 采购阶段质量管理

① 供应商的选择、评价

供应商提供的产品质量直接影响着本项目工程质量，因此项目总经理部对供应商实行严格的甄选,在质量层面给予决策意见,与各分部一起综合选择优秀供应商,并将供应商产品检测证明文件报业主及咨工检验,各层级把关,保证供货源头的质量。

② 监造检验过程的控制

对于关键工序的成品半成品,项目总经理部要求各分部安排专人驻厂旁站或巡检。对于业主、咨工重视的大宗材料和成品如钢筋、系船柱、护弦等,则邀请业主、咨工赴厂取样检测,保障进场材料和成品质量,同时增进业主、咨工对我方的信任。

(3) 施工阶段质量管理

施工过程中的把控直接关系到本项目实体工程的质量水平,为此项目总经理部通过推行标准化作业、强调技术推动质量、强化内部检验等手段确保了施工阶段的质量管理。

① 以标准化施工促进实体质量水平

项目总经理部把标准化作业作为精益管理的基本方法。本项目标准化作业不仅包含对作业程序的标准化,同时包含对作业时间进行标准化,极大地提高了实体工程质量并且促进了生产效率。以项目沉箱预制施工为例,项目在作业开展前先编制沉箱预制施工专项施工方案,施工方案经全体员工讨论后确定初稿,与咨工商议细节后定稿,再依据施工方案编制两级技术交底书,保证从管理层至操作层均掌握控制关键点。技术交底完成后组织典型施工,过程中明确底模铺设、钢筋绑扎、模板安装、混凝土浇筑、模板拆除、混凝土清理凿毛各工序的施工细节、所需时间及质量标准要求,总结存在的问题,提出改进措施,制定成为工艺标准,并在后续沉箱预制施工中予以推广,确保标准化施工的实施。

② 技术保障质量

项目总经理部高度重视施工方案的审批及执行工作,重大专项施工方案按照集团技术管理办法要求及时上报公司或者各分部局技术工艺部审批。在工程建设过程中,项目总经理部要求各分部积极推进"四新技术"的应用,以新技术、新工艺、新材料、新设备的应用推动项目工程质量。如在项目深基槽振冲施工中引入荷兰 ICE V230 振冲器,提高振冲效率的同时极大地提高了振冲密实度,有效地提高了一次性验收通过率。

③ 强化内检,咨工信赖

a. 工序检验

项目总经理部将工序一次性验收通过率不低于85%写入项目质量目标中,为达到此目标,总经理部 QA/QC 部制定了《工序质量"三检"制度》,要求各工序完成后作业班组、主管技术员、专职质检员对工序质量进行检查,检查无误后上报验收计划给咨工并完成验收,同时项目总经理部 QA/QC 部不定时抽查现场"三检"制度的执行情况,对于不执行制度的情况坚决予以处罚。

同时为激发现场主动内检,总经理部 QA/QC 部将一次性验收通过率纳入质量考核办法,定期进行评比,对于验收通过率较高的单位工程予以奖励。目前项目每月统计一次性验收通过率均高于95%,完善的内检流程增强了咨工对我方项目质量控制能力的信心,对部分工序给予了免检的特权,达到质量目标的同时极大地提升了生产效率。

b. 内检引领外检

对于业主及咨工不参与验收的工序项目,总经理部 QA/QC 部依旧严格进行把关,如项目码头块石基床打夯,欧标未要求咨工对该工序进行验收,为确保工后不发生沉降,项目总经理部 QA/QC 部依旧严格按照国标要求对该工序进行自检。对于部分关键检测项目如深基槽 SPT 检测,为确保振冲质量受控,项目总经理部实施的自检频率远高于业主、咨工验收的检测频率。项目总经理部在质量管理中的工匠精神得到业主、咨工的高度认可。

c. 试验检测

项目总经理部极为重视试验检测工作的开展,将规范的检测作业作为项目工程质量保障的重要手段之一。在开工前项目总经理部编制了项目试验检测计划书(Insepction and Test Plan),并与咨工沟通细节并取得审批后使用。

为确保试验检测结果可控,项目总经理部与本地国家试验室(LBTP)建立了合作关系,对于重点检测项目由项目总经理部外委 LBTP 复核,确保现场所有检测数据真实、有效。

d. 记录控制,文档管理

项目总经理部将记录控制作为质量管理的核心要素之一,项目总经理部及各分部均设专岗专职,编制了项目文档管理办法及有效文件清单,明确收发文及文件处理流程,在项目总经理部 QA/QC 部组织的月度质量大检查及每年的内审工作中均将文档管理作为重点检查项目,对发现的不符合项及时要求整改,确保项目运行全过程记录可查询,可追溯。

④ 以培训强化质量意识、技能

项目总经理部高度重视培训工作开展,在项目开工前结合现场人员技能、水平及施工总进度制定了培训计划,并严格按照计划实施。通过各种培训统一项目质量管理方向,提高全体员工质量意识与技能,营造全面质量管理的氛围。高效的培训促进了项目质量管理,获得了以下成效:

a. 工程实体水平提升;

b. 返工、返修次数减少,降低了返工成本;

c. 现场生产效率提升;

d. 增强了业主、咨工对项目质量管理的满意度。

3.4 四个精神之"创新精神"——质量管理提升

(1) 引入第三方专业团队进行指导及监管

为确保项目重、难点施工工序的质量和验收通过率,项目主动引入第三方专业技术团队予以技术支持和现场监管。比如防波堤 Core-loc 预制及安装,项目邀请 Core-loc 专利持有者 CLI(Concrete Layer Innovations)公司进行培训,在施工过程中给予现场专业技术指导,极大地提高了该工序的施工质量,获得业主及专利公司高度赞扬。

(2) 隐蔽工程检查可视化

项目总经理部 QA/QC 部注重隐蔽工程的检验工作,要求各分部使用先进的检测、监测设备将隐蔽工程的检查全过程可视化,如在防波堤施工中采用大型挖掘机搭载 3D 智能引导系统进行抛填及理坡,有效解决水下大块石理坡精度要求高、施工难度大等问题,确保了所获取信息的真实可靠性和完整性。

(3) 编制完成项目管理制度汇编

项目总经理部熟练运用 ISO 9001:2015《质量管理体系要求》及 GB/T 50358—2017《建设项目工程总承包管理规范》,GB/T 50430—2017《工程建设施工企业质量管理规范》,GB/T 19580—2012《卓越绩效评价准则》开展项目质量管理工作。在公司质量手册、程序文件及公司中心发文基础上编制了项目管理制度汇编,包括《质量奖惩办法》《记录管理办法》等多个项目质量管理制度,管理制度涵盖所有质量管理要素,使得项目质量管理有据可依。

(4) 开展多种多样的质量活动

项目总经理部通过组织多种多样的质量管理活动,提升项目质量管理氛围,增强全员的质量管理意识。定期组织实体工程评比、质量月、QC 小组活动、质量知识竞答等,通过横幅、板报、宣传画、网站、微信进行多方位的宣传,营造人人关心质量、人人打造质量、人人享受质量的氛围。

(5) 重视质量管理提升、改进

由于质量管理体系在运行的过程中不可避免地会出现与策划偏离的情况,因此项目总经理部在每年 12 月初自主组织各分部质量管理部门对质量管理体系运行情况进行内审,内审涵盖 ISO 9001:2015《质量管理体系要求》的各个要素。对于审核发现的问题发布不符合项和观察项整改报告,要求定期整改完成并进行复查,确保项目质量管理体系正常运行。

(6) 质量考核,引入激励机制

项目总经理部 QA/QC 部的质量考核主要针对各分部质量保证体系运行、设备管理、材料管理、过程管控、实体检查、文档管理等方面的工作,项目总经理部设立专项的考核基金,按季度实施考核,以考核促进落实,同时带动全员的质量管理积极性、主动性和创造性。

项目测绘队建设与管理的具体措施

王 瑞[1,2]，田 磊[1,2]

(1. 中国港湾西部非洲区域公司，科特迪瓦阿比让 06BP6687；
2. 中交广州航道局有限公司，广东广州 510220)

摘 要：测绘工作有着范围集中、内容具体、技术融合的特点，是项目施工的基础，贯穿于项目建设过程的始终，是项目建设能否顺利完工的关键。随着全球卫星导航定位技术、多波束水深测量技术、数字水准仪、无人测量船、无人机和智能化绘图仪等新技术、新设备在测绘作业中的广泛使用，测绘工作的安全系数大幅提升，环境因素对测绘作业所造成的不利影响正日趋减少。但因现阶段测绘工作者的技术水平、测绘经验、单独作业能力各不相同，在测绘过程中因信息渠道阻塞、工作责任心低下、工作心态不端导致误测的情况时有发生，极大程度上制约了新技术功能的正常发挥。在此情况下，打造优质项目测绘队，做好队伍的建设与管理显得尤为重要。文章介绍了优质测绘队及其成员应具备的特点、能力，并从团队组织结构、沟通机制、责任划分等方面提出了几点建议，可为今后类似问题提供参考。

关键词：团队建设；目标设定；协作沟通；责任划分；培训教育；技能提升

1 优质项目测绘队的特点

一般而言，工程的性质、规模及其实际进展决定着测绘队的组织机构及其规模。一个完整的项目测绘队通常由主管、技术主管及技术员组成，共同为项目的顺利开展提供及时、准确、完整的测绘产品。优质的项目测绘队不但可以保障测绘工作的进度及质量，同时亦可为项目及公司带来良好的声誉，故其建设的重要性由此可见一斑。通常来讲，优质的项目测绘队应具备以下特点[1]。

1.1 目标明确、协作互信

优质的项目测绘队在开展正式工作前，其测量主管会与项目管理人员、测绘队各技术人员进行充分探讨，对项目的个性特征、难度水平和测量条件等加以综合考量，结合施工进展、技术要求、测量成本等相关指标制定确切的测绘目标，并以此为依据确立详尽的工作计划，指导测绘队工作顺利开展。其确立的测绘目标应具备科学性、阶段性和技术指导性，确保每位测绘队员都能够根据该目标找到个人在团队中的准确位置及工作任务，将项目中现有的可用测绘设备、技术实力及人才资源发挥到极致。

在现阶段测绘成果检查实行"二级检查一级验收制度"（即过程检查、最终检查和一次性验收制度）的情况下，测量工作的连续性及准确性显得尤为重要。一项测量任务的顺利完成离不开项目测绘队各成员的共同努力。在测绘过程中，测量主管通常会凭借专业技能、综合实力以及个人魅力来增强团队凝聚力，鼓励队员增加互信，避免推诿扯皮等情况的出现；优秀测绘队员间则会加强协作，遇到难题合力解决，通过协作互信，提高自查、互查水平，降低误测、漏测等问题的发生概率，保障测绘产品的完整性、准确性。

1.2 应变灵活、沟通顺畅

在开展作业前,测绘队员需通过测量技术设计书大致掌握现场作业条件、技术特征、工期要求等基本情况,并通过现场踏勘、资料查验等形式加以核实。在测绘队员进行规范操作的过程中,如遇突发状况(如仪器设备故障、计划指令更改、人手调动、恶劣天气等难以预知问题),参与作业人员还应充分发挥主观能动性,在保障人员及设备安全的前提下,适时对作业计划作出取舍与调整,充分发挥手中现有资源,以快速灵活的反应机制应对复杂多变的作业环境,全力保障测量任务的顺利完成。

无论进行何种测绘任务,若想将测绘队力量发挥到极致,沟通环节不容忽视,优质高效的项目测绘队大都拥有顺畅便利的沟通机制。扁平化的管理模式配以多渠道、多形式、多方式的互动反馈机制,可大大满足不同岗位测绘队员的沟通需求。同时,和谐的沟通氛围及灵活、自然、亲切的交流方式亦可在无形之中增强队伍凝聚力、提升团队战斗力。此外,给予每位测绘队员平等的发言权,通过合理的激励制度鼓励测绘队员全过程参与目标及计划的制定、完善、修改工作,是激发队员工作责任心及意志的重要手段,可使测绘队整体操作水平、应变能力及创新实力得到质的提升。

1.3 长于自学、体魄强健

强大的自我学习能力是优秀测绘员的必备素养。随着测绘行业人工智能水平的不断提升,各类仪器、设备的更新迭代速度明显加快,受行业性质及工作环境影响,测绘员在项目中通常难以接触前沿、专业、系统的技术培训,倘若缺乏强大的自我学习能力,不能持续更新、储备知识及技能,将难以胜任日益艰巨的测绘任务,终会被潮流所淘汰。

在现阶段测绘行业中,无论是目标的设定、技术的创新还是新型设备的应用,都离不开人工的参与。因而,人才资源的各项维度作为影响测绘产品质量的关键指标,对测绘工作能否顺利完成具有重要影响。新技术、新设备的不断发展和更新,要求每位优秀测绘队员必须与时俱进,具备主动进行自我技术完善、技能提升的能力。

此外,因测绘队员的作业环境多以户外为主,工作条件较为艰苦,需长期接受风吹日晒的考验。例如,吹填区的测量、护岸的放样、水深测量等工作,均对测绘队员的体能及心理承受能力提出了较高的要求。因此,为保护测绘过程中的人员安全,保持测绘队员高效的工作状态,保障测绘产品的良好质量,强健的体魄不可或缺。

2 加强项目测绘队建设与管理措施

2.1 合理确定规模、加强组织管理

尽管在测绘行业中,无论陆域测量亦或海上测量,其测量原则、测量环节、测量步骤通常大同小异,但不同项目的测绘任务,如疏浚项目测绘、吹填项目测量、水工项目测绘等,其个体特征仍有所差异,所涉及的技术及设备也不尽相同。这就要求测绘队伍的搭建及人员的选配必须以工程项目的类型及难易程度为基础,确保项目所配备的测量人才足以满足该工程的全部测绘需求。同时,为实现人才资源的最大化利用,项目测绘队的

规模应与工作量相匹配,避免配员过多导致资源浪费。考虑到工作经验与知识结构的差异,项目测绘队的组建应以"老中青梯次搭配"为原则,在年龄结构上形成合理梯队,保持队伍活力的同时注重专业知识配套与工作经验的互补,优化组合,增强队伍整体实力。

项目测绘队的现场管理通常采用扁平化管理模式,队伍领导层级少,信息传递速度快、真实性高,有利于基层测绘员充分发挥积极性与创造力,但同时也容易产生管理混乱、工作任务加重等问题,进而降低团队员工作效率。因此,在日常工作中应加强对项目测绘队的组织管理。要从考勤制度、会议制度等"小微制度"着手,建立健全项目测绘队各项规章制度,明确全体队员权责分工,规范各项操作流程,帮助树立牢固的组织意识、程序意识;要切实提高项目测绘队团体协作能力,提升沟通协调水平,提高队员执行能力,不断细化工作流程,严格按照组织原则、程序展开工作,确保各项工作张弛有度、推进有效;要加强组织监督,强化纪律约束,将纪律考核纳入推优评先参考范围,不断加深项目测绘队员的组织纪律意识,督促其严格按照行为规范办事,对于上级组织及领导下发的各项政策、指令做到令行禁止。多措并举全面提升组织管理水平,打造高标准、高愿力、高执行力的一流项目测绘队。

2.2 明确管理目标、培育测绘精神

测绘是工程之眼,测量结果可为项目建设提供数据指导,一旦出现误差,极有可能使后续的项目建设差之毫厘,谬以千里。由此,如何进一步提高测绘精度及作业质量,成为一道摆在所有测绘人面前有待解决的重要问题。而大量实践经验证明,清晰明确的测绘管理目标是保障测绘工作有条不紊开展、大幅提升工作质量及效率的重要举措。因此,测绘工作开展前,项目测绘队要以技术设计书为指导依据,紧密围绕工程建设要求,在合理的成本把控原则下,综合考量项目特征、技术参数、人力资源水平等影响因素,制定清晰合理的阶段性测绘目标。在工程各阶段的测绘工作中,要制定分工明确、权责清晰的工作计划,确保参与测绘项目的人员、技术、设备得到充分配比、合理组合,充分发挥项目测绘队技术实力。同时,针对可能出现的各种突发问题,还要提前备好应急计划及措施,不断督促队员严格按照规范要求展开工作,加大对操作流程的自查、互查力度,杜绝工作流程"出岔子"、操作环节"掉链子",避免因目标不明、计划不周等问题破坏测绘作业的完整性、准确性。

测绘行业艰苦、枯燥的工作环境,不断融入、更新的技术、设备,要求每位项目测绘员必须具备较高的敬业精神、探索精神,方能适应时代对测绘人才提出的更高要求。为培养队员爱岗敬业、勇于探索的职业精神,项目测绘队要营造专注投入的工作氛围,对甘于奉献、吃苦耐劳的优秀队员应时常进行正面鼓励、表扬,充分发挥绩效考核及薪酬奖励制度的激励作用,勉励队员扎根岗位做出成绩,通过精神激励与物质奖励相结合的方式培育测绘队员融入感、归属感;要高度重视队员关系管理,鼓励项目测绘队管理人员与基层测绘员加强沟通,听取队员想法,掌握思想动态,鼓励队员充分发挥积极性与创造力,杜绝消极思想在队内传播、蔓延;要充分利用岗位责任制及晋升制度,确定队内各成员岗位职责与晋升方式,明确个人努力与未来发展之间的阶梯关系,缔造团队及个人的责任意识、担当意识,鼓励队员在自我反思与改正的过程中不断进步、成长;此外,还应充分利用

测绘过程中遇到的技术难题和突发情况来激发队员探索精神,使测绘队员深刻意识到探索精神在完善测绘工作、履行岗位职责、拓展发展空间等方面所具备的特殊意义,激发主动探索行为。

2.3 完善沟通机制,激发团队活力

受测绘队组建原则影响,来自五湖四海的测绘队员在年龄层次、性格特点、知识水平等方面不尽相同,看待问题的角度与观点也各有差异,故在测绘工作中出现矛盾、冲突等情况也在所难免。但并非所有矛盾、冲突都是消极的,如水准路线的选择、验潮点的选取、测深架制作方法等方面的不同见解有助于测量工作的最优化完成。项目测绘队应充分发挥矛盾积极作用,避免矛盾消极影响,通过不断完善沟通机制,打破队员间的隔阂,减少因信息阻塞导致的测绘问题,采用行之有效的调解方案,提高矛盾处理能力,有效避免恶性冲突的出现与发展。为此,项目测绘队要丰富沟通方式,建立多样化交流渠道,除常用的电话沟通、软件交流及口头表述等非正式沟通方式外,还要充分利用邮件收发、文件传达、例会等正式渠道强化交流;在采用文件沟通时,应建立内部沟通标准、规范,明确文字交流时的格式、方式、语言,避免信息在传递过程中因表达方式的不同而产生偏差、纰漏;针对不同类型的矛盾,还要制定不同的调解策略,一旦问题爆发,应在最短时间内判断矛盾类型,并对矛盾解决策略、方案进行合理调整,因情施策,将矛盾化解于发端。

此外,若想充分发挥测绘队实力,保障测绘工作高品质、高效率地完成,项目测绘队应不定期开展或参加劳动竞赛、拓展训练等活动,通过表彰、奖励的形式提高队员参与意识、竞争意识,引导其主动发现自身问题并进行改正学习,提高综合学力,增强岗位竞争力,激发队伍学习活力;要尊重每位测绘队员个性,鼓励开展创新实践,结合不同岗位的岗位职权、岗位价值和队员发展要求,不断优化创新激励制度,鼓励队员保持质疑精神,在测绘工作的各个环节探寻新思路,追求新作为,激发团队创新活力;应鼓励测绘队员提高互信、协作共进,加强团队建设,培养团队精神,提升团队凝聚力,在日常工作中不断发展、优化组织文化,保持队伍文化活力;考虑到测绘行业人员调动及流失率问题,项目测绘队应加强与人力资源部门沟通,按需进行人才调动,不断为各岗位层级注入新鲜血液,确保人才队伍的可持续发展,并在日常测绘工作中持续培养后备力量,保持队伍发展活力。

2.4 加强培训教育,提高工作水平

为出色做好工作中的各项既定任务,不断提高人员作业水准及综合实力,项目测绘队应在做好日常工作的基础上,加强对基层成员的教育培训,以更好地适应测绘行业日益进步的技术变革与科技创新,满足时代发展对测绘队员提出的更高要求。要科学制订教育培训计划,坚持需求导向,以解决实际问题为出发点,有针对性、时效性地举办各类技术、设备专题培训教育;加大"技术交流会""每月一讲"等互动式培训的开展力度,让测绘队员在交流探讨的过程中,逐步对新技术、新技能产生浓厚兴趣,进而激发主动探索欲望,提高学习效果;要牢固树立"学习即成长"的思想意识,通过定期检测与精神激励相结合的方式在队内营造浓厚的学习氛围,鼓励队员养成良好习惯,随时随地进行自主学习,

逐步完善、丰富个人知识体系及技能储备；要坚持学以致用，将理论学习与现场实践相结合，以培训教育丰富知识广度，以实践探索提升思维深度，加强测绘队员的思维转换及知识应用能力，从而达到工作学习相互促进的目的。

此外，为不断提高工作水平，提升测绘产品质量，项目测绘队除应善于学习外，在工作中还需勤做思考、多做总结，善于转变工作思路，灵活应对测绘过程中的各种问题；要始终秉持求真务实的工作理念、科学严谨的工作态度，通过自我监督与相互监督相结合的方式，保证数据的客观准确性，杜绝弄虚作假、耍"小聪明"；要主动克服畏难心理，遇到问题迎难而上，保持钻研、探索精神，提高动手实践能力，善于通过多种方式查找问题起因，寻求解决方案；要细化工作目标、流程及方案，狠抓落实，通过精心操作推进各项工作有序开展；要灵活运用不同资源，合理组合、规划管理、优化配置，将可用仪器设备、人才等资源发挥到极致，全力提高测绘作业效率及质量水平，打造优质项目测绘队。

3 结束语

在建筑行业中，测绘工作紧密融入施工过程中的各个环节，无论是项目前期的控制测量，亦或是项目中期的检测测量以及竣工测量，都需要项目测绘队的全力配合。在当下科技水平尚难实现无人化智能测量的情况下，项目测绘队作业的准确性、及时性对于把控工程质量及进度起着至关重要的作用。由此，通过多种方式持续强化项目测绘队的建设及管理具有十分重要的意义。

参考文献

[1] 邢稳,王惟一.测绘工程中特殊地形的测绘技术方案[J].地球,2015(4):279.

条码技术在海外建设项目仓储管理中的应用

邢启超[1,2]，孙国辉[1]

(1. 中国港湾西部非洲区域公司，科特迪瓦阿比让 06BP6687；
2. 中交一航局第五工程有限公司，河北秦皇岛 066022)

摘　要：物联网的发展提升了工程项目物资管理水平。文章结合阿比让港口扩建项目，分析该项目仓储管理现状与管理难点，并针对性地引入条码技术，分析该技术特点及总结其在项目中的具体应用，实践表明：将条码技术应用到项目中，能够达到"降本增效"的效果，提高了物资管理的信息化水平。

关键词：条码技术；仓储管理；物资管理

物资占一个项目成本的60%~70%左右，做好项目物资管控是项目的前提保障，而仓储管理又是物资管理的一大重点，目前，大部分施工单位的项目部仍采用较为粗放的方式进行物资仓储管理，在高新技术快速发展的新时代，尤其是近几年物联网迅猛发展，仓储管理软件不断地应用在制造业、零售业等行业，极大地提高了行业的物资管理水平，降低了物资管理成本。

1　阿比让港口扩建项目防波堤工程仓储管理现状

1.1　物资规模

该工程主要工程材料包括块石、混凝土、钢筋、土工布、燃润料，辅助材料主要包括设备配件、模板、工器具等，其中设备配件量大、种类多，是辅助材料中的重点控制对象。

根据工程实际物资需求情况，项目部将仓储物资分为钢材，水泥及其制品，燃润料，陆上施工设备及其配件，水上施工设备及其配件，其他金属材料，木材及竹木制品，地材，化轻，标准件及电工产品，建筑装饰材料，专用材料及工器具等11大类。

该工程项目块石用量为 46×10^4 m³，混凝土 3.7×10^4 m³，船舶、挖掘机、装载机、自卸车、发电机、拌合站等设备施工配件共计3 500多种，每种配件数量不一，少则一件，多则几十件，其他各型号的钢板、工器具、低值易耗品、劳保用品等种类繁多，高峰期仓储物资达到12 000多件。

对种类繁多、数量庞大的物资进行精细化、科学化管理，需要强大的仓储管理能力及先进的管理技术、管理工具支撑。

1.2　仓储管理流程

物资收发存的全过程：采购人员采购的物资到达仓库时，仓库管理人员根据物资标准从外观到性能进行检验，物资合格根据数量点收入库，物资不合格不予入库，退还供应商，物资入库后，仓库管理人员根据材料性质对物资进行保存，保存过程中按时进行盘点,现场需要时根据领料单发放物资,实现物资出库[1]。根据物资收发存流程绘制流程图,如图1所示。

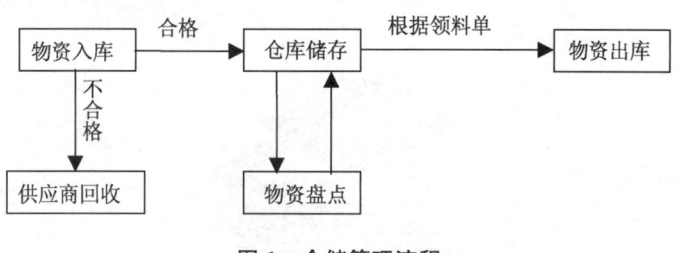

图1 仓储管理流程

1.3 仓储管理难点

该项目的仓储管理有两大难点:(1)物资种类繁多、数量庞大,设备配件具有较强的专业性,对仓库管理员的专业能力要求较高,增加管理成本;(2)物资的领用过程中,物资查找时间较长及领用步骤较多,影响工作效率。

2 条码技术

2.1 条码技术的定义

条码技术是实现 POS 系统、EDI、电子商务和供应链管理的技术基础,是物流管理现代化的重要技术手段。条码技术包括条码的编码技术、条码标识符号的设计、快速识别技术和计算机管理技术,它是实现计算机管理和电子数据交换不可少的前端采集技术[2]。

2.2 条码技术的特点

(1) 条码易操作、易维护。对于室外场合,使用计算机登记信息非常不方便,通过使用条码采集器,可以在操作现场将采集的条码信息保存在采集器中,然后传输到计算机。条码采集器外形轻便,操作简便,不需要安装配置软件系统,极大地提高了系统的使用性。

(2) 可靠准确。有资料可查,键盘输入平均每 300 个字符出现一个错误,而条码输入平均每 15 000 个字符出现一个错误。如果加上校验位,出错率是千万分之一。

(3) 易于对物资进行跟踪,合理管理。通过将物资编码、并且打印条码标签,便于物资跟踪管理,有助于做到合理的物资库存准备。

(4) 易于降低库存成本。利用条码技术,对仓库进行基本的进、销、存管理。

(5) 便于对供应商进行评价。通过产品编码,建立物资质量检验档案,产生质量检验报告,与采购订单挂钩建立对供应商的评价。

3 条码技术在仓储管理流程中的应用

手持终端与电脑进行无线连接,通过手持终端进行物资的出入库操作,电脑同步显示相关信息。图2为电脑端主界面。

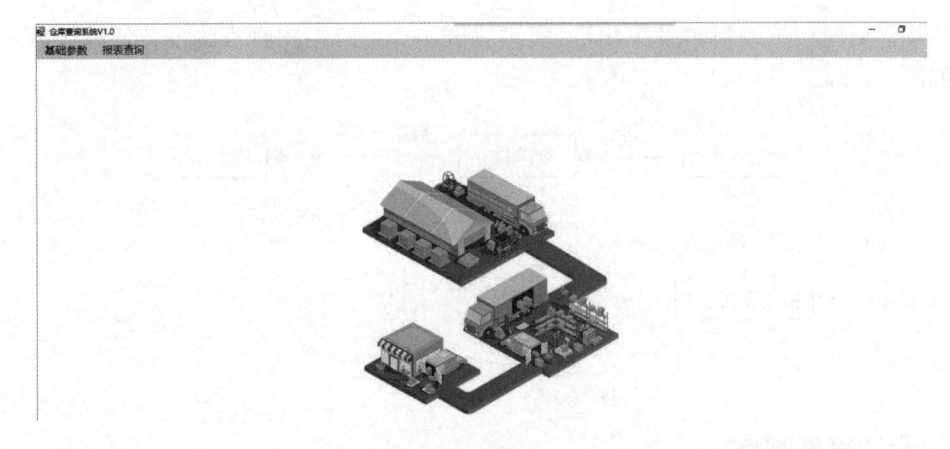

图 2　电脑端主界面

3.1　产品管理

入库前,通过手持终端编制打印条码,产品管理中自动生成随机码,随后输入物资编码、物资名称、规格型号、单价、使用部位、备注等信息,打印条码,将条码贴到配件上,便于扫描入库。

如果要查看历史的产品数据,手工输入随机码,或者扫描随机码后,点击后面的查询按钮,则显示该产品的详细信息。

当条码标签损坏时,可以根据随机码查询,补打条码标签。

3.2　入库、出库管理

入库:扫描打印出来的条码,显示产品的详细信息后,输入入库数量,点击确认。数据将自动录入系统,库存数量累加,同步到电脑软件。

可以根据日期、使用部门、物资编码、物资名称等进行查询,生产入库表,并可根据实际需要导出 EXCEL 格式文件。

出库:出库时扫描条码,显示产品的详细信息,手工输入出库数量和领用部门,进行确认,同步到电脑软件。

可以根据日期、领用部门、物资编码、物资名称等进行查询,生产出库表,并可根据实际需要导出 EXCEL 格式文件。

3.3　库存管理

可以根据日期、使用部门、物资编码、物资名称等进行查询,生产库存表,并可根据实际需要导出 EXCEL 格式文件,通过扫码进行物资盘点(见图3),能够令管理人员及时准确地了解库存物资信息,保障施工生产。

图 3　物资盘点

3.4 条码技术应用中的降本增效

将条码技术应用到阿比让港口扩建项目防波堤工程的物资管理中,规范了进出库程序,能够准确地对库存物资进行查询,便于物资低于安全库存时及时进行补充,保障生产的顺利进行,减少盲目的采购物资,对采购具有指导意义,降低了由于大量不合理采购造成物资成本的增加,从整体上节省项目物资管理成本(见表1)。

表1 采用条码技术优势

采用条码技术前	采用条码技术后	成效
专业化仓库管理人员	普通仓库管理人员	节省4 000元/月
出库时间5—10 min	出库时间1 min	每件物资出库节省4—9 min
每件物资盘点2 min	每件物资盘点0.5 s	每件物资盘点节省1.5 min

由于物资入库时将物资信息全面地编入条码中,扫码时可以准确地查询,对于大量设备备件的管理来说,专业性人才的要求降低,一名普通的仓库管理员即可操作,可以节省人工成本。物资出库时、盘点时扫码即可,节省出库、盘点时间,增加了准确性,提高了工作效率。

对于项目管理来说,条码技术应用到物资管理中,降低了项目成本,提高了工作效率,起到了"降本增效"的作用。

4 结束语

将条码技术应用到库存物资较多的阿比让港口扩建项目防波堤工程的物资管理中,从物资入库、库存管理包括盘点到物资出库,起到了"降本增效"的作用,尤其是对于设备备件的管理,起到了优化作用,提高了阿比让港口扩建项目防波堤工程物资管理的标准化、智能化和信息化的水平。

条码技术在该工程项目的成功应用,为条码技术在工程项目物资管理中积累了经验。

参考文献

[1] 田侠,陈先五. 仓储与配送管理[M]. 大连:大连理工大学出版社,2009.
[2] 谢金龙,王伟. 条码技术及应用[M]. 北京:电子工业出版社,2009.

国际工程项目工效降低索赔案例分析

刘振兴

（中国港湾西部非洲区域公司，科特迪瓦阿比让　06BP6687）

摘　要：工效降低索赔在国际工程商务索赔领域里是较为特殊的一种索赔，它往往只有工期的延长而少有费用的补偿。但如果工效降低对承包商的项目成本影响是巨大的，那么费用索赔就是在所难免的。本文根据某国际工程实际案例，分析了如何在工效降低的情况下，避开工效降低系数这一模棱两可和难以公认的概念，充分发挥合约管理能力，合理计算工效降低产生的成本费用，最大限度地保障承包商的利益，以及在谈判中如何变被动为主动，达到索赔成功的目的，甚至引导业主发出变更指令，扩大自己的施工范围，增加项目营收。

关键词：国际工程工效降低；索赔

0　前言

在工程索赔实践当中，很少有工效降低索赔，一般是工期延长的索赔，很少涉及成本增加的索赔。这是因为工效降低系数很难确定，承包商和工程师对该系数的界定存在分歧，因此索赔会因此而搁浅。同时，由于现场条件变化、工程变更、施工准备不足、物资供应不连贯等诸多因素都会引起施工效率的降低，使得索赔人员难以准确计算工效降低所引起的成本增加数额，难以准确划分承包商与业主之间的责任，从而使工效降低索赔难度系数增大。

和其他类型的索赔一样，工效降低索赔的前提是引起工效降低的原因不是承包商的责任或不应由承包商承担的风险，而是由于业主方面的原因或应由业主承担的风险。但如果属于客观原因或共同风险如罢工、战争、自然灾害等，承包商可以获得工期延长，而很难得到经济补偿。

但是，实施工效降低索赔的过程，实际上就是一个化被动为主动、化不利为有利的博弈过程，不但需要索赔人员深刻了解合同内容和投标文件，还要求索赔人员了解现场的实际条件，敏锐地发现对己方有利的一切因素，在平时积累大量的索赔素材，了解索赔额的计算方式和谈判手段，因此，工效降低索赔对索赔人员的专业素质要求相对较高。

1　工程背景

某国际工程项目属现汇项目，合同并非基于FIDIC而编制，而是业主根据其内部合同标准而编制的，合同条款对承包商极为不利，合同额约3 800万美元，工期18个月。该项目紧邻某村落，是后期超大型项目的前期准备工程。该项目石场和工程主体在村落东侧，而取土区在村落的西侧，运输道路正好穿越村落的主干道。

在项目的实施过程中，由于业主和其他股东之间在融资问题上出现较大分歧，同时考虑到当时国际市场上其产业下的产品价格处于历史低位，因此业主有意拖延项目的实

施进度,并且试图把项目拖延的责任转嫁到承包商一方。业主采取的方法是:

(1) 以 HSEC 的要求为名,限制所有运输车辆的车速,在取土区范围内,车辆速度不得超过 25 km/h,在村落内行驶速度不得超过 10 km/h,在工程主体场所内车辆速度不得超过 25 km/h。

(2) 业主以另一股东(某银行组织)制裁承包商不得参与其投资项目下的公路工程为由,禁止承包商修建施工便道,该施工便道原则上可以避开村落主干道和居民聚居区。

(3) 业主以石山上有珍稀植物物种为由,要求承包商对珍稀植物采取防护措施,并修改原有的石山开采计划[1]。

2 策略分析

(1) 关于限速。通过多方查证,在合同及招标文件中,业主都没有要求或表明态度要限制车速,而且,在当地的主干道路上,有 60 km/h 的限速标志,并非业主所要求的 10 km/h,而且业主批准的承包商的进度计划,也是基于常态施工速度的情况,并非限速状态下的进度情况,因此,承包商有充分的理由认为业主对承包商造成了工效的降低,应该对承包商予以工期和费用的补偿。

(2) 关于某银行的制裁。承包商首先从合约的角度出发,认为业主在合同中已经同意由承包商修筑该施工便道,现突然改变决定,加剧了承包商的工效降低的现实;其次,承包商为避开上述某银行的制裁,提出可以免费为该村落修筑该条施工便道,这样就不牵涉该银行投资建设的问题,也就不存在承包商被制裁的问题,这样一来,不但显示出了承包商为此项目投入的诚意,努力为业主推动项目进程的决心,另一方面,也是对业主不言自明的有意拖延该项目的一个有力反击;最终业主作为一个国际知名的企业,在这种压力之下,发出了变更指令,仍由承包商承建该施工便道,不仅如此,承包商从长远考虑,准备了一份详细的道路升级建议书,建议对该施工便道的路线和结构设计进行升级,使得该条道路的合同额比原有合同额超出了 40%,成为项目二次经营的成功案例。

(3) 关于石山珍稀植物物种的保护。关于珍稀植物保护,合同和招标/投标文件中都未提及,该情况也并非一个有经验的承包商能预见的,采取防护措施也是合同之外的施工内容,业主应对承包商为实施植物保护而发生的费用予以补偿。这个看似只是一个简单的费用索赔,实际上,是在为后面的工效降低索赔做铺垫。正是由于业主首先承认了该不可预见情况的出现不是承包商的责任,承包商才能继续推出下一步的索赔,那就是由于珍稀植物物种的出现,原有的爆破方案发生了较大的改变,由此造成的成本影响,对于一个合同额只有 3 800 万美元的项目来说,是不可小觑的。

3 工效降低的索赔

在以往的工效降低索赔事件中,都是以工效降低系数来分析的,考虑到对于这样计算的结果双方难以达成一致,承包商采取了按照实际发生的损失来计算。除了考虑工期索赔之外,在此重点分析如何计算在工期延长期内的成本增加数额。

(1) 人工费。在人工费当中,主要分两部分,第一部分为承包商管理人员的费用,第二部分为现场劳工的费用。

关于承包商的管理人员费用，按传统方法，可根据合同 BOQ 中"承包商现场管理费"一项为基础进行计算，但是业主显然不同意，业主为了降低自己的成本负担，会要求承包商按照实际发生的费用来进行索赔，那么承包商前期上报业主并经业主批准的组织架构文件十分重要，因为该组织架构明确体现了承包商管理人员的人员设置及职位分配，从而得出承包商管理人员的数量及其薪资水平，该计算方式和结果更易被业主认可和批准，事实也证明了这一点。

关于现场劳工的费用计算，关键是要有详细的施工日志，且每份施工日志都应有业主现场代表的签字予以认可，因为施工日志详细记录了当日的施工区域、施工内容及时间、施工机具及数量、劳工种类及人数、完工量等。平时有了这些有利素材的积累，才能在索赔当中有理有据，站得住脚。业主也很难否认已经由其代表签字的文件的真实性。如此一来，当地劳工的费用，可以按照合同内对于不同工种的薪资待遇的定义进行计算。这种计算方法，从人员数量和待遇水平两个层面分析，都是毋庸置疑的且准确的。

（2）材料费用。在合同中，业主对设备和劳工都按类别制定了每小时、每天、每周的费用标准，对于设备，则是规定了闲置期间费用和工作期间的费用。关于材料的费用，需要多方面得考虑，例如，由于限速的要求，配套设置了村落主干道的围、警示带、沿路设置了电子速度检测仪、石山上为了保护珍稀植物安置了含有水泥墩的围栏、村落主干道的碎石铺设等。所有业主因 HSEC 而提出的额外要求，都会引起合同范围外的材料消耗和设备使用。除此之外，由于工效降低，使得工期延长，由于该项目因限速等问题争取到了 2 个多月的工期延长，期间营地的运营维护费用、办公耗材、承包商人员生活开支、水电费、劳保用品等，都应该计入成本增加的计算当中[2]。

不仅如此，由于石山的设计方案发生了变更，承包商专门从国内请来爆破工程师，多方论证，钻孔深度和爆破数量都增加了不少，通过计算，仅炸药的消耗量就增加了 12 吨，与之配套的雷管、引线等材料，都使施工成本发生显著增加。通过合理报价，承包商可以从中获取更多的利润。

这样一来，对于一个只有 4 000 万美元的项目，以上结果对利润的影响，是立竿见影、不容小觑的。

（3）机械设备。对于机械设备的工效计算，同样不能按照工效系数来模糊计算，为保证费用索赔的成功概率，所有的计算依据都必须准确可靠。在不能单纯通过工效系数来计算成本费用时，机械的种类、数量、工作时间、工作量、每小时/每天/每周的计酬单价是计算中的几个重要因素。就该项目而言，机械的种类和数量在每日的施工日报中都有体现。这里，以自卸车作为研究对象来考虑机械设备的成本增加情况。考虑到限速指标是一定的，而理想状态下的车速也是可以预见的，因此，可以通过计算这两种情况下运输的时间差和总运输次数，计算出总的时间消耗，即

单个运输周期时间差＝实际单个运输周期耗时－理想单个运输周期耗时；

总耗时＝单个运输周期时间差×总车次；

这种方法就是通过对时间的计算，来反映设备的使用情况。这需要精确计算运输的距离，以业主限速指标为车速的最高值，不仅如此，由于业主禁止承包商修筑辅助道路，村落中的道路无法满足合同约定的双向两车道，承包商根据业主的建议，每 100 m 设置

一个错车区,共 12 个,基于此,需计算车辆在错车区的平均等待时间、重新启动所需时间以及错车次数。再考虑无错车时的运输状况,得出因限速、错车、取土区等待等因素,每辆车在每个运输周期内,额外消耗了 15 分钟的时间这一结论。通过日报中的运输车次统计出自限速以来的运输总量。对于时间的计算,可以参阅下表:

表 1 机械成本费用计算表

位置	车次	额外耗时	累计耗时
A—B	473	15 min	7 095 min
C—B	2 669	15 min	40 035 min
D—B	29 893	15 min	448 395 min

累计耗时=495 525 min/60 min=8 258.75 h
设备成本费用=45 USD/h
累计成本费用=371 643.75USD

上表只是较短时间内的机械费用计算,单自卸车一项就达到了近 40 万美元。在上面的计算中,其实还可考虑司机因为加油、合理休息等因素导致实际耗时是计算耗时的 1.1 倍,这样可以增加索赔数额。此外,这里对时间的计算结果,同样可以用于人工费的计算,即用该累计时间乘以司机每小时的薪资标准即可。

对于石山开采的情况而言,由于珍稀植物的出现,导致开采方案发生变化,特别是爆破方式和运输路线都发生了较大的改动。其中,为了符合业主要求,承包商不得不在石山的东侧修筑一条曲道,从山后开始装料运输,因此,修路和运距增长,对工期和成本都产生了较大的影响,同样可以通过工效降低这一方法来进行索赔。在此不予赘述。

不难看出,上述因工效降低而增加的成本计算,是一个动态累计的过程,直到这种影响完全消除,或受限速因影响的工作全部完工为止。

4 小结

通过上述实际案例不难发现,工效降低索赔属于难度非常大的一种索赔类别,它需要注意以下几点:

(1) 对于这种双方签署的不以 FIDIC 合同模板为基准的合同文本,内容上一定要做到详尽,面面俱到,比如本文中提到的项目管理人员的组织架构和人、材、机价目表等,都要体现在合同条款中,以便发生索赔时可以直接引用。

(2) 吃透项目的所有合同文件甚至技术文件,准确分析业主指令的合理性和责任划分问题。

(3) 一定要结合现场实际,多观察,多取证,监督分包人员将所有施工事件或业主指令按流程落实在日报、会议纪要、信函等业主批准的文件中,以便发生索赔时直接引用。

(4) 承包商要应势而动,通过各种商务手段化被动为主动,在合理范围内对业主形成压力,尽最大努力保障承包商的利益。

(5) 索赔本身就是一个复杂的博弈过程,在与当地业主谈判、斡旋的过程中,还需要洞悉当地人的思维习惯,了解其企业内部的运作模式,这对谈判的成功是有百益而无一害的,甚至会有很奇妙的助推作用。

(6) 提高索赔的洞察力,创造索赔的机会,这也是一个项目团队能否成功开展二次经营的能力体现。

参考文献

[1] 张鸿喜,胡佳.国际工程项目工效降低费用索赔计价方法[J].国际经济合作,2008(10):64-67.
[2] 刘志强,杨小晋.关于工程索赔中承包商的施工效率损失的定量探讨[J].河北建筑科技学院学报,2003(01):81-84.

海外项目施工船舶通航协调沟通机制研究

董帅帅[1,2]，闫继红[1,2]

(1. 中国港湾西部非洲区域公司，科特迪瓦阿比让 06BP6687；
2. 中交广州航道局有限公司，广东广州 510220)

摘　要：文章以科特迪瓦阿比让港口扩建工程项目为背景，结合项目自身特点，充分研究分析当地港口运营实际情况，在港口调度室与施工船舶之间成立了一个协调环节，即通航协调室，以此协助施工船舶进行专业、高效和不间断的信息传达，从而提高了施工单位、港口运营管理的效率，达到了共赢的目的。

关键词：海外项目；通航协调；沟通机制

1 研究背景

1.1 工程概况

阿比让港口扩建工程的施工内容主要包括三个子项：(1)新建一座现代化的集装箱码头，港池水深按近期满足第五代集装箱船靠泊的需求进行疏浚；(2)新建一座滚装码头；(3)拓宽和浚深弗里迪运河航道，同时拆除和改建运河口门的旧防波堤。工程施工区域位于营运中的阿比让港区内，包含集装箱船泊位、散货船泊位、渔船泊位、进出港航道及多处锚地。

此外，作为商船进出阿比让港唯一通道的弗里迪运河，航道全长 4.6 km，宽约 370 m。运河航道为单向、运营航道，通航宽度约 250 m，最窄处位于运河口门，该处通航宽度仅约 135 m。运河航道内有正在运营的油码头以及工作船码头。航道内潮流流速较大，最大落潮流速约 5 kn。

1.2 阿比让港通航情况

阿比让港口运转十分繁忙，弗里迪运河作为唯一的出海口承担所有船舶，包括大型货船、油轮、渔船、施工船舶、私人快艇的通行。根据港口调度部门统计，阿比让港每天最高峰累计进出大型商船 20 艘次，大型渔船 40 艘次，小型渔船 60 艘次，人工动力小渔船不计其数。需要调度协调的船舶，每天进出总量平均约为 90 艘次。

根据调查，阿比让港船舶进出港时间为 24 h 均匀安排，通航船舶尺寸主要分布在 150 m～200 m 或以上的大型货船或油轮，船舶通过弗里迪运河时占用航道时间平均约为 15 分钟。

2 通航沟通机制方案比选与确定

阿比让港港口管理由港区调度室负责，统筹调配进出港船舶。港口调度员将管理信息传递给船舶,船舶根据指挥行动,并及时向港调反馈状态信息。参建单位施工船舶在作业、移船、避让和外海抛泥等活动时,需要与港口调度室建立联系。参建单位经过研究分析,制定了三种方案来解决通航协调沟通机制问题:

(1) 方案一:每条船舶配置中法或中英翻译,负责信息传达

①本工程在场大小施工船舶共有 58 艘,所有船舶均 24 h 待命,考虑连续作业和人员休息,共需配置翻译至少 116 人,占施工人员总数的 24% 左右;②按照人工成本 1.5 万元/人计算,每月人工成本至少 174 万元;③翻译人员要随时在驾驶台待命,在行动上存在很多不便。

该方案经试运行,无法满足安全、高效、经济的通航管理要求。

(2) 方案二:施工船舶直接与港口调度室联系

①虽然值守船员具备一定的英语沟通能力,但是与港口调度室均用英语沟通时总会发生表达不清楚、沟通不顺畅的现象,尤其在紧急情况下,会因为信息传达不准确而带来危险;②施工船舶种类多、船型各异,港口调度室无法区分某艘船舶的具体性能,很难理解现场船舶的频繁动作,在通航安排上,无法做到精准;③由于船舶数量多,通航频次高,施工船舶内部为了提升各自的作业效率,在工作安排上会发生冲突,仅仅把船舶活动依赖于港口调度室,不仅大幅度增加了港口调度室的工作量,而且会因安排不合理而大幅度降低船舶的利用率[1]。

该方案经与港口调度室商讨研究,一致提出了反对意见。

(3) 方案三:成立自有通航协调室

充分考虑对施工船舶进行统一协调、对外信息反馈一致的问题,成立一个中间的管控环节,即通航协调室,配置具备丰富管理经验和船舶管理经验的人员以及法语和英语翻译能力过硬的人员,发挥内部协调、外部联系的功能。

经与港口调度部门开会商讨,就通航协调室的功能问题进行充分沟通,该方案得到了港口调度部门的认可,认为能够有效解决船舶通航沟通环节的诸多问题。

3　通航协调室建立及运转

3.1　位置选择

通航协调室在施工船舶与港口调度室之间发挥桥梁作用,那么在位置选择上,既要能够充分了解现场情况,又要与港口调度室紧密联系。

经过现场实地考察,选择将港口调度室院内闲置房间作为通航协调室办公地点,该位置能够清晰地看到现场情况,可以准确核实船舶发送来的信息。且该位置距离港口调度室较近,当与港口调度员在沟通上存在不确定的地方,方便与其当面直接沟通,为信息保真传递增加一道保险。经过一段时间的运转,证实该位置具备很好的地理优势,满足通航协调需求。

3.2　人员和设施配备

通航协调室建立后成立通航协调指挥部,领导小组由各参建单位生产副经理担任,

组员由工程技术员、中法翻译和当地籍英法翻译等共同担任。按照"基本定员＋机动人员"的原则进行配员。通航协调组员上岗前均进行专业培训和书面交底,使之熟悉工作流程和掌握注意事项。

通航协调室发挥重要的沟通协调功能,必要设施配备要达到与港口调度室相同的标准。因此,通航协调室配备了电脑、电子海图、海图机、甚高频设备、备用电瓶和网络等。为了保证值班的连续性,还增加了值班表、通航记录表、录音笔等,确保每名值班人员工作规范准确,有据可查。

3.3 通航沟通机制

通航协调指挥部下设通航协调室,负责日常施工船舶、港口调度室及港内其他航行船舶的沟通协调。施工船舶向通航协调室申请通航需求,通航协调室汇总施工现场的信息后进行内部统一协调,并快速将核实准确后的信息传达给港口调度室,港口调度室接收信息后将反馈指令再传回通航协调室,通航协调室按要求对施工船舶作出指示,施工船舶按指令做出相应动作,一个沟通流程完成[2]。

3.4 通航协调室运转

(1) 施工船舶编号

为了方便施工船舶、通航协调室和港口调度室之间的沟通和管理,对施工船舶以"CHEC‑XX"(XX 为船舶数字代号)原则进行统一编号,并将船舶编号表打印张贴至施工船舶、通航协调室和港口调度室。施工船舶向通航协调室申请通航时需首先报告船舶编号。

(2) 通航区域划分

对施工船舶的施工区域和主要的通航区域进行划分编号,如码头施工区、运河航道、抛泥区、沉箱预制场、通航等待区等分别以英文字母 A、B、C、D、E 等进行编号,标识在海图上并将通航区域划分图打印张贴至施工船舶、通航协调室和港口调度室。施工船舶需按照通航区域编号申请计划前往位置。以代号表示极大地提高了沟通的效率和准确性。

(3) 值守沟通方法

通航协调室值班员利用甚高频(VHF)或工作手机统一协调施工船舶和港口调度室之间的沟通,施工船舶值守港口调度室值班频道和通航协调室值班频道。施工船舶申请通航时按照沟通机制流程进行,所有施工船舶均需通过通航协调室向港口调度室申请通航需求,得到许可后方可行动。船舶保持 24 h 值守,通航协调室分三班进行 24h 值守。

3.5 通航协调室管理

建立通航协调工作群,要求所有船员、通航协调员、HSE 监管人员和参建单位领导管理人员加入,不定时发送工作开展情况和需要协调解决的问题,提升通航协调室的运转效率。另外,定期对值班情况、通航记录及设施完好、卫生安全等情况进行检查,组织召开通航协调例会,通报有关问题,奖优惩劣,推动通航协调室人员落实岗位职责。

4 通航效果分析

4.1 通航效率分析

经数据对比分析,建立通航协调室后,施工船舶通航效率提升了 42.8%,且对其他过往商船、渔船的影响降低到 0,实现港口运营与现场施工零干扰的效果。如表 1 所示为不同条件下船舶通航频次对比表。

表 1 不同条件下船舶通航频次对比表

频次	商船	渔船	施工船舶
施工前	40	40	3
自主协调	36	32	20
通航协调室	40	40	35

4.2 经济价值对比分析

(1) 节约人工成本对比分析

方案一:月度人工成本为 174 万元。

方案三:月度人工成本为 18 万元、房屋租赁成本为 0.5 万元,累计月度成本为 18.5 万元,设备成本为 8 万元。

月度节约成本至少为 155.5 万元,年度节约成本至少为 1 858 万元。

(2) 节约施工成本对比分析

方案二:施工船舶通航优先顺序由港口调度室安排。

方案三:施工船舶通航优先顺序由通航协调室安排,最大程度保证了船舶作业通航需求的及时性,提高船舶的施工效率、加快了施工进度,节约的施工成本无法估量。

4.3 管理流程分析

通航协调室成立后,最大程度地解决了整合内部信息、集中对外问题。将被动的接受调控变成主动的事先规划。不仅提升了施工单位内部工作开展效率,也降低了港口调度室的工作量,提升了预判性,实现施工单位和港口调度室的双赢。

根据统计数据,自通航协调室建立以来,施工船舶累计通航频次逾三万余次,因协调不当造成的延误次数为 0,协调效率达 100%;因协调指挥不当造成的事故数为 0,安全保证率达 100%。施工船舶都能够及时地根据需要通航,很少受到港口运营影响,施工效率得到了最大可能的保证。

5 结束语

科特迪瓦阿比让港扩建项目施工过程中,针对:(1) 施工船舶与港口调度室之间存在语言沟通障碍;(2) 施工船舶数量多、类型广,施工船舶内部之间通航需求需要高质量沟通机制协助处理;(3) 阿比让港运营繁忙,进出商船、渔船频繁,施工船舶通航等待时间长、时间利用率低等情况,通过建立自有通航协调室、制定相应通航沟通机制来协助施工船舶实现安全高效信息传达和提高施工船舶时间利用率。经过长期实践检验,不仅达到了施工船舶服从港口调度室统一协调指挥、沟通快速高效的目的,也保障了商船和施工船舶的通航需求以及所有船舶的通航安全,同时又节约了一大笔经济成本,得到了港口调度室、施工船舶及施工单位的一致认可,该举措可在其他类似的海外项目上进行推广应用。

参考文献

[1] 王飞龙,李亚斌.施工船舶对通航安全的影响及管理[J].世界海运,2014(04):27-30.
[2] 陈丹涌.加强港口作业船舶安全管理的思考[J].广州航海高等专科学校学报,2004,12(02):24-25.

如何在项目管理上落实 ISO9001 质量管理体系要求

陈继军

(中国港湾西部非洲区域公司,科特迪瓦阿比让 06BP6687)

摘 要:目前部分企业的项目质量管理与企业质量手册及程序文件要求不一致,存在"两层皮"的现象,不标准的质量管理方式易导致质量管理死角,引起质量问题或者质量事故发生,影响项目的收益及企业形象。因此本文从 ISO9001 质量管理体系要求的角度出发,明确项目全过程质量管理思路,推进项目质量管理标准化的落实。

关键词:落实;"两层皮"现象;ISO9001 质量管理体系要求

0 引 言

随着国家"一带一路"倡议的推广,越来越多的工程企业开始走出国门,与欧美老牌承包商如 VINCI、FLUOR 及咨询单位如 AECOM、EGIS 展开竞争或者合作,这期间部分项目管理领域的短板极大地影响了项目的收益,如投标报价管理、HSE 管理、合同管理、质量管理、劳工管理等,其中部分企业由于工程质量问题遭受了业主责令整改、罚款、停工等处罚,给企业的声誉造成不良影响。当前世界上主要的发达国家以及发达地区均制定了居民住宅、城市建筑、公共交通等监督、管理标准,这其中 ISO9001 质量管理体系要求得到了广泛的认可,我国工程企业也陆续完成了 ISO9001 质量管理体系要求的认证,力求通过规范化的质量管理手段使工程建设全过程都处于受控制状态[1]。

0.1 问题分析

目前国内各大型工程企业均已通过了 ISO9001 质量管理体系的认证,但是在实际执行中,部分企业的项目没有按照认证时颁布的质量手册及程序文件来实施质量管理,项目管理人员依旧采取自己惯性的管理方式及内部拟定的文件来管理,缺乏系统而全面的管理手段,导致质量管理出现"两层皮"的现象。部分质量管理人员不了解本公司质量手册及程序文件,常见一个企业在不同的项目上施行不同的质量管理方式,未做到统一的标准化质量管理,丧失了质量管理工作的主动性和自我改进机会。管理的随机性也易导致质量管理死角的出现,引发质量隐患或者质量问题。

0.1 解决措施

(1) 严格执行 ISO9001 质量管理体系要求

ISO9001 质量管理体系要求是国际上通用的质量管理标准,在工程项目上推行使用 ISO9001 质量管理体系要求能使企业在较短的时间内与国际最先进的管理方式接轨,提高企业在国际市场上的竞争力。

（2）项目上如何落实 ISO9001 质量管理体系要求

ISO9001 质量管理体系要求强调全面的质量管理，应用 ISO9001 质量管理体系要求可以将工程实施过程中的各个过程列入标准化的质量管理控制，并通过持续改进的方式对各种问题进行纠正和完善。质量管理专家菲利浦·克劳士比（Philip Crosby）认为第一次把工作做好是最经济的，因为可以减低返工带来的人力、设备、材料等成本。因此，在工程行业，尤其是项目现场推行并落实 ISO9001 质量管理体系要求是非常必要的。

1 项目质量管理体系的建立

1.1 确立项目的质量方针和质量目标

质量方针和质量目标具有向全体员工指明方向、统一意志的重要作用，确定项目的质量方针的时候需确保契合公司的质量管理方针及政策。

1.2 确定项目组织结构及职能分配

确定项目的组织结构，将 ISO 条款中的各个核心因素分配到各职能部门或者岗位，确保所有质量管理要素落实到人。

1.3 收集与质量管理相关的文件及法令、法规

收集的文件包括国际组织、政府、企业、上级单位和其他监管机构发布的有关法律、法令、规则、规定和标准，形成有效文件清单并予以宣贯，作为项目管理的依据和支撑。

1.4 体系文件的编制与整理

质量管理体系文件从上到下依次为：质量手册－程序文件－作业指导书及管理制度－质量记录。其中质量手册为质量管理体系结构的纲领性文件，描述质量管理体系的结构，由公司发布，指明"做什么"；程序文件指明了各部门之间的运作程序，指明"谁去做"，作业指导书和管理制度阐述单项工作的具体操作，指明"如何做"，质量管理记录则作为质量管理体系运作的证据文件，确保质量管理的全过程可溯。另外在项目实施前质量管理部门需统一编制或者收集项目实施过程中必须的记录表、检查表、印章、标识等文件，并按文件发布审核流程审核后发布，供项目实施过程中使用。

1.5 体系培训

质量管理部门需对项目各级文件进行宣贯，可采取培训、学习的形式，让全体员工按照体系文件的规定要求执行并做好各项记录。

2 质量管理体系的运行

ISO9001:2015 质量管理体系标准的运行总体遵循 PDCA 循环（Plan－Do－Check－Action）。体系运行时需要重点关注以下方面：

2.1 领导关注

最高领导作用的重要性一直是构成 ISO9001 质量管理体系标准基础的质量管理原则之一,得不到领导支持的质量管理容易成为一句口号。

2.2 记录控制完整

按照质量管理体系策划过程中的各工序及检查表格完善现场各项质量记录,完成后及时归档并定期检查,确保项目所有的记录可溯。

记录控制的要求可参考 ISO9001:2015 第 7.5 章要求执行。

2.3 资源管理

确保配置满足项目质量管理所需的各项资源,包括检测、监控、测量试验检测设备等,并按照厂家说明及规范要求频率对仪器设备进行标定,确保仪器设备有效。

资源管理的要求可参考 ISO9001:2015 第 7.1 章要求执行。

2.4 制度建设

制度化管理可以有效地提高项目各层级人员的工作效率和工作质量,并且可以防止管理经验流失。在制度订立后需严格按照制度开展各项工作,定期审核制度的执行情况及执行记录,确保制度的落实。

制度建设的程序及要求可参考 ISO9001:2015 第 7.1.3 章要求执行。

2.5 强调过程控制

项目的过程质量控制主要涵盖设计阶段、施工阶段、竣工验收阶段的质量控制。

(1) 设计阶段质量控制

设计阶段质量控制是根据项目决策阶段已确定的质量目标和水平,通过工程设计使其具体化的过程。

设计阶段的质量控制,可按照 ISO9001:2015 第 8.3 章"产品和服务的设计和开发"的要求执行。

(2) 工程项目施工阶段的质量控制

工程项目施工阶段,是根据设计文件和图纸的要求,通过施工形成工程实体的阶段。这一阶段直接影响工程实体质量,因此施工阶段是工程质量控制的关键阶段,是质量控制的重点和核心阶段。

施工阶段质量的控制,可按照 ISO9001:2015 第 8.3 章"产品和服务的设计和开发"的要求执行。重点放在职责履行及各项制度的落实上,实行预防为主、坚持质量标准、严格监督检查的基本原则,确保工程质量符合技术规范及合同要求。

(3) 工程项目竣工验收阶段质量控制

主要是控制试车运转、检查评定,考核工程质量是否符合设计要求。加强竣工验收阶段的质量控制,主要是严格执行竣工验收制度和验收程序。

竣工验收阶段质量控制可参考ISO9001:2015第8.6章"产品和服务的放行"的要求执行。

2.6 材料管理

材料管理包括原材料、成品、半成品的管理，材料进场前的检测及进场后的取样需按照制度严格执行。

材料管理可参考ISO9001:2015第8.4章"外部提供的过程、产品和服务"的控制要求执行。

2.7 质量活动开展

有效的组织各项质量活动可以营造人人关心质量、人人打造质量的氛围。项目上可组织诸如实体工程评比、质量月、QC小组活动、质量知识竞答等活动。

质量活动开展可参考ISO9001:2015第3.2.4及第3.6.4章要求执行。

2.8 培训教育

培训教育可以提升员工的质量管理知识和质量管理人员的技能，培训教育应贯穿项目质量管理全过程。

培训教育的实施及评价可参考ISO9001:2015第7.2章及第7.3章"能力与意识"的要求执行。

2.9 激励

激励是管理层引导员工规范质量行为的有效手段，以激励带动全员的质量管理积极性、主动性和创造性。

2.10 重视客户意见

以顾客为关注焦点是质量管理的七大原则之一，评价质量管理体系的有效性，除了看成品质量外，最根本的还是业主对所成产的成品的满意程度。可以采用的方法一般是调查客户满意度。

客户意见的收集程序可以按照ISO9001:2015第9.1章要求进行。

3 质量管理体系的保持

质量管理体系在运行的过程中，不可避免地会发生偏离体系规定要求的情况，因此体系运行中的监控必不可少，项目需要通过自查自纠、内审等一系列有效的手段进行纠偏，保证质量管理体系的健康运行。

内部审核程序可以按照ISO9001:2015第9.2章要求进行。

4 对质量管理体系运行有效性的评价

一般来说，质量管理体系运行有效性由以下几个方面凸显：

（1）实体工程质量水平较高；
（2）业主对项目满意度较高；
（3）员工的质量意识高。

5　总结

ISO9001质量管理体系要求是国际上历经多年实践和不断修订完善的质量管理的规范和标准，对提升基层项目和企业的质量管理水平起到了很重要的作用，但由于工程类项目具有周期长、组织复杂、程序复杂等特性，在贯彻落实ISO9001质量管理体系要求的过程中依旧有许多亟待提升改进的方面，需要在实践中不断探索，予以完善。

参考文献

[1] 中国质量协会.质量经理手册(第二版)[M].中国人民大学出版社,2017.

海外项目工程质量管理浅析

姜 丁[1,2]

(1. 中国港湾西部非洲区域公司,科特迪瓦阿比让 06BP6687;
2. 中交第四航务工程勘察设计院有限公司,广东广州 510230)

摘　要:海外国际形势复杂,地域因素差别大,导致海外项目实施过程中遇到很多瓶颈,质量管理是项目管理最重要的组成部分之一,海外项目管理在施工技术工艺、质量体系建设和人员组织等方面存在质量管理挑战,文章将对此展开分析和讨论,并提出对应的措施,希望对从事海外工程项目的公司和队伍提供参考和借鉴。

关键词:海外项目;工程质量;质量管理

1　引　言

随着国家"一带一路"倡议的部署和实施,越来越多的国内公司抓住此机遇,响应国家"走出去"的号召,投身到海外工程项目的建设中去,与此同时海外项目在执行期间遇到新的挑战和困难,其中工程质量管理就是其中之一。社会环境改变、内部体系建设缺乏、咨工环境不同等问题造成质量管理难度加大,导致出现项目管理问题和质量风险,因此海外项目质量管理宜有针对性地做出调整,满足海外项目管理发展的总体要求[1]。

2　技术和环境因素对质量管理的影响

2.1　原材料的供应和选取

海外工程项目原材料的供应分为国内供应和当地购买,从源头入手,在开工前广泛调查,选定社会口碑较好、产品性能可靠的大型厂家生产的原材料产品,采购的程序需要严格按照本公司的制度执行,原材料进场前厂家需提供原材料出厂合格证书和进场检验报告。海外项目地处遥远的异国地区,经常遇到原材料从国内采购然后运输至施工现场的情况,在运输过程中也要严格加强对材料质量的保护,防止施工材料质量受到不必要的损害,材料进场后还需对原材料进行复检和试验,试验的过程需要通知咨工参与见证,这是确保工程质量管理符合流程的必要条件。

2.2　仪器的供应与标定

工欲善其事,必先利其器。只有采用性能可靠的测量设备和试验仪器,才会打造出高质量的工程。因此,应选择性能出色的仪器设备,保证长时间正常使用不出故障,并且定期维护和保养,增长仪器设备的正常使用寿命。比如,经纬仪、水准仪、GPS、搅拌站称量系统等经常需要校对,确保仪器读取数据的真实性,提高各种放样、采点、称重等操作的准确度,为工程的高质量打下基础。另外,为了避免因为重要仪器出现故障而导致的施工受阻,项目部宜建立重要仪器的填补机制,时刻与厂家保持沟通渠道,并与航运公司保持良好合作,为仪器出现故障的最坏情况做足充分的准备。

2.3 外方提供的数据的可靠度

海外项目在设计和施工过程中,会面临地形数据、控制点坐标、潮位高程等资料由外方业主提供的情况,虽然可以减少设计和施工单位的工作量,但存在外方所给数据不准确的风险,设计和施工的结果会与实际期望的效果不相符。因此,设计方和施工方不能盲目套用外方提供的数据,应该复核坐标点、潮位高程等参数,做到心中有数、万无一失,确保设计和施工的过程和结果准确无误。

2.4 技术措施和工艺的落后

质量是生产出来的,不是检验出来的。项目部成立初期,宜针对项目工程的实际情况召开专家研讨会,确定项目的重大技术风险和重大方案,要科学地制定符合项目实施需要的技术方案和施工工艺,避免项目后期出现方案和工艺不满足要求的现象,施工技术和工艺的落后不仅制约生产效率,还严重影响优质工程的实现,不但不能节省费用和成本,反而浪费时间和耽误工期[2]。明确了质量目标之后,宜根据目标寻找相应的技术措施并且确立能够实现质量目标的工艺。比如,水下电动振冲器无法满足较深换填砂的正常振冲,此时,宜迅速做出调整、灵活变通,改换性能出色的液压振冲器,不仅确保了振冲密实质量,也提高了生产效率。

2.5 当地气候与环境的影响

海外项目因地域差别和国别不同,气候环境也会存在差异,比如雨季施工会给混凝土工程质量带来不利影响,混凝土强度和表观质量得不到保证,影响优质混凝土的生产和评选。在非洲热带地区的大体积混凝土施工,由于白天日照温度过高导致的混凝土入模温度较高,所以还要采取必要的降温措施或者夜间施工作业降温方法。因此,针对项目各工序的特点,必须拟定季节性施工质量保证措施,合理安排非全季节施工分项的计划,科学避免外部气候和自然环境等因素造成的负面影响。

3 项目质量体系建设对质量管理的影响

3.1 质量管理目标不明确

无目标的努力,犹如在黑暗中远征。质量目标可以激发项目成员的工作热情,引导项目成员自发地努力为实现项目的总体目标作出贡献,对提高产品质量有重要的作用。因此,项目开工之前宜编制《质量计划书》和《工程创优策划书》,明确项目质量目标并且制定质量管理组织架构,将质量目标分解到相关的职能部门和各个管理层次,把任务目标分解到每个时间节点,责任落实到每个具体管理人员,构建有责就有担当,失责必有追究的管理局面。

3.2 质量标准知识培训不足

海外工程的标准、规范与国内有差异,质量管理人员对新标准、新规范的掌握程度不够高,在质量管控中难以判别质量重点在什么地方,在关键的质量控制点上容易形成质量隐患和缺陷,因此,海外项目部宜组织质量知识专题培训,质量管理人员应该主动接受新事物、新知识,熟悉并牢记海外项目的标准和规范,严格控制工程施工的每道工序和环节,以求最大限度地避免由于人员专业素质问题而出现的质量返工现象。

3.3 质量风险防范意识不强

质量控制的重点要将事后把关转变为事前预防,实现由事后检验向事中控制、事前预防的转变,从质量保证体系入手,切实抓好质量的事前控制,积极主动地控制工程质量。比如,技术方案比选、"三检"制度执行、工程质量验收和体系内审与维护等,严格把控质量管理的每个环节,提前做好质量过程的各个方面,对不足之处进行排查,及时发现问题,查明原因,采取相应的纠偏措施,在源头化解质量风险,防范于未然。

3.4 奖惩机制和办法的不健全

对于工程质量结果的优劣,如果没有奖励和惩罚措施,质量管理就会显得软弱无力,项目成员对质量工作的积极性不高,对质量责任的后果不太重视,前期制定的质量管理保证体系则会缺乏威信,质量管理的制度执行起来就会受到各种阻碍,因此,海外项目宜制定项目质量管理相关的奖惩机制和办法,调动参建者的积极性和融入感,对表现出色的质量管理者和作业队提供一定的经济奖励,对造成质量事故的相关人员追责清楚,惩罚公平。

4 人员组织对质量管理的影响

4.1 作业成员质量态度不端正

海外咨工尤其是欧洲咨工对待规范的执行要求非常严格,一些习惯国内咨工环境的现场管理者和劳务承包方依然保持着"可行可不行"的态度,这样导致质量管理和工程验收在海外项目实施中处处碰壁、面面受阻,不仅影响验收一次性通过率,同时耽误现场施工进度,并且导致咨工团队对承包方质量控制不力的不好印象。因此,应该纠正项目生产和质检人员对质量标准的侥幸心态,严格按照施工规范和技术规格书的要求,不打折扣地执行质量控制标准,打造"免检""放心"的优质工程。随着承包方对施工质量控制力度的增强,会让咨工方给予项目团队更多的信任,这样会对未来双方的合作产生积极的影响。

4.2 对外沟通协调能力不足

海外项目的特点要求质量管理人员除了掌握过硬的专业知识,还应具备出色的沟通协调能力,在质量问题的对待上经常存在承包方与咨工总监意见不一致的情况,对总监的要求既不能盲目听从、毫无主见，这样会不利于承包方现场的施工管理，也不能置若罔闻、无所顾忌，这样会影响承包方与咨工团队今后合作的基础。因此，此时既要秉持维护质量的立场，也要结合工程实际情况和施工的客观条件，分析判断咨工总监提出的观点是否对提高质量真实有效，对于咨工无理的要求应及时分析原因并换位思考，寻找问题的突破口并主动与咨工沟通，做到在思路上引领咨工朝有利于承包方的方向发展。

4.3 与属地咨工合作共赢理念缺乏

有的海外项目地处相对不发达的国家或地区，咨工团队存在一些不专业、不熟练的属地咨工，这样会给现场验收带来诸多不便，问题积累到最后将会导致进度滞后的不利结果。此时，承包方应摒弃不同方的立场，要有大局观和包容理解的姿态，现场的技术人员则不能用歧视的眼光对待咨工，与之沟通的时候也不能流露出烦躁的情绪，应换位思考并且做到相互理解，以平等的姿态给海外咨工介绍所采用的施工工艺，帮助他们提高质量和验收的知识，要意识到方便别人的同时也是在方便自己的工作。

5 结语

随着越来越多的中国企业走出国门从事海外项目，在与国际其他先进企业竞争的过程中，优秀的海外项目质量管理无疑是承包商手中一张最具筹码的竞争牌。海外项目质量管理的成功取决于多方面因素，工程质量的好坏不仅反映出项目团队管理水平，也反映企业作为承包商的工程管理水平，影响企业的社会信誉与品牌价值。因此，需要合理应对外部社会环境不同而带来的不利局面，加强海外项目内部体系管理建设，实现海外工程质量的不断提升，才能不断扩大企业影响力，打造企业品牌并且创造效益。

参考文献

[1] 蒋克勤,杨大伟.浅谈工程项目施工质量管理与控制[J].江苏建筑,2010(02):119-120.
[2] 王伟.海外工程进度控制与技术质量管理[J].中华建设,2017(3):108-109.

第三方物流服务在海外扩建项目中的具体应用

邢启超[1,2], 张云溪[1,2]

(1. 中国港湾西部非洲区域公司, 科特迪瓦阿比让　06BP6687;
2. 中交一航局第五工程有限公司, 河北秦皇岛　066022)

摘　要: 物资设备的供应工作是施工顺利进行的前提。基于此, 以阿比让港口扩建项目为工程背景, 阐述了在区域经济条件落后情况下, 充分发挥第三方物流服务公司在该项目的具体作用, 实践成果表明: 通过与第三方物流服务公司合作, 施工进度得到保障, 且施工成本大大降低。

关键词: 物资设备调遣; 第三方物流; 清关

随着国家"一带一路"倡议的提出与实践, 建筑企业走出国门的步伐加快, 在"一带一路"沿线国家兴起了一股基建狂潮。阿比让港口扩建项目防波堤工程是科特迪瓦一项国家重点项目, 该项目的建设对于当地的经济发展起着巨大的促进作用。但是由于该区域机械配件、五金材料较为短缺, 设备租赁价格较为高昂, 物资设备调遣成为制约该工程的关键性因素, 因此, 本项目经过协商决定, 采用与第三方物流公司合作方案, 以弥补自身不足, 降低工程成本, 保障物资设备的调遣, 从而促使工程整体的顺利进行。

1　第三方物流定义与优势

1.1　基本定义

第三方物流是一种新的物流管理理念和方式, 其概念源于管理学中的 Outsourcing, 即外包。但第三方物流并不等同于外包, 所谓的外包是指粗放型的业务外部委托, 而第三方物流则是在更新、更高层次上的发展, 其包含更丰富的内容。

第三方物流以其个性化服务, 在物流企业与客户之间建立荣辱与共的联盟关系, 第三方物流的科学性正在于它充分体现了社会合理分工的原则, 以其第三方的专业优势向物流需求企业提供个性化服务, 即针对特定客户的个别业务特征提供为其定制的特定服务, 而非面向多个客户提供一般的服务, 改变了物流企业与客户之间的关系, 由"一对多"变为"一对一"即物流企业依托于客户, 客户则以物流企业为后勤, 失掉任何一方, 企业都无法有效运作, 甚至无法继续生存[1]。

1.2　具体优势

(1) 企业能够将有限的人力、物力、财力集中在核心业务上, 进行新产品和新技术的研究和开发, 提高自己的竞争力。

(2) 第三方物流服务可以利用物流服务商的创新性的物流管理技术和先进的渠道管理信息系统为自己业务的发展开辟道路。一流的第三方物流服务商一般在全球拥有广泛的网络,并拥有开展物流服务的经验和专业技术。当企业计划在自己不熟悉的地理环境中开展业务时,可充分利用第三方物流服务商的专有技术和经验来进行有关运作。

(3) 第三方物流服务商与客户不是竞争对手,而是战略伙伴,他们为客户着想,通过全球性的信息网络使客户的供应链管理得到优化;他们可以利用完备的设施和训练有素的员工队伍对整个供应链实现完全控制;他们通过遍布全球的运送网络和服务提供者(分包方)大大缩短交货期,帮助客户改进服务和树立品牌形象。第三方物流服务商通过"量体裁衣"式的设计,制订出以客户为导向、低成本和高效率的物流方案,使客户在同行业中脱颖而出,为其在竞争中取胜创造有利条件。

(4) 第三方物流业以客户的委托为基础,按照客户的要求,为了克服货物在空间和时间上的间隔而进行的物流业务活动。第三方物流服务的内容是满足客户的需求,保障供给,即在适量性、多批次、广泛性上满足客户的数量要求,在安全、准确、迅速上满足货主的质量需求[2]。

2　阿比让港口扩建项目物资设备需求现状

阿比让港口扩建项目位于西非国家科特迪瓦,该地区经济较为落后,工业基础薄弱,基础设施落后,大部分设备、材料、生活用品靠进口,海运较为发达。

阿比让港口扩建项目是我国"一带一路"大战略下的一个典型工程之一,具有较高的政治意义及较大的经济意义。我公司在承建该项目的过程中,遇到了许多亟需解决的难题,其中之一就是设备物资的调遣与供应,因此,做好该项目的设备调遣、物资保障工作是一个关键任务。

3　第三方物流对阿比让港口扩建项目的意义

在不断发展的国际贸易大环境下,属于第三方物流公司的船舶代理公司、清关公司等服务公司应运而生,他们专门从事国际间的物质流通、信息传递等工作,促进了国际物流的发展。

我公司与国内振华物流集团有限公司、中成国际运输有限公司天津分公司、天津中远洋物流有限公司、青岛宏巨国际物流有限公司等海运公司合作,组织设备物资的国内装船及海上运输工作,与当地的BOLLORE公司合作,进行科特迪瓦国内的清关、卸船及运输工作。

这些第三方的物流公司与我公司的良好合作,对阿比让港口扩建项目的顺利建设起到了关键性的作用。

(1) 弥补我方不能进行长途海运的弊端;

(2) 设备、物资及时到达施工现场,为工程项目提供设备保障、物资保障;

(3) 为我公司节省了大量的时间及人力;

(4) 大大降低了该工程的施工成本。

4 第三方物流服务在阿比让港口扩建项目的具体应用

4.1 项目背景

根据项目施工计划,2017 年 5 月 1 日开始进行阿比让港口扩建项目东防波堤工程挡浪墙施工,钢模板图纸于 2017 年 2 月 8 日确定,钢筋、混凝土等其他施工材料基本准备完毕,挡浪墙能否按期施工的压力主要集中于钢模板能否于 2017 年 4 月 29 日前到达现场。

制约钢模板能否按期到达现场有以下三个主要影响因素:(1) 钢模板的制作加工时间;(2) 国内装卸、集港、海上运输时间;(3) 科特迪瓦当地的清关、卸船及运达现场时间。

4.2 前期准备

(1) 经过商务谈判,选择信誉好的合格制造商进行挡浪墙钢模板的加工制作,签订挡浪墙钢模板加工合同,合同要求其于 2017 年 3 月 10 日前完工。

(2) 选择合格的第三方物流服务公司——振华物流集团有限公司进行钢模板的装卸、集港及海上运输。

4.3 组织过程

提前与科特迪瓦第三方物流服务公司——清关公司 BOLLORE 联系,向其提供箱单、发票、原产地证、提单等,催促其尽快办理进口货物申报单(FDI)、报关单(minute)、当地保险(CDA),其间我方积极办理海运保险。

模板制造商加班加点于 2017 年 3 月 10 日下午完成模板制作,经过加工过程中的沟通,2017 年 3 月 9 日联系第三方物流服务公司准备开体集装箱及运输车辆,公司国内技术人员于 2017 年 3 月 10 日上午到达模板制造厂,同时下午加工完后随即进行钢模板验收,验收有部分问题于夜间整改完成,再次验收,合格后,随即装箱,于 2017 年 3 月 11 日上午发往天津港。

集港期间催促其办理出关单据,及时订船租仓,于 2017 年 3 月 15 日装船,密切关注海运信息,及时与振华物流集团有限公司沟通,2017 年 3 月 20 日索要箱单(packing list)、发票(invoice)、原产地证(original)、保险单(insurance)、提单(BL)等扫描件。2017 年 3 月 22 日交由清关公司,同时清关公司制作报关单(minute),其间将报关单带去海关、港务局办理免税信函,3 月 29 日从清关公司取回进口货物申报单,将其发送至振华物流集团有限公司,4 月 5 日振华物流集团有限公司做出货物跟踪单(BSC)(与以上国内办理证件原件一起邮寄至项目部),4 月 11 日将免税信函、货物跟踪单交给清关公司,4 月 22 日将国内邮寄正本箱单、发票、原产地证、保险单、提单及货物跟踪单交由清关公司,等待货物到港。具体流程如图 1 所示。

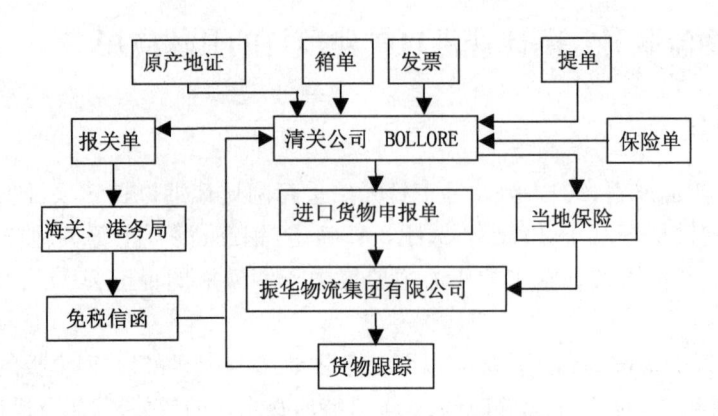

图 1　钢模板清关进口单据流程图

4.4　成果

2017年4月24日,钢模板开体集装箱到港,2017年4月28日卸船并运输至东防波堤施工现场。钢模板及时进场,为东堤挡浪墙按计划开工提供了物资保障。

5　结束语

综上所述,施工企业在海外施工过程中,在涉及设备物资的调遣时,与第三方物流服务公司(船舶代理公司、清关公司等)进行良好的合作,可以增强施工单位的材料、设备成本,增强竞标能力,为施工企业走向海外提供有力支撑。

参考文献

[1] 潘灿辉,李依蓉.第三方物流的发展现状与趋势研究[J].中国市场,2019(23):160-161.
[2] 刘慧,方奇敏.第三方物流企业发展现状分析[J].管理观察,2019(03):9-10.

关于非自航 200 m³ 抓斗船"东祥"海上拖航调遣的总结

赵润振[1,2]，龙波明[1,2]

(1. 中国港湾西部非洲区域公司，科特迪瓦阿比让　06BP6687；
2. 中交广州航道局有限公司，广东广州　510220)

摘　要：非自航工程船舶海上调遣，一般可采用半潜船装船海上运输和拖轮拖航等方式进行；半潜船海上运输，存在半潜船资源有限且时间窗口不固定、下潜点水深和浮装卸风浪条件要求苛刻、浮装卸耗时长及运输费用高等缺点；与半潜船海上运输相比，在条件许可的情况下，非自航船拖航调遣的方式，具有拖轮资源丰富、实施时间灵活、准备时间少和费用低等优势。

关键词：非自航施工船舶海上拖航；调遣；半潜船装卸

0　引言

随着国家"一带一路"倡议的实施，以及中国施工企业自身在投融资、大型设备、项目管理等方面优势不断彰显，中国施工企业在国际市场上占据更多的市场份额。海外特别是发展中国家的港口基建或扩建工程需求日益增加，港口工程的建设需投入相应的工程船舶，为提高资源利用率，邻近国家间船舶调遣已成为新常态。

1　背景介绍

中交广州航道局有限公司(以下简称"我司")于 2015 年 11 月初，开始参与科特迪瓦阿比让港口扩建工程的建设。工程位于科特迪瓦第一大城市、经济首都——阿比让市，是目前科特迪瓦第一大工程。工程总规模达 9.33 亿美元，合同总工期 45 个月。工程主要内容包括：

(1) 新建一座现代化的集装箱码头(2#集装箱码头)，共 2 个泊位，长度分别为 700 m 和 500 m。码头结构按满足未来 12 000TEU 集装箱船靠泊的需要建设，港池水深按近期满足第五代集装箱船靠泊水深—16.0 m，填海造陆形成 37.8 公顷的码头后方堆场。

(2) 新建一座滚装泊位和一座通用杂货泊位，滚装泊位长 220 m，通用泊位长 250 m，填海造陆形成 19.7 公顷的码头后方堆场。港池疏浚水深—14.0 m。

(3) 拓宽和浚深长 4 552 m 的弗里迪(Vridi)运河航道，满足第五代集装箱船(载箱量 6 000TEU，满载吃水 14.5 m)全天候进港的需要，同时对航道口门处东西防波堤拆除并重建，改建后东西防波堤均为 600 m 长，拓宽后航道宽度为 250 m。

我司主要负责新建码头后方陆域清淤、港池疏浚、弗里迪运河航道疏浚和新建码头后方造陆回填；我司 200 m³ 非自航抓斗船"东祥"于 2016 年 1 月至 2016 年 12 月期间在科特迪瓦阿比让进行清淤、疏浚施工。

"东祥"是日本于 1995 年建造的第一艘 200 m³ 抓斗式挖泥船，是目前世界上最大的抓斗船,我司于2016年购买该船。"东祥"船长100 m,船宽36 m,型深6 m,吃水3.6 m,总吨6 985 t,总高45 m。"东祥"整体布置见图1,侧视图见图2。

图1 "东祥"整体布置图

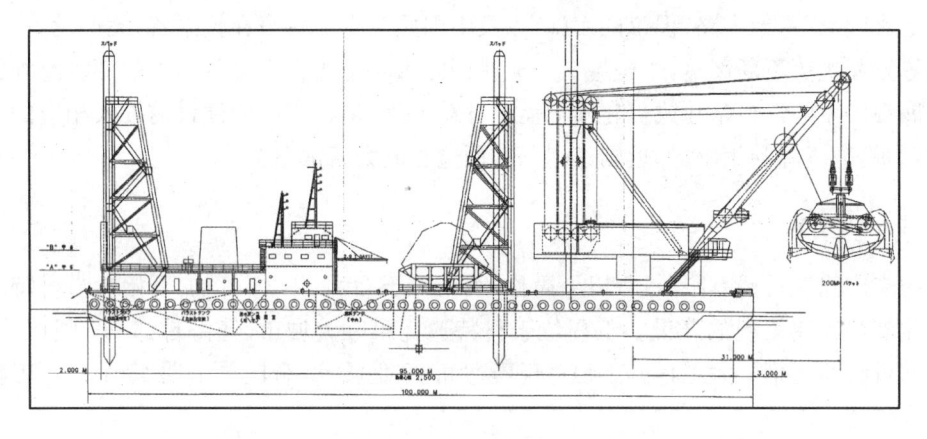

图2 "东祥"侧视图

根据我司船舶使用计划,在"东祥"完成科特迪瓦阿比让港口扩建项目的施工内容后,需将"东祥"于2016年12月底前,自科特迪瓦阿比让港调遣至加纳特码港,海上调遣距离约300海里。

2 "东祥"调遣方案的比选和确定

2.1 半潜船装驳调遣和拖轮拖带调遣的比较

非自航工程船舶海上调遣,一般可采用半潜船装船海上运输和拖轮拖航等方式进行。针对此次非自航抓斗船"东祥"从科特迪瓦阿比让港调遣至加纳特码港,我们对半潜船装船和拖轮拖航两种调遣方式的优缺点进行了较为全面的分析:

(1)采用半潜船装驳工程船"东祥"调遣方式优缺点分析

优点主要体现在：

① 半潜船航速较快，一般在 12~15 kN，完成装船后 24 h 左右即可抵达目的地；

② 半潜船航行抗风浪能力较强，半潜船燃油舱大，续航能力长，航行区域较拖航水域大；

③ 半潜船运输能力很强，在远洋及近海的重大件货物运输中占有有利优势。

不利因素主要有：

① 半潜船资源较少，根据 2015 年劳氏数据库的统计，目前全球的半潜船船队共计 50 艘，中国共计有 10 艘半潜式运输船。一般使用半潜船进行调遣，需提前 2—3 月预订或者是更长的时间，装船窗口灵活性较差；

② 半潜船对浮装、浮卸水域的水深、风浪和水流等气象条件要求较为严格，浪高必须≤0.5 m，才能进行装、卸船作业。如某半潜船的装货港和卸货港条件要求：符合保持良好安全的浮装、浮卸作业的停泊泊位或者锚地。有义波高≤0.5 m，涌浪高≤0.3 m，流速≤2.0 kn，风速≤7.9 m/s(4 级风)，水深≥20 m 且≤40 m，回旋半径 0.5 海里，能见度良好。在科特迪瓦阿比让港潟湖内的锚地浮装浮卸"东祥"可以实现，但加纳特码港风浪较大，属于无掩护无遮蔽水域，寻找合适的浮装、浮卸水域时机比较困难；

③ 半潜船浮装、浮卸工程施工船的时间较长，仅正常完成浮装一个过程就需要 6 h 左右。考虑半潜船下潜、装船和货物固定、上浮等步骤，半潜船仅浮装、浮卸"东祥"过程就需要约 7 天时间(不包括运输时间)；

④ 运输价格昂贵，完成此次调遣，半潜驳费用约 35 万美元；另外半潜驳船期延误滞纳金高。一般半潜驳船，因承租方原因造成延误，滞纳金高达 5 万美元/天。

(2) 采用拖轮拖带"东祥"调遣方式的优缺点分析

优点主要体现在：

① 非洲西岸就近的大拖力拖轮资源相对较丰富，拖轮拖航调遣时间可灵活变动。只需提前 2 周确定调遣时间即可；

② 港内接拖工作环节较简单易行，耗时短。拖轮与被拖船"东祥"接拖较快在 2 h 左右完成，完成接拖后即可开始起拖；

③ 拖轮拖带费用相对不高，拖轮租金大约 1 万美元/天，一周内可以完成拖航任务，完成本次拖带调遣任务需约 7 万美元。

不利因素主要有：

① 拖轮拖带航速较慢，拖带速度一般控制在 6 节/时以内，拖带"东祥"从科特迪瓦阿比让港到加纳特码港航程约 300 海里，按 5 节航速计算，需要约 60 h；

② 拖轮拖带航行时，对海外涌浪条件要求较高。有效波高不能超过 1.5 m。

综合所述，只要使用具备拖带抓斗船"东祥"能力的拖轮，在航程范围内，且海上涌浪条件满足拖带要求，做好拖航期间安全、保安措施与值班，采取拖轮拖带"东祥"方式进行此次调遣，既安全可靠又省时节约费用。

2.2 拖轮拖带抓斗船"东祥"航行海上调遣可行性简述

(1) 计划调遣时间海况情况预判

经统计研究分析，阿比让港—加纳特码港海域历年波浪高度和波浪周期分布基本相同,有效波高集中在 0.5~2 m,波长介于 191~240 m 之间。外海海况的分布规律为:每年的 6—8 月为最差时段,存在有效波高＞2 m 以上的波浪出现;其次为 5 月及 9 月;每年的 12 月至次年 1 月海况相对较好,有效波高基本＜1.5 m。

拖航时机应选择风力小于 6 级,有效波高小于 1.5 m 的天气海况较好时段,该海区 12 月份为海况良好时段。

(2) 拖轮的拖力验证

拖船"M. V. ARMADA TUAH 81"船舶参数,船长 65.6 m,型宽 16 m,型深 5.6 m,总吨数 2 183 t,马力 4023 * 2 匹,系柱拖力为 115.5 T。

根据中国船级社《海上拖航指南》(2011)中附录 2 的海上拖航阻力估算方法,得知海上拖航总阻力经验公式

$$R_T = 1.15[R_f + R_B + (R_{ft} + R_{Bt})] \text{ kN}$$

式中:R_f——被拖船的摩擦阻力,kN;

R_B——被拖船的剩余阻力,kN;

R_{ft}——拖船的摩擦阻力,kN;

R_{Bt}——拖船的剩余阻力,kN。

按航速 $V = 6.0$ kN(3.087 m/s)计算,海上拖航总阻力 $R_T = 1.15[R_f + R_B + (R_{ft} + R_{Bt})]$ kN = 397 kN = 40.5 T。该拖轮系柱力为 115.5 T,故该拖轮拖力满足拖带"东祥"要求。

3 拖航方案实施

3.1 拖航前提

(1) 对被拖船船舶证书、船员证书,拖轮船舶证书、船员证书、拖带许可证、拖拽设备证书进行收集查验,评估是否购买拖航保险,向船级社或者船检机构申请实施拖航检验,由其签发适拖证书。

(2) 船舶进出港清关手续。明确拖轮和被拖船的进出关流程。

(3) 拖轮选择。选定拖轮公司,签订合同;提前和预定通知拖轮。

3.2 拖航准备

(1) 拖拽设备及索具准备。明确拖轮方提供主拖缆与三角眼板连接卸扣,被拖船提供龙须缆及三角眼板,同时双方备好应急拖缆。

(2) 拖航时机选择。选择 1.5 m 浪高以下,6 级风力以下的天气海况预报时段为调遣期。

(3) 拖带计划编制。由拖轮公司编制航行计划及安全措施,被拖船制定相应拖航安全措施和方案。

(4) 船员配备。因拖航过程,被拖船需要随员,所以必须配备满足开航船员。

(5) 拖航前准备。根据公司发布船舶调遣令对非自航抓斗船进行封仓加固,对抓斗

重机方、中尾两钢桩、两个抓斗、甲板机舱移动物、水密舱室门盖等进行封仓加固,所需时间一般在 7—10 天;船舶编制备航情况报告表、调遣出海船员名单;组织航行前安全检查,组织召开拖航调遣会。

3.3 拖航实施过程

制定拖航过程的安全控制方案,与拖轮拖航计划相衔接,确保拖航顺利实施。拖轮吊拖拖航示意图见图 3。

(1)拖航出港。拖轮和被拖船完成港内接拖,选择平潮时段出港。

(2)拖航过程安全控制。拖轮作为统一指挥,被拖船船员应密切关注拖航过程安全,按照前期编制的方案实施拖带作业。

(3)拖航进港。选择白天或能见度良好时段进港,完成解拖等工作。

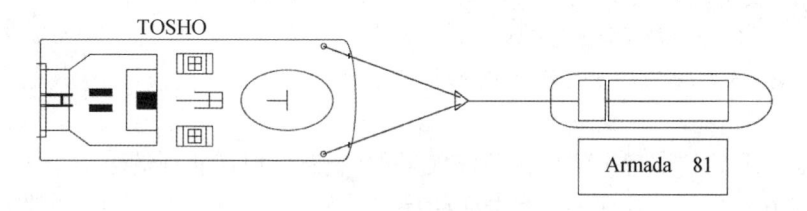

图 3 拖轮吊拖拖航示意图

4 总结

拖轮"M. V. ARMADA TUAH 81"于 2016 年 12 月 19 日抵达阿比让港,12 月 20 日完成接拖并出港,12 月 23 日到达加纳特码港。此次非自航 200 m³ 抓斗船"东祥"采用拖轮拖航方式调遣,经过对拖轮选定、拖轮拖力评估、适拖检验、海上风浪情况和船舶调遣流程等关键环节进行科学细致的分析,精心实施,顺利完成 200 m³ 抓斗"东祥"海上拖航调遣工作,节约调遣成本约 200 万元人民币,缩短调遣时间约 7 天,为 200 m³ 抓斗船"东祥"早日投入加纳特码港的建设争取了宝贵的时间。

此次海上拖航调遣的顺利实施,为后续在非洲西岸沿岸国家之间的船舶设备调遣特别是非自航工程船的调遣积累了宝贵经验。

构建海外专业人才培养新模式——以科特迪瓦项目部人才培养工作为例

李 戈[1,2]

(1. 中国港湾西部非洲区域公司,科特迪瓦阿比让 06BP6687;
2. 中交一航局第五工程有限公司,河北秦皇岛 066022)

摘 要:截至2020年,中交一航局第五工程有限公司已经形成"7个国家+1个地区"的海外市场结构布局,10余年的海外奋斗历程,五公司从零开始,不断发展壮大,始终坚持以人才的培养和锻炼作为海外生存的关键,致力于人才的发掘和使用,尤其是属地人才队伍的培育,本文以科特迪瓦项目部为例,对五公司非洲地区属地化管理经验进行总结。

关键词:属地人才;非洲;共赢思维;发展规划

科特迪瓦阿比让港口扩建项目防波堤工程,是五公司在非洲的第一个项目,项目成员也是五公司最年轻的管理团队。开工伊始,项目部便肩负着为公司打开非洲市场、探索区域发展模式和培育海外专业人才的重任。

首次进入非洲市场,受经验不足的限制,项目部面临诸多问题,例如,通过国内翻译公司招聘的人员费用较高,积极性低,作用发挥小;属地翻译及管理人员不足,属地管理优势无法体现;当地社会组织为谋取利益,蓄意鼓动工人罢工,给项目实施带来很大干扰;属地化深度不够,人力成本居高不下;一线技术工人紧缺,管理制度落地执行难等。

面对一系列问题,项目部从人才发掘和培养上寻求突破点。经过近三年的探索,形成了一套有效的新思路、新办法,并取得了显著的管理成绩。

1 拓宽引进渠道,做好长远人才储备

西非地区6成以上的国家都是以法语作为官方语言,项目部的长期经营,需要一批优秀的法语人才做支撑。

为此,项目部主动与河北外国语学院建立合作关系,每年有2名优秀应届生到项目部实习,从事商务与综合管理。与国内翻译公司招聘的人员相比,他们的态度更加积极、上进,能够按照项目文化的引导快速融入海外工作。经过近半年的实习,他们不仅胜任了本职工作和熟识属地环境,还适应了项目的管理理念和工作氛围,受到业主、中港和咨工的一致好评。

2 转变传统观念,挖掘属地人才潜能

(1)招聘属地化的优秀翻译人才

进入非洲后,我们发现国内翻译对当地文化理解不深,对外联络存在一定的难度,而属地翻译深知当地文化习俗和生活习惯,在谈判时,能够事先做好准备工作,如带什么样

的礼物、见面后的问候及谈判过程的注意事项等,在顺利解决问题的同时,还大大降低了外联费用。

为了发掘优秀的属地翻译人才,项目部一方面采取"先发制人"的招聘模式,建立当地人才信息库,收集优秀人才信息;另一方面与国内大学建立联系,收集非洲籍中国留学生的信息。

至今,项目部已招聘优秀的属地翻译6名,其中,有2名在得到项目的培养后,个人能力大幅提升,跳槽到其他企业,其余4人则分别在外联、商务、施工等岗位上发挥着重要作用。

(2) 对属地人力资源进行深度开发

非洲国家有其特殊的社会现状,以科特迪瓦为例,该国受法国殖民统治时间较长,整个社会法制体系沿用法国标准,在用工方面有着近乎苛刻的规定,但与法国不同,当地民众受教育水平低,对法律知之甚少,导致一些人打着法律的幌子,鼓动工人罢工,从而谋取私利。该项目的另一家兄弟单位,因劳工问题导致长期停工,造成很大损失,影响项目履约。

在审慎分析利弊情况后,项目部决定采取培养属地员工成立企业,以属地企业的名义和项目展开合作的模式,来规避属地风险。在经过1年多的考察甄别和专业培养后,项目部选择了忠诚度高、沟通能力强、有较好管理能力的法语翻译伊迪里斯作为合作对象,帮助他在科特迪瓦注册成立了建筑公司和劳务公司。项目部将所有工人转入他的公司名下,由其代为管理,此后再未发生过社会人员恶意挑唆罢工事件。另外,伊迪里斯的劳务公司还为项目部提供安保服务,较社会安保服务费用更低,管理更高效;以其建筑公司的名义,和项目部就 Core-loc 护面块体浇筑展开合作,为项目部节约了一大笔的人工成本,成为项目属地化分包的一次重要且成功的尝试。

(3) 依托属地公司,进行未来长远规划

目前,公司在科特迪瓦地区的所有作业,都是依托平台单位,经营活动受到了严格的限制。自从属地公司成立后,为项目部提供了新的经营思路。未来,项目部将考虑与其展开工程项目以外的合作,通过扩大属地化公司的规模,进行面向科特迪瓦的社会性经营,如劳务输出、当地工程项目专业承包等,从而在非洲本土开展多面经营。

3 树立共赢思维,共享分包人才资源

项目部积极建立与分包队伍的人才共享模式。

针对近几年科特迪瓦公路项目招标活跃的特点,为了解决公路技术人才紧缺的问题,项目部与局合格分包商"日照荣光"建立合作,调取该单位的5名优秀公路技术人才参与线性项目前期投标工作。

通过这种模式,既补充了人员的短缺,又借助专业分包单位人才发挥专业优势。

最终,科特迪瓦奥迪内公路项目、布基纳法索高速公路项目、科特迪瓦铁布公路项目,测算及报价得到中港、路桥两家平台单位的认可,所投的尼日利亚凯菲公路成功中标。

4　打破原有观念，用好社会人才力量

在三年的实践中，面对公司人员短缺无法有效支持项目的情况，项目部大胆招聘社会人才，发掘潜能、委以重任，使他们在各自工作岗位上发挥了重要的作用。

项目部以社会招聘方式录用了一名设备维修工，在他的努力下，项目部采石场使用挖掘机、装载机、翻斗车 40 余辆，一年半总计生产运输石料 40 余万方。石场开采结束，设备成本虽然全部摊销，但设备自身依然保持了十分良好的状态，能够在下一个项目上发挥作用。

公司共计调遣 8 艘船舶进入科特迪瓦，按照配置需要船员 50 名左右。船员在国外的人工成本非常高，对项目人力成本构成很大压力。经过综合考虑，项目部亦采用从社会招聘的方法，累计雇佣社会招聘船员 30 多人，而公司正式工只有 13 人。

另外，项目部还从社会上招聘了一批优秀的派遣工充实到队伍中，包括质量员、安全员、物资管理员，并将他们纳入项目管理体系进行培养、考核。

实践证明，社会上的优秀人才虽然较正式工人力成本更低，但他们在各自的岗位上，体现出了不亚于正式工的价值。

5　明确发展规划，搭好人才成长通道

目前，项目管理人员基本以青年职工为主。但青年职工在企业内长时间得不到晋升、对未来看不到希望，个人就会产生跳槽的想法。

为了让每一个青年职工感受到自己在成长，对未来充满希望，并最终将他们培养成公司海外发展的优秀人才，项目部采取了一系列行之有效的措施，其中包括《项目职工晋升考评管理办法》，该办法共计设置了 10 个级别，让职工通过个人的努力不断地提升自己的档级，从而增加个人的福利待遇，体现个人价值。该制度刺激了青年职工的积极性，对激活青年职工成长的内在驱动力具有较强的推动性。

6　建立激励机制，打造高效人才队伍

按照以往"干好干坏一个样，干多干少一个样"的大锅饭奖金分配形式，涣散懈怠的职工越发不思进取，能力较强想发挥价值的职工内心又会产生不平衡，时间久了形成团队凝聚力不高、战斗力不强的不良局面。

为了让每一个人感受到付出与否带来的不同结果，项目部制定了以产值利润和奖金挂钩的激励模式，每月职工奖金的额度取决于当月完成的产值目标。该激励措施推出以后，职工对每月生产进度集体表现得非常关心，很好地激发团队的合作精神和员工的积极性。

同时，为了保障总目标、保证职工收入，项目部又在总目标的基础上，推行了 KSF (key successful factors) 绩效考核模式，将项目管理最关键的进度、安全、质量、综合管理进行细化，每周召开例会，对于存在的问题，主要负责人员和主管领导需要在会上向全体员工进行说明，各部门管理状况一目了然，有效地刺激了从领导到员工的积极主动性。

在对存在的问题进行深入梳理思考的基础上，项目部以人才培养为突破口，突破思

维桎梏，激发人才潜能，有针对性地制定了行之有效的管理措施，并有效地贯彻执行，使项目管理从进场时的"摸着石头过河"到如今的昂首阔步前进，成功地在非洲市场上站稳脚跟，为后续在非洲市场的持续经营打开了良好的局面。

浅谈船舶柴油机主要机械故障诊断和排除

闫少华[1,2]

(1. 中国港湾西部非洲区域公司,科特迪瓦阿比让 06BP6687;
2. 中交一航局第五工程有限公司,河北秦皇岛 066022)

摘　要: 为了保证船舶安全航行,船机设备的操作人员必须掌握操作规程和维护保养要求,针对具体的船舶机械设备故障,采取对应的措施进行诊断和排除,保证船机设备运行良好。本文结合船舶柴油机运行过程中的常见故障,提出了诊断和排除方法。

关键词: 船舶柴油机;故障诊断;故障排除

随着航海运产业的发展,船舶机械建造也取得了进步,在柴油机应用的过程中,机械故障较为常见,对船舶的正常运行造成了极大的影响。因此,船舶柴油机的故障诊断和故障处理成为船舶管理的主要对象。故障诊断是故障处理的前提,在故障诊断的过程中,必须先明确故障的分类和故障的预兆。

1　船舶柴油机故障概述

1.1　故障分类

(1) 结构性原因

结构性原因包括设计和选用材料不合理造成的故障。例如船用采用恒压设计,将导致变速过程中出现故障,油泵和水泵密封材料选用不当时,会造成漏油和漏水的故障[1]。

(2) 工艺性原因

工艺性原因主要包括安装方面,例如安装不当导致整机损毁,柴油机相关机械安装不牢导致机械振动和被迫停机。

(3) 管理原因

操作者违反操作规程,缺乏必要的维护和管理措施,导致柴油机在运行过程中出现故障。

(4) 磨损性原因

柴油机的机械部分耐磨能力有一定的限度,如果不及时更换已磨损部件,将导致设备启动困难,无法正常运行。

1.2　故障预兆

(1) 性能下降

在应用过程中,设备启动困难,转速不稳定,在运行过程中常常自行停车。润滑油、燃油和冷却水的压力不正常,润滑油、冷却水和废气的温度反常,冷却器前后的温差较大。

（2）运行异常

设备在运行过程中表现出漏油、漏气现象，噪音过大或者振动较强，燃油、润滑油和冷却水的消耗量逐渐增大，柴油机曲轴箱润滑油液面升高。绝缘部分有烧焦气味，润滑油发出刺激性气味。设备在运行过程中，出现不正常的声响。

2 船舶柴油机机械故障诊断

2.1 设备的运行工况监测

在柴油机运行的过程中，加强日常管理，开展工况监测，对柴油机的运行过程进行监控。在保证船舶安全稳定航行的前提下，对柴油机和机舱的其他设备进行监控，掌握设备运行过程中的相关参数，利用传感器检测方法，及时将物理信号传递到集中控制中心，集中控制中心将物理信号转换为电信号，从而实现对设备运行参数的监视和打印，在运行参数偏离规定值时，及时发出报警信号，工作人员可以根据实际报警信号对已有的故障进行判断，便于及时采取措施，实际监测中主要分为三方面的工作。

在振动和声响检测方面，可以根据柴油机运行过程中发出的声音评价运行状态，应用声音频谱分析技术及时发现柴油机的运行故障，对故障原因进行分析，找出故障部位。

在金属磨粒监控过程中，可以根据润滑油中含有的金属磨粒种类的数量，掌握机件的磨损程度。

在计算机工况监测过程中，利用柴油机上的多种温度和压力传感器收集工作信号，将运行状况及时传递到计算机内进行数据整合，掌握设备的运行结果，总结故障发生的类型和部位，及时给出系统报警，便于及时采取措施排除故障。

2.2 诊断方法的应用

在利用科学技术对运行工况进行监控之外，船舶操作人员都已经掌握了丰富的故障诊断知识和实践经验，可以准确地判断出柴油机的运行故障。在实际诊断过程中，往往借助普通的电子仪表，结合看、听的方法对故障进行判断。

（1）观察法

观察柴油机是否出现漏油、漏水现象，借助仪表观察设备的转速、运行压力和温度等，是否出现较大的波动或者超出正常范围。观察柴油机排气的烟色，如果冒出黑烟，则说明燃料燃烧不良，如果冒出白烟则说明排气中含有一定的水分，冒蓝烟则说明排气中含有润滑油成分。

观察曲轴箱的透气成分，观察透气管头是否正常，观察柴油机中燃油、润滑油和冷却水的液位是否在规定范围内，检查轮机日志，发现问题后及时诊断排除。

（2）听诊法

应用金属棒在柴油机外壳部位敲击，判断气缸内的燃烧状况和设备的运行特点，判断声音是否正常，通过声音得出柴油机的故障结论。

如果气缸内发出清脆的金属敲击声，表明喷油时间过早；如果气缸内发出低沉且不清脆的金属敲击声，表明喷油时间过晚；如果气缸内的金属敲击声轻微且尖锐，表明连杆小头衬套间隙过大；如果在气缸外壁听到撞击声,表明活塞和气缸套配合间隙过大。如果柴油机在运行过程中出现突然的敲击声或者出现不连续的异常声音,表明柴油机有严重的运行故障,必须停车检查。

(3) 触摸法和嗅闻法

用手接触管道和气缸外壁,判断设备的运行温度是否超标。利用嗅闻法判断异常气味。例如,绝缘材料燃烧后散发出焦臭味,润滑油受热后发出焦油气味[2]。

(4) 测试和化验

用pH试纸检测油和冷却水的酸碱度,化验润滑油的粘度和氧化程度,判断油和水的含量,及时按照柴油机的运行规定更换冷却水和润滑油。柴油机运行过程中出现不正常现象时,及时停车检查,判断故障的严重程度,同时加强值班。发现冷却水和润滑油温度过高、柴油机异常声响、润滑油压力不足等情况时,必须停车检查,及时判断设备的运行故障。

3 船舶柴油机故障的排除

柴油机出现故障时,从不同角度入手分析,采取正确的诊断方法,抓住设备的运行实质,找出故障根源,便于及时排除故障。

3.1 柴油机启动困难或无法正常启动

出现这种现象的原因可能是启动时的转速较低,燃油雾化不合格,也可能由于气缸密封性不良,环境温度较低或者运行部件卡死造成的。在诊断过程中,先检查设备的系统,观察燃油的状态,测出压缩压力,采取针对性措施[3]。

3.2 设备的功率不足

主要原因是喷油量不足或者喷油量不均匀,也可能是由于燃油燃烧不完全、气缸无法正常运行、密封性不良、供气量不足导致的。在诊断过程汇总时,先检查设备的喷油系统,测出气缸的压缩压力和爆炸压力,及时检查轴系和车叶的运行状况。

3.3 柴油机运行过程中突然停止

主要原因是燃油耗尽,设备的轴承部件损坏或者车叶损坏等。故障诊断过程中,先盘车,看机械部分是否被卡死,再检查燃油系统和其他故障。

3.4 柴油机运行过程中转速不稳

主要原因是喷油泵和调速器的运动部件受到一定的阻力,导致调速器和减速部分加油或者减油动作延迟。诊断过程中先检查油量的拉杆、喷油泵,再检查油量的过滤装置。

3.5 柴油机运行过程中出现剧烈震动

主要原因是柴油机的机脚螺栓松动或者连接不良,在故障诊断过程中先检查柴油机的轴系地脚螺栓,将所有螺栓紧固,再检查润滑油是否咬缸,车叶是否受到损伤。

3.6 运转过程中出现异常噪音

主要原因是运动件的配合间隙较大,消音器和排气管漏气,也可能由于系统中的增压器受损、柴油机敲缸等。诊断过程中可以根据不同的情况采取针对性的措施,当系统出现敲缸现象时,必须停止运行并及时查找原因[4]。

3.7 排气颜色异常

正常排气颜色为淡灰色,烟色异常的主要原因需要结合实际烟色进行分析,如果排气冒黑烟,表示燃烧不完全;排气冒蓝烟,表示燃烧时有润滑油成分;排气冒白烟说明燃烧过程中混入水分,可以根据不同的烟色检查柴油机不同的部位,及时解决故障[5]。

3.8 排气温度异常

如果排气温度过高,主要原因是设备的负荷过大、喷油延迟,或者排气阀泄漏。如果排气温度过低,主要原因是喷油过早,喷油泵供油不足。

柴油机运行过程中总会出现较多的故障,影响了船舶的正常运行。在出现故障后,必须先明确故障出现的原因,及时对故障原因进行分析,采取针对性措施。

4 结束语

船舶机械设备在使用的过程中,出现的不同故障都将影响到船舶的正常运行,工作人员必须重视对柴油机等设备的检查,借助维护保养说明书找出故障的原因,另外,在设备运行过程中不断积累经验,将理论与实际结合,根据实际故障采取针对性措施。

参考文献

[1] 李晓伟. 船舶柴油机故障诊断方法的研究[J]. 计算机仿真,2012,29(5):215-218.
[2] 邓勇. 船舶柴油机故障诊断方法刍议[J]. 机电信息,2012,48(36):74-75.
[3] 王坚,王彬. 基于声响异常辨识的船舶柴油机故障诊断技术探析[J]. 南通航运职业技术学院学报,2013,12(4):42-44.
[4] 陈爱玲,张猛,李永鹏等. 船舶柴油机故障实例统计与分析[J]. 青岛远洋船员学院学报,2010,31(4):118.
[5] 张东方. 船舶柴油机故障人为因素分析与评价[D]. 大连海事大学,2013.

设计技术

阿比让港工程地质条件及特殊地质条件成因分析

严义鹏[1,2]，马　峰[1,2]，胡　程[1,2]

(1. 中国港湾西部非洲区域公司，科特迪瓦阿比让　06BP6687；
2. 中交第四航务工程勘察设计院有限公司，广东广州 510230)

摘　要：对于阿比让港工程地质条件的介绍，国内鲜有相关资料。本文对阿比让港港口地质条件进行了较详细的介绍，重点是对港内存在的特殊地质条件的介绍，并对其成因进行了分析与探讨，对针对性的勘察方法也进行了简单介绍，可为勘察工作者及港工建设者们提供参考。

关键词：阿比让港；工程地质条件；特殊地质条件；沉积相

0　前言

阿比让港港口扩建工程项目位于科特迪瓦经济首都阿比让，由中交集团承建，总投资 9.33 亿美元，建设内容包括港池与航道疏浚、码头后方回填、防波堤拆除与重建、集装箱码头和滚装码头建设等。

作者通过参与该项目的勘察工作，发现项目场地的地质条件复杂，特别是部分地段场地中下部存在的软弱、较软地层，对项目码头的建设成本影响较大。为此，项目组织了精细化的勘察施工，详细查明了场地的工程地质条件，为项目设计提供了依据。通过此次勘察，作者形成了对港区工程地质条件较深刻的认识，相关认识和经验可为勘察同行及港工建设者们提供参考。

1　阿比让港简介

阿比让港是西非最大的天然良港，它是依托埃布里耶潟湖及阿比让半岛、小巴萨姆岛建立起来的。1950 年科特迪瓦人切穿沙嘴，开凿了长 3.2 km 的弗里迪运河，沟通了埃布里耶潟湖与几内亚湾，使远洋海轮直接进入潟湖。从此阿比让市迅速发展，并成为西非法语区政治、经济中心。

该港属热带雨林气候，年平均气温约 27 ℃，年平均降雨量约 2 000 mm。港区主要码头泊位有 26 个，岸线长约 6 085 m，最大水深为 12.5 m。

2　区域地质背景

科特迪瓦南部沿海为狭长的中新生代盆地，称为阿比让盆地。盆地沉积厚度巨大，南部沉降剧烈，基底最深达 4 000 m 以上，盆地的面积包括外大陆架约为 4 万 km^2，是重要的油气层。盆地西起萨桑德拉，向东经过阿比让，一直延伸到与加纳交界的边境，长度为 360 km。盆地陆上出露部分的宽度在阿比让附近为 35 km。

(1) 侏罗—白垩系：盆地的底部为侏罗系的杂色碎屑岩建造，厚度约 470 m。白垩系下统富含有机质,有油气显示,其下部为黑色页岩,中部为钙质砂岩、泥灰岩和页岩,上部为粗碎屑岩,厚度超过 2 600 m;白垩系上统主要为碎屑岩,厚度约为 500 m,向东至加纳边境岩相过度为页岩、砂岩和石灰岩互层,厚度增加至 1 300 m,中上部砂岩较多,是已知的含油气地层。

(2) 第三系:早第三纪海侵,盆地内沉积的主要为海绿石泥岩,间夹石灰岩,含枪球虫。盆地西部厚度逾千米,向东迅速减小。中新世海退,在阿比让盆地中新统为厚600 m 的灰黑色绿灰色海绿石泥岩夹砂岩。盆地缺渐新世沉积。上新统为陆相砂泥岩,厚度 500~1 000 m[1]。

(3) 第四系:在埃布里耶潟湖及湖内岛屿上有第四纪沉积,以松散碎屑物沉积为主。

3 地层概况

根据阿比让港港口扩建项目的勘察资料[2],港区 −60 m 以上地层可划分为七大层:上部为人工填土层(①层)及潟湖相沉积的灰色淤泥层(②层),中部为河流冲洪积相沉积的杂色砂层(③层)及海陆交互相沉积的杂色、灰色黏性土和砂层(④~⑥层),底部为海相沉积的灰色黏性土层(⑦层),其中①~⑥层属第四系地层,⑦层属第三系地层。①~⑦层的地层单元信息详见表1。

表 1 阿比让港港内地层单元信息

地层编号及名称	地质时代	地层描述	分布范围
①人工填土层	Q_4^{ml}	以回填块石为主	阿比让港东、西防波堤堤头一带
②淤泥	Q_4^{Vl}	灰色,灰黑色,流塑至软塑,含有机质,具臭味,局部含松散的砂混淤泥	港区水域
③砂	Q_{3-4}^{al+pl}	灰黄色及杂色,松散至极密实均有,以中密~密实砂为主,夹杂色及灰色可塑黏性土	广泛分布
④黏性土	Q_{1-3}^{mc}	杂色,灰色,软塑至坚硬均有,以硬塑黏性土为主,夹杂色稍密至密实砂	分布较广
⑤砂	Q_{1-3}^{mc}	杂色,稍密至极密实均有,以中密至密实砂为主	分布较广
⑥黏性土	Q_{1-3}^{mc}	灰色,杂色,软塑至坚硬均有,以可塑、硬塑黏性土为主,夹灰色、杂色松散至密实砂	分布较广
⑦黏性土	N_1	灰色,青灰色,含一定程度的钙质胶结,黏性较差,土质坚硬	广泛分布

项目码头区域典型地质剖面见图 1。

表 1 中第③~⑥大层可根据地层的岩性及物理力学性质的差异分为若干亚层,现简要介绍如下:

第③层可分为③$_1$ 松散砂、③$_2$ 稍密至中密砂、③$_3$ 密实至极密实砂层和③$_5$ 软塑至软可塑黏土、③$_6$ 可塑黏土层。③$_1$、③$_2$、③$_3$ 层为主层,分布广泛;③$_5$、③$_6$ 层为夹层,局部分布。

第④层可分为④$_1$ 硬塑黏性土、④$_2$ 可塑黏性土、④$_{21}$ 软塑至软可塑黏性土、④$_3$ 腐木

工程地质剖面图

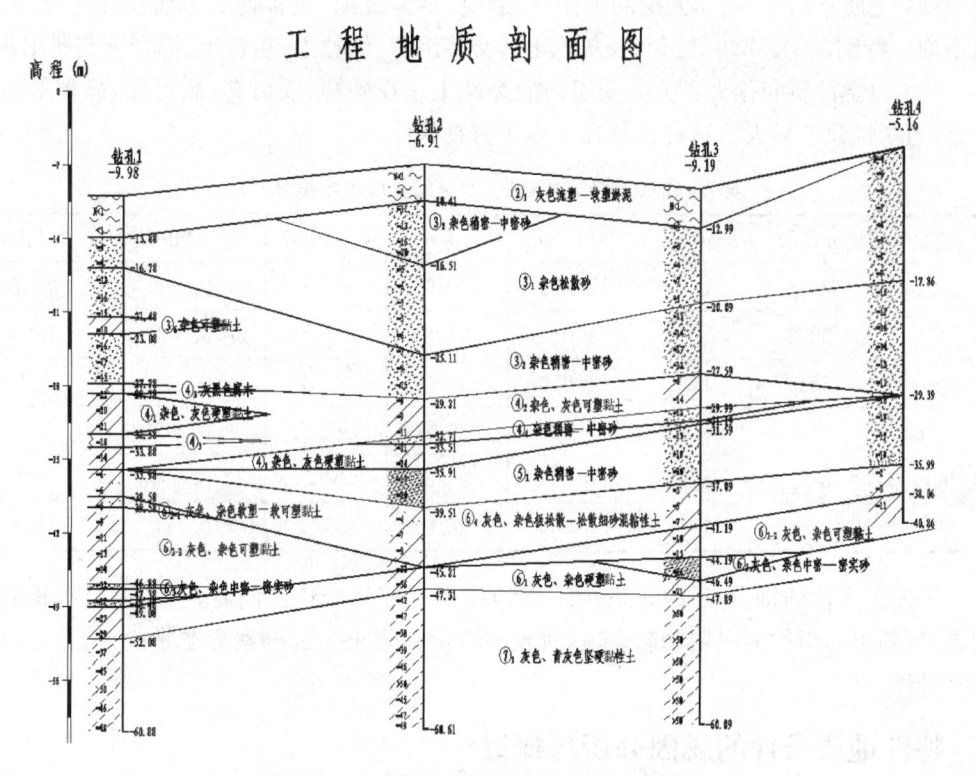

图1 阿比让港项目码头区域典型地质剖面

及④₄₋₁稍密至中密砂层。④₁、④₂层为主层，分布较广，④₂₋₁、④₃、④₄₋₁层为夹层，局部分布。

第⑤层可分为⑤₁中密至密实砂和⑤₂极密实砂层，以⑤₁层为主，局部分布有⑤₂层。

第⑥层可分为⑥₁硬塑粘性土、⑥₂₋₁软塑至软可塑黏性土、⑥₂₋₂可塑黏性土和⑥₃中密至密实砂、⑥₄松散至稍密砂层。⑥₁、⑥₂₋₁、⑥₂₋₂为主层，分布较广，⑥₃、⑥₄层为夹层，局部分布。

总体上，第②层与第⑦层位于顶部及底部，层位及分布较稳定；第③层主要为砂层，砂质纯，层厚大，亚层多，力学性质较不稳定；第④～⑥层总体格局为黏性土层夹砂层，含一些软弱及较软亚层，层厚及力学性质很不稳定。

4 港内工程地质条件特点及其特殊性

阿比让港港内工程地质条件具有如下三个方面的特点：土体种类多、地层结构复杂，土质不均匀，力学性质变化大。

（1）土体种类多、地层结构复杂：港内揭露的土体种类繁多，地层结构非常复杂。揭露的细粒土如黏土、粉质黏土、粉土，粗粒土如粉细砂、中砂、粗砂、砾砂、圆砾，混合土如砂混（夹）黏性土、黏性土混（夹）砂、黏性土与砂互层等，此外，还揭露有填土、有机质土、腐木、泥炭、钙质胶结等。

(2) 土质不均匀:同一大层的土体,在颜色、颗粒级配、包含物等方面往往变化多,土质不均。特别是④、⑥两层,杂色、灰色土体交替沉积,细粒土、粗粒土、混合土交错出现。

(3) 力学性质变化大:④、⑥两层内的黏性土呈现硬塑、硬可塑、软可塑、软塑等多种状态,力学性质差异大。这种差异在下表中有具体体现:

表2 ④、⑥两层中黏性土亚层的物理力学指标对比

亚层	$w(\%)$	ρ (g/cm³)	$e(-)$	$I_p(-)$	C_u (kPa)	a_{v1-2} (MPa⁻¹)	N(击)
④₁	32.5	1.90	0.919	30.0	118.9	0.193	23.7
④₂	38.2	1.84	1.063	31.6	50.4	0.314	10.0
④₂₋₁	32.5	1.89	0.916	27.9	24.6	0.435	3.1
⑥₁	36.5	1.85	1.029	30.2	91.2	0.209	22.0
⑥₂₋₁	34.1	1.85	0.972	26.8	40.5	0.348	4.8
⑥₂₋₂	33.9	1.86	0.969	28.0	66.5	0.244	11.0

上述三方面的特点,反映了港内工程地质条件的复杂性。同时,④⑥两层沉积时代较老(更新世),但软弱夹层却较多,这种现象在国内岩土工程勘察界非常少见,具有一定的特殊性。

5 特殊地质条件的成因分析与探讨

港区复杂的地层条件以及④、⑥两大层硬中夹软、软硬交替的特点,其形成原因可从宏观和微观两方面进行分析探讨。

宏观上:

(1) 与沉积环境或沉积相有关:港区在地质历史时期的沉积环境具有多样性,包括海相、河流相、湖沼相、海陆交互相沉积等,造成沉积地层的多样性和复杂性。由于临近海洋,水文、地貌环境的变化及水力条件的变动,使得不同位置、不同深度地层的固结状态产生分化,如此往复,就可以形成硬中夹软、软硬交替的地层条件。

(2) 与断裂构造影响有关:港区属于阿比让断陷盆地构造的北缘。根据有关资料,港区底部有东西向的第三系正断层穿过,断裂的导水作用可使场区局部地段地层饱水软化,强度变弱。

微观上:

(1) 与土体的粒度和矿物成分有关:如土体粒度粗、细的差别,矿物成分及含量的差别,对土体的固结速率和强度增长有不同的影响。

(2) 与土体的排水环境有关:包括土体距排水通道的距离、土体内超静孔隙水压力的大小及其消散速率等。

(3) 与特定的土类有关(混合土):如港内部分地段出现的⑥₄极松散至松散细砂混黏性土层。该土层易吸水饱和,黏粒易软化,加之周围排水环境的闭塞,超静孔隙水压力难以消散等影响,易形成松软土。

6 特殊地质条件对工程的影响及针对性的勘察方案

项目码头拟采用重力式沉箱结构,而场地内分布的软弱亚层④$_{2-1}$、⑥$_{2-1}$、⑥$_4$层和较软亚层④$_2$、⑥$_{2-2}$层工程性质差至较差,对沉箱方案实施不利,影响工程造价。

为优化码头基础设计方案,必须详细探明场地内的工程地质条件,特别是码头区主要受力层的分布及其物理力学性质。在项目勘察工作中,现场通过加密勘察钻孔,采用多种原位测试手段(标准贯入试验、扁铲侧胀试验、动力触探试验、十字板剪切试验),加强原状土取土技术,增加取原状样数量,开展针对性的特殊试验项目(如三轴UU、CU、高压固结、次固结)等综合性手段,详细查明了场地的岩土工程条件,为项目设计提供了详实、准确的地质资料,取得了较好的设计优化效果。

7 结语

阿比让港位于阿比让断陷盆地内,港内-60 m以上土体形成了七大地层,其中第④、第⑥层地质条件具有一定特殊性,层内土体土质不均,力学性质差异大。港内特殊地质条件的形成与沉积环境、断裂构造及土体本身的粒度和矿物组成、土体所处的排水固结环境等都有关,是多因素共同作用的结果。

阿比让港港内特殊地质条件的存在,对项目码头的勘察工作带来了挑战。在勘察工作中,应采取适当加密钻孔,加强原位测试、取土技术、室内试验等综合性勘察手段,详细查明场地的岩土工程条件,为项目设计提供详实、准确的地质基础资料。

参考文献

[1] 叶绿章,董宝林.科特迪瓦的地质与矿产[J].广西地质,2000(02):39-43.
[2] Hu Cheng. ABIDJAN PORT EXPANSION PROJECT (PACKAGE 01) GEOTECHNICAL INVESTIGATION REPORT[R]. CHINA HARBOUR ENGINEERING COMPANY LTD, 2015.

阿比让港软弱地质条件下不同勘探方法对比研究

胡 程[1,2]，严义鹏[1,2]，廖先斌[1,2]

(1. 中国港湾西部非洲区域公司，科特迪瓦阿比让 06BP6687；
2. 中交第四航务工程勘察设计院有限公司，广东广州 510230)

摘 要：阿比让港口在沉积条件上属潟湖相沉积，在沉积过程中由于不确定性，造成该区域内整体区域地质条件的多样性和复杂性，本文针对阿比让港口揭示的软弱地质条件，通过对其工程特性的研究及室内和原位测试结果变异性的统计分析，提出了适应于复杂沉积条件下的综合勘探方法，从而得到较为可靠的岩土物理力学参数。

关键词：阿比让港；潟湖相沉积；工程特性；原位测试；变异性分析

1 概述

拟建的阿比让港口位于几内亚湾埃布里耶潟湖沿岸，由于潟湖相沉积的不确定性，造成场区内地层分布较为复杂。2014年四航院在此进行勘察工作，发现了软弱土层的存在且分布差异显著，主要表现为：同一标高下的软弱地层分布不均匀，不连续，此外，软弱地层埋深较深，且上部地层大部分分布有极密实的砂层，这与地层埋藏越深强度越大的常规规律区别较大，前人的勘察工作未说明在本区深部存有软弱土层[1]。因此，为积极推动工程建设，应确定软弱地层的存在性及可靠性，并查明其分布范围及工程特性。

基于软弱地层分布的特异性，本研究在勘察过程中采用钻探、原位测试及室内试验相结合的综合勘察手段，通过标准贯入试验、动力触探试验、袖珍贯入仪试验、十字板剪切试验以及扁铲侧胀试验等原位测试试验之间的相互验证，以确定该软弱地层的分布区域，同时利用推导的地质参数与室内试验结果相对照，从而得到较为可信的物理力学参数。

2 工程地质概况及原位试验分析方法

2.1 工程地质概况

2014年勘察时发现有软弱地层发育，当时主要进行了钻探、标准贯入试验和室内常规试验，所揭示的各地层见表1。

表1 阿比让港地层单元表

地层编号及名称	地层描述	分布
①人工填土	以回填块石为主	东、西防波堤堤头一带
②淤泥	灰黑色，流塑至软塑，具臭味，局部含松散的砂混淤泥层	港池水域
③砂	灰黄色及杂色，松散至极密实均有，夹有杂色黏性土层	广泛分布
④黏性土	杂色，灰色，软塑至坚硬均有	局部分布

(续表)

地层编号及名称	地层描述	分布
⑤砂	杂色,中密至极密实均有	局部分布
⑥黏性土	杂色,灰色,软塑至坚硬均有	分布较广
⑦黏性土	灰色,青灰色,带一定程度的钙质胶结,黏性较差,土质坚硬	广泛分布

其中,软弱地层主要分布在④、⑥两层中的④$_{2-1}$和⑥$_{2-1}$层,以及局部可见的③$_5$层,该地层的物理力学指标见表2,各地层的标准贯入试验结果具有典型的软弱地层的特征($N < 4$),而从室内试验的结果来看,大部分土样也表现出典型的软弱地层的特征:$I_L > 0.75$,具有较高的含水量、孔隙比、较低的密度、不排水剪强度等,且埋深较深,均分布于密实至极密实的砂层③$_4$以下。

表2 软弱土层的物理力学指标

亚层	$w(\%)$	$\rho(g/cm^3)$	$eV(-)$	$I_p(-)$	$I_L(-)$	C(UU试验)(kPa)	a_{v1-2}(MPa^{-1})	N(击)	顶标高(m)
③$_5$	52.9	1.66	1.468	36.8	0.86	—	—	2.2	−25.6
④$_{2-1}$	32.5	1.89	0.916	27.9	0.56	24.6	0.435	3.1	−30.1
⑥$_{2-1}$	34.1	1.85	0.972	26.8	0.72	37.2	0.348	4.8	−37.2

2.2 原位试验分析方法

标准贯入试验是国内外广泛使用的原位测试技术之一,通过标贯击数N以判断土体的强度、土层变化及其工程性质等,包括判断砂土密实状态和有效内摩擦角,黏性土状态,无侧限抗压强度以及土的变形参数等[2][3][4],但作为单一的原位测试手段,标准贯入试验在测量手段、结果分析方法、能量传递测量及应用等方面存在一定的问题。

考虑到取样以及标准贯入试验在清孔及试验过程中可能造成的扰动性,之后选择了一些不需要清孔,直接在原土层上连续进行的动力触探试验、扁铲试验、十字板剪切试验等;另外,还采用国外成熟的袖珍贯入仪试验进行对比分析。经过比较分析,来判别综合原位测试方法在勘察区运用的可行性及可靠性。

动力触探试验与标准贯入试验的基本原理类似,都是利用将探头打入土中一定深度的锤击数来反映土的力学性质,具有贯入连续、设备简单、工期短等特点,二者随土层深度的变化均具有良好的一致性[5]。

袖珍贯入仪是一种结构简单,使用方便的土工测试仪器,主要适用于粘性土,利用数理统计的方法,可以分别找出各类土及各种测头的贯入阻力与土的液性指数、容许承载力、压缩系数的关系。并可大概推算出不排水剪强度值,再估算出标准贯入试验值[6][7]。

扁铲侧胀试验是将带有膜片的扁铲压入土中预定深度,充气使膜片向孔壁土中侧向扩张,根据压力与变形关系,测定土的模量及其他有关指标。运用扁铲侧胀试验来获取软土力学指标,具有操作简单、对土体扰动小、测试参数多、准确快捷等特点[8][9]。

十字板剪切试验是一项适合于饱和软黏性土、试验指标准确度高、操作简便的有效原位测试技术,该试验是对压入试验土层中的十字板头施加扭矩,形成圆柱型的破坏面,测定土剪切破坏时最大的扭矩,即为土的抗剪强度,相当于天然土层在某一深度的天然应力状态下原状土的不排水抗剪强度,并且还能较好地反映不排水抗剪强度随深度变化的规律[10][11]。

在揭示有软弱地层的钻孔附近同时布置标准贯入试验、动力触探试验、扁铲侧胀试验以及原位十字板剪切试验等,通过在同一标高下的状态定性对比来反映该地层的地质条件;在同一钻孔中,袖珍贯入仪试验和标准贯入试验交替进行,从而在判断土体状态时减少人为因素的影响。

3 试验结果分析

3.1 定性结果对比分析

3.1.1 重型动力触探与标准贯入试验结果比较

动力触探的缺点是不能采样并对土进行直接鉴别描述,试验误差较大,直观性差,标准贯入试验可在一定程度上弥补这一不足。

图1所示为现场标准贯入试验和重型动力触探所进行的密实度定性对比。

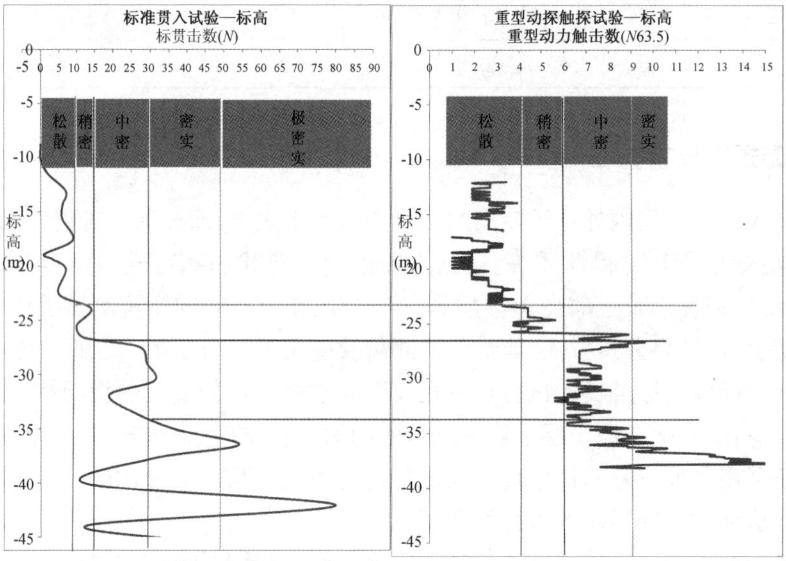

图1 标准贯入试验和重型动力触探所进行的密实度定性对比

从对比结果来看,两者均随土层岩性的变化而发生明显的变化,其拐点易于识别,在对土的定性上有较好的相关性。

3.1.2 扁铲侧胀试验结果分析

通过膜片在A、B、C三点得到的压力值P_0、P_1、P_2,可求得土体的材料指数(I_D),其中当$I_D < 0.6$时为黏性土,$0.6 \leqslant I_D \leqslant 1.8$时为粉土,$I_D > 1.8$时为砂土。

图2中,左图为扁铲侧胀试验随钻探深度变化曲线,右图为该孔的钻孔柱状图,可以看出5~13 m为砂土,13~19 m为黏性土,19~26 m为砂土,两者在岩性划分上一致性

较好。

3.1.3 袖珍贯入仪试验与标准贯入试验结果比较

标准贯入试验由于所得的锤击数是间断的,因此在一个钻进回次内如果出现了薄夹层,则较难准确地判断分层位置,而结合袖珍贯入仪后,通过贯入的结果可准确地进行分层。

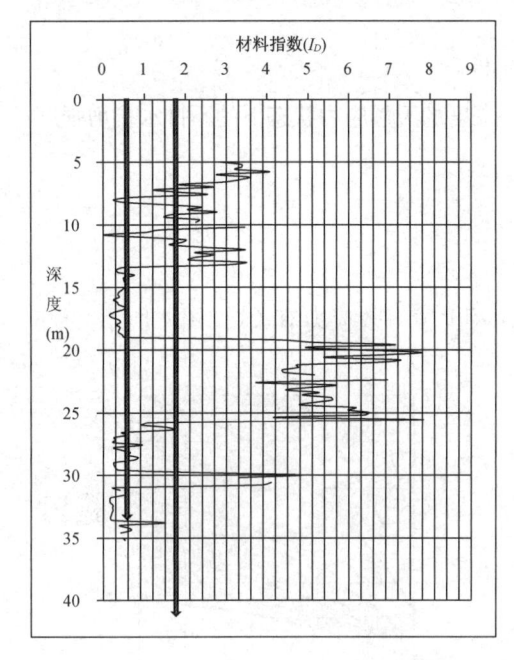

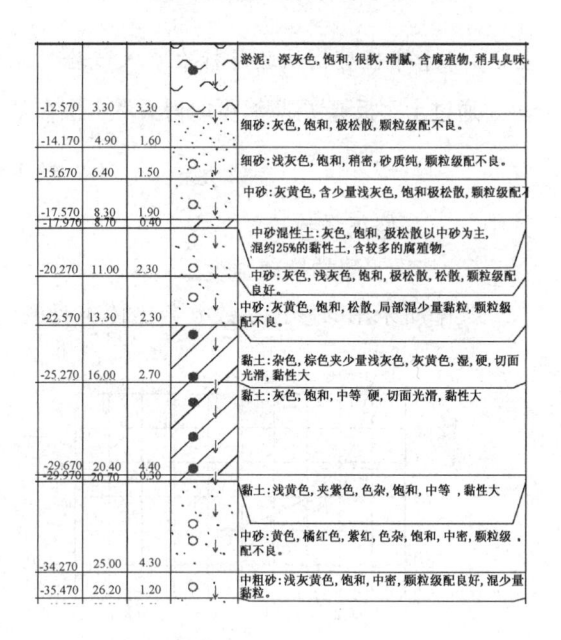

图 2 扁铲侧胀试验与钻探的岩性划分对比

本项目中主要将其用于现场判断,与现场标准贯入试验对比结果如图 3 所示。

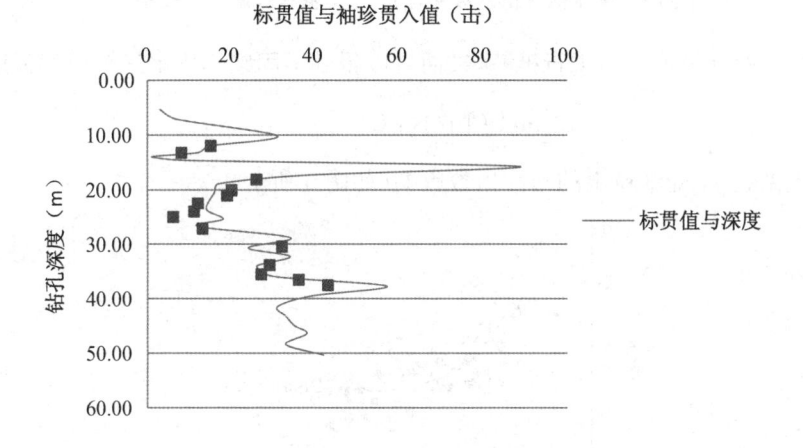

图 3 袖珍贯入仪与标准贯入试验结果对比分析

通过袖珍贯入仪而推算出的标贯值与实际标准贯入试验值在总体上具有一致性。

从标准贯入试验与动力触探试验、袖珍贯入仪等试验的对比上看,可以知道标准贯入试验在项目中应用较好,在判断砂土的密实度,以及粘性土的状态上相对准确。

而从扁铲侧胀试验与钻探结果的对比可知,现场钻探在地层的划分中也有较高的准确性。

因此，该地区的软弱地层是存在的，同时为查明该地层具体的强度指标，在部分钻孔中布置了十字板剪切试验，通过与标准贯入试验的对比，在进一步验证标准贯入试验的准确性时，测算出试验地层的强度，再对比室内试验结果，从而为工程建设提供可信的指标。

3.2 物理力学指标对比分析

3.2.1 十字板剪切试验与标准贯入试验对比分析

通过十字板剪切试验，可取得天然土层在某一深度的天然应力状态下的不排水抗剪强度。

$$Cu = u \times C_{fv} \tag{1}$$

其中：u——修正系数；

C_{fv}——实测的抗剪强度。

其中所采用的修正系数 u 与土体本身的 Ip 及上覆有效应力有关（如图4所示）。

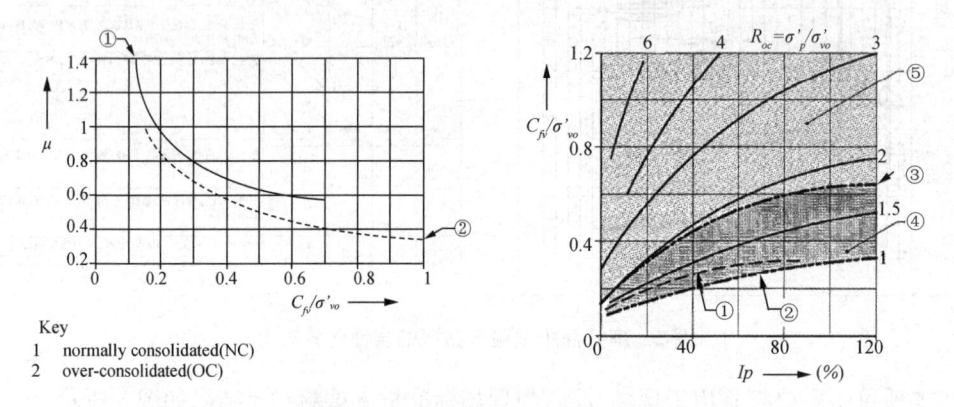

图4 十字板修正系数 u 与 Ip 及上覆有效应力的关系

利用修正的标贯值 N_{60} 进行推算，进而可以得到不固结不排水三轴剪切强度。

$$\text{Stroud}(1974): Cu = f_1 N_{60} \tag{2}$$

式中的修正系数 f_1 受细粒土的塑性指数影响（如图5所示）。

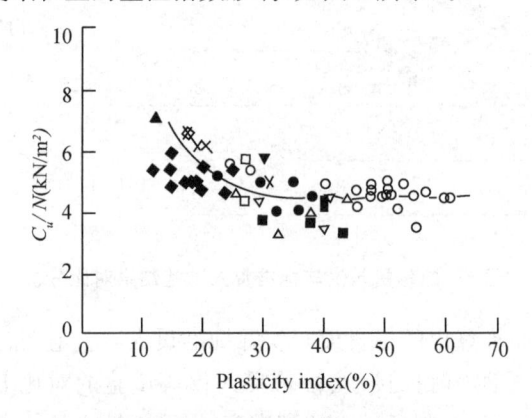

图5 修正系数 f_1 与塑性指数关系图[12]

表3 十字板剪切试验推算的标准贯入试验值与实际标贯入试验值对比

钻孔编号	试验深度 (m)	现场原位十字板不排水剪强度 (kPa)	现场扰动十字板不排水剪强度 (kPa)	灵敏度	上覆有效自重应力 (kPa)	液限	塑性指数	原位强度/上覆压力	修正系数	修正后不排水剪强度 (kPa)	标贯估算	实际现场标贯
TH86	18.85	101.21	27.985	3.6	150.8	0.57	34.9	0.67	0.42	43	9	11
TH86	19.25	116.30	32.89	3.5	154.0	0.57	34.9	0.76	0.38	44	9	11
TH88-1	11.65	116.38	—	—	93.2	0.72	44.5	1.25	0.35	41	8	10
TH85	20.50	147.37	56.163	2.6	164.0	0.74	42.2	0.90	0.35	52	10	16
TH49-1	16.50	149.19	35.7822	4.2	132.0	0.67	40.7	1.13	0.35	52	10	7
TH49-1	17.50	51.76	27.3288	1.9	140.0	0.52	32.5	0.37	0.72	37	7	8
TH49-1	18.20	69.60	29.6834	2.3	145.6	0.52	32.5	0.48	0.52	36	7	8
TH49-1	18.80	161.77	—	—	150.4	0.84	38.7	1.08	0.35	57	11	8
TH49-1	19.50	186.05	47.5552	3.9	156.0	0.84	38.7	1.19	0.35	65	13	10
TH49-1	20.20	115.72	41.0704	2.8	161.6	0.82	32.9	0.72	0.40	46	9	10
TH49-1	26.00	165.36	31.652	5.2	208.0	0.86	45.9	0.80	0.38	63	13	12
TH49-1	26.80	115.95	39.2948	3.0	214.4	0.86	45.9	0.54	0.46	53	11	12
TH90	17.50	83.57	20.34	4.1	140.0	0.93	53.5	0.60	0.43	36	7	4
TH90	18.00	140.23	28.29	5.0	144.0	0.93	53.5	0.97	0.35	49	10	4
TH91	17.10	190.88	65.0024	2.9	136.8	0.97	53.0	1.40	0.35	67	13	8

通过由十字板剪切试验得到的土体不排水剪切强度,可以反推出标准贯入试验值,表3为推算出的标准贯入试验值与现场标准贯入试验值的对比。

由表3可知,除个别数据以外,大部分的数据均处于一个状态范围内,且试验地层位于钻孔深部,强度不高,相对软弱。

3.2.2 室内试验与标准贯入试验对比分析

室内试验为常规物理指标、UU（不排水不固结三轴试验）、CU（固结不排水三轴试验）、USC（无侧限抗压强度试验）一维固结试验等。表4为部分试验结果与原位测试所得结果对比。

表4 室内试验结果与原位测试推算结果对比

地层编号	地层名称	UU (kPa)	$0.5USC$ (kPa)	VST (kPa)	SPT N_{60} (blows)	SPT C_u (kPa)
3.6	黏土	52.9	46.75	63.8	14.0	67.2
3.6.1	黏土	50.6	37.75	53.7	11.5	50.6
4.1.1	黏土	103.5	101.70	—	30.5	152.5
4.1.2	黏土	72.9	81.95	74.0	22.6	104.0
4.2	黏土	48.7	51.40	—	13.3	61.2
4.2.1	黏土	—	24.60	—	4.4	21.1
4.3	黏土	86.1	75.95	—	20.5	90.2
6.2.1	黏土	40.5	37.60	—	6.6	33.0
6.2.2	黏土	63.5	51.75	—	14.5	71.1

由以上结果可知,由室内试验(UU,USC试验)得到的不排水剪切强度与原位测试所得基本上接近。基于以上各种试验及相关分析研究结果可以确定,原来勘察中判定的深部的软弱地层是存在的,再通过试验结果对比可得到各层的相关力学指标。

4 结语

（1）多种原位测试手段在地层定性分析上具有较好的一致性,通过在同一区域钻孔内使用多种原位测试手段进行综合分析,可进一步确定某些特殊地层的存在性,并提供可靠的定性分析。

（2）通过原位测试结果所推算出的力学指标与室内试验所得到的地层力学指标基本上接近,两者之间可相互验证,以减少试验过程中人为因素的影响,同时对于某些样品少的地层可使用原位测试来推算该地层的力学指标。

（3）通过多种勘察手段综合对比与研究,证实了场区深度软弱土层的存在性。

（4）对阿比让港扩建工程勘察中所遇到的软弱地基土研究,以及所采取的勘察方法与评价方法进行论述,目的在于使技术人员对同类勘察的特殊性有一定的了解和认识,在今后的勘察中有所借鉴。对于工程地质条件复杂,特殊地层分布异常的区域应根据构筑物的不同及揭示的地层分布,针对工程地质条件的变化,综合利用各种适宜的勘察手段,以取得必要、可靠的勘察成果。

参考文献

[1] PROJET DE MODERNISATION DU QUAI SUD SONDAGES GEOTECHNIQUES. DOSSIER N° 12/DGC/G/0032 - 2 [R]. LABORATOIRE DU BATIMENT ET DES TRAVAUX PUBLICS, 2012.

[2] 杨文卫,岳中琦. 世界各地标准贯入试验比较和共同问题[J]. 工程勘察,2008(1):5-16.

[3] 约瑟夫.E.波勒斯. 基础工程分析与设计(第5版)[M]. 北京:中国建筑工业出版社,2004.

[4] 胡增辉,李家奇,等. 利用标准贯入试验确定粘性土的不排水抗剪强度[J]. 地下空间与工程学报,2011(S2):1577-1588.

[5] 牛建光,孙成科,等. 动力触探试验和标准贯入试验指标相关性研究[J]. 港工技术,2013,50(5):52-54.

[6] 陈锐,刘戈,曹仲. 用袖珍贯入仪判定黏性土的状态、压缩性和承载力[J]. 勘察科学技术,1993,(2):31-34.

[7] 侯石涛,丁晓学,高桥芳. 利用袖珍贯入仪确定土的某些物理力学指标[J]. 工程勘察,1998(1):1-5.

[8] 向先超,汪稔,朱长歧. 软基处理中的扁铲侧胀试验研究[J]. 岩石力学,2005,26(11):1849-1852.

[9] 陈国民. 扁铲侧胀仪试验及其应用[J]. 岩土工程学报,1999,21(3):177-183.

[10] 徐威,李江,周宏民,等. 原位十字板与三轴UU试验测试值的差异分析[J]. 工程勘察,2012,40(6):10-13.

[11] 卢力强,杨爱武,王韬,等. 滨海吹填场地软土原位剪切强度的试验研究[J]. 工程勘察,2015,43(12):1-12.

[12] CLAYTON C R I. The standard penetration test (SPT): methods and use[M]. London:CIRIA, 1993.

重力式码头抛石基床倒坡预留研究

方 波[1,2]，符 成[1,2]

(1. 中国港湾西部非洲区域公司，科特迪瓦阿比让 06BP6687；
2. 中交第四航务工程勘察设计院有限公司，广东广州 510230)

摘 要：针对重力式码头抛石基床预留倒坡设置的问题，以沉箱结构为例，研究了由基底应力和填料荷载引起的附加应力计算。计算结果显示，陆域回填料以及堆货荷载对沉箱结构后沿附加应力的影响超过前趾，导致结构后沿沉降大于前趾沉降。通过沉箱沉降观测数据对该计算进行验证。对于有后方陆域回填的码头结构，抛石基床顶面可不设置倒坡。

关键词：港口工程；重力式码头；地基沉降；基床倒坡

1 研究现状

重力式码头抛石基床的一般构造中，通常要求设置倒坡。交通部水运工程标准《重力式码头设计与施工规范(JTS 167—2—2009)》[1]中规定："基床顶面预留的向墙后倾斜的坡度，应根据地基土性质、基床厚度、基底应力分布、墙身结构形式、荷载和施工方法等因素确定，其坡度可采用0～1.5％"。

港口工程领域对倒坡的设置研究文献较少。对于抛石基床预留倒坡的设置，邱驹[2]考虑重力式码头墙底前趾应力大，后趾应力小，由此基床会产生横向不均匀沉降。为了保证码头结构在使用时期不发生前倾，故在基床顶面预留向墙体里侧(陆侧)倾斜的斜坡。吴兵[3]则根据规范的条文，尝试性地将抛石基床的倒坡按1％预留。其他工程师[4][5]更多的是对重力式码头结构进行沉降观测分析或沉降预测。

为探究抛石基床预留倒坡的设置问题，以沉箱结构为例，从重力式码头结构的附加应力计算着手，研究码头结构前后趾的应力分布以及由此引起的不均匀沉降，进而分析预留倒坡的设置方向。

2 工程实例

阿比让港扩建项目为150 000吨级集装箱码头项目，采用重力式沉箱结构形式。码头面顶高程+3.5 m，港池底标高−16.0 m，结构按−18.0 m预留。沉箱底宽17.0 m(含前趾)，纵向长度19.35 m。陆域形成为回填砂，回填顶标高为+2.8 m，路面结构为0.7 m。码头断面如图1所示。

设计水位为：大潮平均高水位1.44 m，小潮中等高水位1.23 m，小潮中等低水位0.86 m，大潮平均低水位0.65 m。该工程位于潟湖内，考虑风飑天气下，100年一遇的有效波高为1.2 m。

地质资料：主要地质为黏土至砂质黏土、黏土混砂以及中粗砂。

码头面荷载：码头前方 67 m 范围内均布荷载为 30 kPa；67 m 范围外为堆场，均布荷载为 60 kPa。集装箱装卸桥基距 14 m，轨距 30.48 m，工作状态下，前轨最大轮压 1 100 kN，后轨最大轮压 900 kN；非工作状态下，前轨最大轮压 980 kN，后轨最大轮压 1 210 kN。装卸桥自重按 1 700 t 考虑。后轨道梁不在设计、施工范围内。

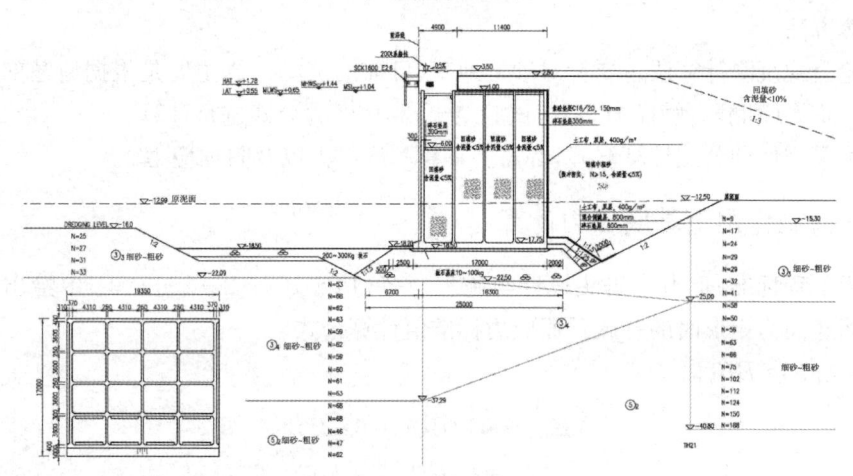

图 1　集装箱码头断面图

沉箱所受作用及其标准值如表 1 所示：

表 1　沉箱所受作用标准值

项目	合力（kN/m）	对前趾力矩（kN·m/m）	ψ_2
沉箱、胸墙及填料自重	3 920.41	−35 721.57	1.0
主动土压力的竖向分力	280.39	−4 766.70	1.0
均布荷载	489.00	−4 327.65	0.3
均布荷载产生的土压力竖向分力	59.49	−1 011.28	0.3
装卸桥自重	439.28	−1 844.96	1.0
主动土压力的水平分力	789.13	6 250.10	1.0
均布荷载产生的土压力水平分力	188.44	2 112.28	0.3
剩余水压力	98.91	954.56	1.0

计算结构沉降时，考虑持久状况正常使用极限状态的准永久组合。作用效应组合为：

自重＋自重土压力＋剩余水压力＋ψ_2×堆货荷载＋ψ_2×堆货荷载土压力＋装卸桥自重。

其中，ψ_2 为准永久组合分项系数。由于是境外项目，根据英国标准 BS 6349—2 的规定，永久作用分项系数为 1.0；可变作用的准永久值系数可取 0.3。

3　结构沉降计算简述

码头地基的沉降计算与其他地基的沉降计算几乎是相同的，唯一不同的是，对于有后方陆域的码头结构,其地基沉降计算尚需考虑陆域回填材料对结构沉降的影响。目前沉降计算的主要方法有理论公式计算法、经验公式计算法、数值法等。

国内常用的理论公式沉降计算方法有分层总和法(e-p 曲线)、应力面积法(压缩模量 E_S)和考虑土层应力历史的计算方法(e-$\log p$ 曲线);国外则一般采用考虑土层应力历史的计算方法。

经验公式沉降计算法主要针对砂土地基,目前的沉降计算主要是根据地基的标准贯入试验(SPT)和静力触探(CPT)试验结果,利用经验公式进行计算。

无论采用何种公式计算沉降,都需要计算基底应力以及附加应力。

3.1 外荷载作用下基底应力计算

水运工程标准《重力式码头设计与施工规范(JTS 167—2—2009)》[1]中给出了重力式码头墙底面为矩形时的基床顶面应力标准值计算公式。

(1) 当 $\xi \geqslant B/3$ 时,

$$\sigma_{max} = V_k/B(1+6e/B) \tag{1}$$

$$\sigma_{min} = V_k/B(1-6e/B) \tag{2}$$

$$e = B/2 - \xi \tag{3}$$

$$\xi = (M_R - M_O)/V_k \tag{4}$$

(2) 当 $\xi < B/3$ 时,

$$\sigma_{max} = 2V_k/3\xi \tag{5}$$

$$\sigma_{min} = 0 \tag{6}$$

式中:σ_{max}、σ_{min} 分别为抛石基床顶面最大和最小应力标准值(kPa);V_k 为作用在基床顶面的竖向合力标准值(kN/m);B 为墙底宽度(m);e 为墙底面合力标准值作用点的偏心距(m);ξ 为合力作用点与墙前趾的距离(m);M_R 为竖向合力标准值对墙底面前趾的稳定力矩(kN·m/m);M_O 为倾覆力标准值对墙底面前趾的倾覆力矩(kN·m/m)。

规范中应力计算公式是以码头结构为研究对象,计算作用在码头结构上的外荷载引起的基底应力。其计算结果如表 2 所示。

表 2 沉箱基底应力计算结果

F_Y (kN/m)	M_R (kN·m/m)	M_0 (kN·m/m)	ξ (m)	e (m)	σ_{max} (kPa)	σ_{min} (kPa)
4 804.6	43 934.9	7 838.3	7.51	0.99	381.1	184.2

3.2 附加应力计算

码头长度 750 m,陆域纵深 500 m。对于码头结构而言(宽度 $b = 17$ m),可视为平面应变问题。

(1) 均布条形荷载作用时土中应力计算

$$\sigma_z = \frac{p}{\pi}\left[\arctan\frac{1-2n}{2m} + \arctan\frac{1+2n}{2m} - \frac{4m(4n^2-4m^2-1)}{(4n^2+4m^2-1)+16m^2}\right] = \alpha_u p \quad (7)$$

其中，α_u 为应力系数，是 $n=x/b$ 和 $m=z/b$ 的函数。坐标轴的原点是在均布荷载的中点处。x 为计算点到坐标原点的距离，z 为计算点到荷载作用面的深度。

(2) 三角形分布荷载作用时土中应力计算

$$\sigma_z = \frac{p}{\pi}\left[n\left(\arctan\frac{n}{m} - \arctan\frac{n-1}{m}\right) - \frac{m(n-1)}{(n-1)^2+m^2}\right] = \alpha_s p \quad (8)$$

其中，α_s 为应力系数，是 $n=x/b$ 和 $m=z/b$ 的函数。坐标轴的原点是在三角形荷载的零点处。x 和 z 的含义同上。

将 3.1 中计算的基底应力视为 $p=(\sigma_{min}-$应力历史$)=135.46$ kPa 的均布荷载和 $p=(\sigma_{max}-\sigma_{min})=196.93$ kPa 的三角形荷载，墙后回填砂及堆货荷载则视为 $p=201.72$ kPa 的均布荷载。

令 $A=\arctan[(1-2n)/2m]$，$C=\arctan[(1+2n)/2m]$，$D=4m(n^2-4m^2-1)/[(4n^2+4m^2-1)+16m^2]$，$E=\arctan(n/m)$，$F=\arctan[(n-1)/m]$，$G=m(n-1)/[(n-1)^2+m^2]$，则沉箱前后趾沿深度方向的附加应力分别如表 3 和表 4 所示。

表 3　前趾附加应力计算

均布荷载 $p=135.46$ kPa 作用下附加应力计算(此处 $b=17$)								
z	$m=z/b$	$n=x/b$	A	C	D	$(A+C-D)/\pi$	$\alpha_u^* p$
4	0.24	−0.5	1.34	0.00	−0.22	0.50	67.4
18.8	1.11	−0.5	0.74	0.00	−0.50	0.39	53.2
29.3	1.72	−0.5	0.53	0.00	−0.43	0.31	41.4
34.3	2.02	−0.5	0.46	0.00	−0.40	0.27	37.0
42.3	2.49	−0.5	0.38	0.00	−0.35	0.23	31.4

三角形荷载 $p=196.93$ kPa 作用下附加应力计算(此处 $b=17$)								
z	$m=z/b$	$n=x/b$	E	F	G	$[n\times(E-F)-G]/\pi$	$\alpha_s^* p$
4	0.24	1.00	1.34	0.00	0.00	0.43	83.98
18.8	1.11	1.00	0.74	0.00	0.00	0.23	46.08
29.3	1.72	1.00	0.53	0.00	0.00	0.17	32.96
34.3	2.02	1.00	0.46	0.00	0.00	0.15	28.84
42.3	2.49	1.00	0.38	0.00	0.00	0.12	23.95

均布荷载 $p=201.72$ kPa 作用下附加应力计算(此处 $b=500$)								
z	$m=z/b$	$n=x/b$	A	C	D	$(A+C-D)/\pi$	$\alpha_u^* p$
4	0.01	0.534	−1.34	1.56	0.22	0.00	0.5

(续表)

均布荷载 $p=201.72$ kPa 作用下附加应力计算(此处 $b=500$)

z	$m=z/b$	$n=x/b$	A	C	D	$(A+C-D)/\pi$	$\alpha_u^* p$
18.8	0.04	0.534	−0.74	1.53	0.46	0.11	21.7
29.3	0.06	0.534	−0.53	1.51	0.38	0.19	39.2
34.3	0.07	0.534	−0.46	1.50	0.33	0.23	45.8
42.3	0.08	0.534	−0.38	1.49	0.26	0.27	54.1

表4 后沿附加应力计算

均布荷载 $p=135.46$ kPa 作用下附加应力计算(此处 $b=17$)

z	$m=z/b$	$n=x/b$	A	C	D	$(A+C-D)/\pi$	$\alpha_u^* p$
4	0.24	0.5	0.00	1.34	−0.22	0.50	67.4
18.8	1.11	0.5	0.00	0.74	−0.50	0.39	53.2
29.3	1.72	0.5	0.00	0.53	−0.43	0.31	41.4
34.3	2.02	0.5	0.00	0.46	−0.40	0.27	37.0
42.3	2.49	0.5	0.00	0.38	−0.35	0.23	31.4

三角形荷载 $p=196.93$ kPa 作用下附加应力计算(此处 $b=17$)

z	$m=z/b$	$n=x/b$	E	F	G	$[n\times(E-F)-G]/\pi$	$\alpha_s^* p$
4	0.24	0.00	0.00	−1.34	−0.22	0.07	13.98
18.8	1.11	0.00	0.00	−0.74	−0.50	0.16	31.18
29.3	1.72	0.00	0.00	−0.53	−0.43	0.14	27.21
34.3	2.02	0.00	0.00	−0.46	−0.40	0.13	24.94
42.3	2.49	0.00	0.00	−0.38	−0.35	0.11	21.69

均布荷载 $p=201.72$ kPa 作用下附加应力计算(此处 $b=500$)

z	$m=z/b$	$n=x/b$	A	C	D	$(A+C-D)/\pi$	$\alpha_u^* p$
4	0.01	0.5	0.00	1.56	−0.01	0.50	100.9
18.8	0.04	0.5	0.00	1.53	−0.04	0.50	100.9
29.3	0.06	0.5	0.00	1.51	−0.06	0.50	100.8
34.3	0.07	0.5	0.00	1.50	−0.07	0.50	100.8
42.3	0.08	0.5	0.00	1.49	−0.08	0.50	100.8

将表3和表4的结果求和并汇总如下:

表5 附加应力结果汇总

z	前趾附加应力总和	后趾附加应力总和
4	151.9	182.2
18.8	120.9	185.2
29.3	113.6	169.4
34.3	111.6	162.8
42.3	109.4	153.9

由表5的结果可以看出,在陆域填料以及堆货荷载的作用下,不同计算深度下后趾的附加应力始终大于前趾附加应力。因此,在用公式计算沉箱沉降时,后趾沉降量应大于前趾沉降量。在此不进行详细计算。

4 沉降观测数据验证

目前该项目已完成部分沉箱的安装,部分区域墙后陆域回填至+2.0 m。从沉箱安装完成后开始观测沉箱四个角点的沉降及位移。观测点布置如图2所示。

沉箱沉降位移观测均为连续观测,沉箱内回填砂前后观测时间间隔为1～3天,沉箱内回填完成约15天后每周至少进行一次观测。从所有观测数据中选取连续观测至少5个月、墙后回填完成至少1个月的沉降数据。累计沉降量统计如表6所示。

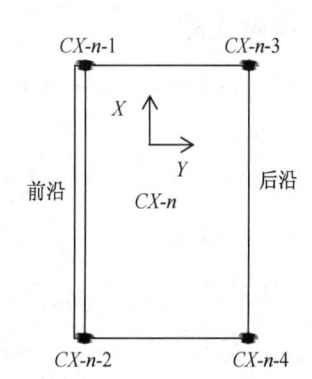

图2 沉箱观测点布置

表6 沉箱沉降观测值统计表

沉箱编号	角点1	角点2	角点3	角点4
CX08	48	79	60	84
CX09	94	82	110	106
CX10	81	89	104	115
CX11	77	97	132	142
CX12	93	100	182	192

尽管尚未达到使用期荷载,但从表6的结果可以看出,截至目前,沉箱的后沿(角点3和角点4)的沉降量均大于前趾(角点1和角点2)的沉降。而从表3和表4的结果分析可知,墙后回填砂及堆货荷载对沉箱后沿附加应力的影响远大于前趾。因此,在码头使用时期沉箱结构的横向不均匀沉降应是陆侧大于海侧。在荷载的共同作用下,沉箱结构将逐渐向陆侧倾斜,因此,该项目的抛石基床可以不考虑设置倒坡。

5 结论

规范中对重力式码头抛石基床的预留倒坡进行了概括性的规定。对于码头结构后方有陆域形成的情况,由于陆域回填及堆货荷载的影响,结构后沿的沉降量将大于结构前趾。因此可以不考虑设置预留倒坡。

从附加应力计算结果分析可知,墙后回填及堆货荷载对结构后沿的影响远大于前趾。对于无陆域的码头结构,在其他指向海侧的水平荷载作用下,前趾应力可能大于后沿应力,前趾的附加应力则将大于后沿。在此情况下,应考虑设置向陆侧倾斜的倒坡。对于陆域原泥面与交工标高接近或高于交工标高的情况,单纯的堆货荷载的影响较小,应通过计算分析,以确定是否设置预留倒坡。

参考文献

[1] JTS 167—2—2009,重力式码头设计与施工规范[S],北京：人民交通出版社,2009.

重力式码头前护底防螺旋桨冲刷计算方法

田会银[1,2]，朱　俊[1,2]

(1. 中国港湾西部非洲区域公司，科特迪瓦阿比让　06BP6687；
2. 中交第四航务工程勘察设计院有限公司，广东广州　510230)

摘　要：现行港工规范对于重力式码头前冲刷防护关于螺旋桨冲刷的规定与说明不够完善，早期国外工程设计也多建立在经验总结基础上。鉴于此，本文结合国外专业论述及规范，以实际工程作为算例，给出适合重力式码头前防冲刷计算方法，尤其是被国内项目忽视的螺旋桨射流冲刷的计算与防护。以此为国内项目提供参考与借鉴，为现行重力式码头前船舶防冲刷及护底设计提供理论支持与设计方法改良依据。

关键词：防冲刷；重力式；PIANC；船舶；螺旋桨

冲刷是指水流对地层的摩擦、撞击，使得土体在水流作用下从表层脱离，并被搬运到下游的过程。近海工程中波浪水流作用较为显著，近岸土层多为冲积、沉积土，细颗粒含量多，易产生冲刷迁移。海岸结构的基础受到长期冲刷、侵蚀，结构的稳定和安全将受到不良影响。

在重力式码头前的冲刷主要由水流、波浪及部分船只螺旋桨射流引起。主要破坏机制主要是码头前趾的被动土压力减小，冲刷引起的孔洞与沟槽导致码头前趾抗力与前墙后方主动土压力无法平衡，从而导致结构向海侧倾斜。在海岸工程重力式结构的防护中，通常采用块石、人工块体、软体排等护底方式，国内规范目前对抛石护底方面的规定与计算较为欠缺，国际上常参考的相关规范与报告资料有英国建筑工业研究与情报协会CIRIA 的编制的 Rock Manual、国际航运协会 PIANC 编制的 Guidelines for Protecting Berthing Structures from Scour Caused by Ships[1] 与 Guidelines for the Design of Armoured Slopes under Open Piled Quay Walls[2] 等。

目前国际规范对防冲刷整体研究各有侧重，结构设计时需综合考虑所有影响因素，根据以上提到的参考资料，防冲刷计算的主要内容有护底块石重量与护底宽度等，项目设计原则为依据波浪、水流、螺旋桨产生流速计算护底块石重量，三者取最大值，作为选择护底块石级配的取值依据。不同港口风浪流条件不同，靠泊船只类型多样，引起冲刷的主要因素也各不相同。本文参考的实际工程案例在正常工况下，螺旋桨射流对码头前冲刷影响较大，因此分析内容主要针对因螺旋桨射流产生的冲刷，并对护底进行设计计算。螺旋桨冲刷计算需要船舶基本信息，如船型、载重吨、排水量、受风面积等，本文结合实际工程与国外相关专业书籍与规范中的船型调查，给出重力式码头前船舶螺旋桨冲刷与护底设计计算方法。

1　螺旋桨冲刷

1.1　防冲护底宽度计算

根据国际航海协会的相关文献与规定，防冲护底宽度为：

$$b_{protection} = b_{quay} + 0.5 B_s + 0.5 S_{propellers} + 0.5 D_p + 5 \tag{1}$$

式中：b_{quay} 为船舷到码头前沿水平距离(m)，B_s 为船宽(m)，$S_{propellers}$ 为两个主螺旋桨轴线之间距离(m)；D_p 为螺旋桨直径(m)。

1.2 船舶参数计算

船舶和螺旋桨种类型号众多，根据英国伯明翰港口与德国汉堡港口调查收集整理的信息，主螺旋桨与侧推进器的功率、直径与船只最大型宽之间有以下关系：

$$P_{main} = 2\,800\,B_s - 60\,000 \tag{2}$$

$$D_{main} = 0.15\,B_s + 1.2 \tag{3}$$

$$P_{thruster} = 87.5\,B_s - 1\,350 \tag{4}$$

$$D_{thruster} = 0.05\,B_s + 0.5 \tag{5}$$

式中：P_{main} 为主推进系统功率(kW)；D_{main} 为主推进器直径(m)；$P_{thruster}$ 为侧推进器功率(kW)；$D_{thruster}$ 为侧推进器直径(m)；B_s 为船只最大型宽(m)。

1.3 码头前沿底流速计算

由于主螺旋桨冲刷主要为沿码头岸线方向，对码头前趾影响较小，对港池底影响较大。侧推进器一般位于船中轴线两侧，射流冲刷区域主要为码头前趾，但靠泊时使用功率较小，故而冲刷也相对较弱。Dutch Method 基于 Blaauw 等人的研究，给出以下公式：

$$V_{b,\max} = 1.0\,V_{0,thruster}\frac{D_{thruster}}{h_{thruster}} \quad 当\ L/h_{thruster} < 1.8 \tag{6}$$

$$V_{b,\max} = 2.8\,V_{0,thruster}\frac{D_{thruster}}{L+h_{thruster}} \quad 当\ L/h_{thruster} \geqslant 1.8 \tag{7}$$

$$V_{0,thruster} = 1.15\left(\frac{P_{thruster}}{\rho_w D^2_{thruster}}\right)0.33 \tag{8}$$

式中：L 为射流出水口到码头前墙距离(m)；$V_{0,thruster}$ 为侧推进器出流速度(m/s)；$h_{thruster}$ 为推进器中轴线与港池底距离(m)。

Van Manen 将主螺旋桨分成有导管螺旋桨与普通螺旋桨两种，其射流引起的港池底流速公式如下：

$$V_{b,\max} = 0.216\,V_{0,main}\frac{D_{main}}{h_{main}} \quad 普通螺旋桨射流 \tag{9}$$

$$V_{b,\max} = 2.8\,V_{0,main}\frac{D_{main}}{h_{main}} \quad 有导管螺旋桨射流 \tag{10}$$

$$V_{0,main} = C_3\left(\frac{f_p P_{main}}{\rho_w D^2_{main}}\right)0.33 \tag{11}$$

式中：$V_{0,main}$ 为主螺旋桨出流速度(m/s)；h_{main} 为螺旋桨中轴线到港池底距离，通常取港池底至船底距离与螺旋桨半径之和，并加上 0.5 m 富余值；C_3 为射流系数，有导管螺旋桨取值 1.17,普通螺旋桨取值 1.48;f_p 为靠泊时船舶使用功率百分比,一般为 5%～15%,这里取最不利值 15%。

1.4 防冲刷护底块石稳定重量计算

PIANC 里主要使用的两种计算方法 German Method 与 Dutch Method,前者公式主要由统计值拟合得到,四十多年来,Führer,Drewes,Romisch 等人研究总结出公式:

$$V_{crit} = B_{crit} \sqrt{D_{85} g \Delta} \tag{12}$$

式中,B_{crit} =0.9～1.25;根据对均质土与碎石混合土冲刷的物模实验,二者冲刷深度相同时,对应的碎石混合土特征值为 D_{85};Δ 为相对密度 = $\rho_r/(\rho_w - 1)$;g 为重力加速度(m^2/s)。

Dutch Method 由冲刷与块石重度平衡公式推导,Izbash 发现基床底流速与块石被冲刷迁移之间的联系,提出以下公式:

$$\Delta D_{50} = \frac{1}{B^2_{crit,Iz}} \frac{V^2_{b,max}}{2g} \tag{13}$$

$$M_{50} = \frac{4\pi}{3} \left(\frac{D_{50}}{2}\right)^3 \rho_r \tag{14}$$

式中:$B_{crit,Iz}$ =0.8[3];D_{50} 为块石中值粒径;M_{50} 为中值粒径对应块石质量。

1.5 防冲刷护底块石厚度计算

由于冲刷流速增大引起对基床的浮托力,可以用伯努利公式来表述,对公式进行简单变形并引入浮托系数,浮托力应小于块石重度,因此有公式:

$$C_L \frac{\rho_w V^2_{bottom}}{2} < (\rho_r - \rho_w)gD \tag{15}$$

$$D \geqslant \frac{C_L}{2\Delta g} V^2_{bottom} \tag{16}$$

式中:C_L 为浮托系数,对连续防护,取值为 0.5[Raes et al.,1996],D 为护底厚度(m)。

2 工程实例

科特迪瓦阿比让港口扩建项目,包括新建一座现代化集装箱码头(2 号集装箱码头),共 3 个泊位,长度分别为 375 m、375 m 和 500 m,结构设计水深为 −18 m,未来可停靠 15 万 DWT 集装箱船;新建 1 个汽车滚装泊位和 1 个通用泊位,汽车滚装泊位长 220 m,通用泊位长 250 m,可停靠 5 万 GT 汽车滚装船和 4.5 万 DWT 杂货船。

表 1 船舶螺旋桨冲刷与波浪水流冲刷计算结果

冲刷形式	功率 P (kW)	直径 D (m)	底流速 V_{bottom} (m/s)	中值粒径 D_{50} (m)	重量 M_{50} (kg)	护底最小厚度 D(m)
侧推进器	3 583	3.32	2.17	0.24	18.54	—

(续表)

冲刷形式	功率 P (kW)	直径 D (m)	底流速 V_{bottom} (m/s)	中值粒径 D_{50} (m)	重量 M_{50} (kg)	护底最小厚度 D (m)
主螺旋桨	97 920	9.66	2.31(1)	0.52	189.72	0.61
水流	—	—	0.5		0.003(2)	
波浪	—	—			0.005(2)	

本项目码头采用重力式沉箱结构,位于潟湖内侧有天然掩护,风浪条件优良,平均水位 1.0 m,港池水流速低于 0.5 m/s,百年一遇有效波高 $Hs=1.2$ m,$Tp=47.2$ s,$Lm=29.4$ m,设计船型数据为 165 000DWT,最大吃水深度 16 m,最大型宽 56.4 m,船长 398 m,水深 18.55 m。按照上述方法及参数计算结果如下所示:

(1) 有导管螺旋桨射流速度比普通螺旋桨射流速度大,这里取有导管螺旋桨计算结果。

(2) 水流和波浪冲刷所得块石重量根据 Rock Manual[3]中公式计算。

根据以上护底冲刷计算,护底块石重量与底流速相关,在该计算方法中底流速由船舶推进系统功率决定,所以在计算选择船型时需要注重推进系统功率的准确性,并需要考虑在靠泊时功率的折减。在风浪流较小时对码头前沿的冲刷量小,这种有较好掩护的情况更多见于内陆港工建筑,当无需拖轮牵引靠泊时,船舶自身螺旋桨对码头前沿会产生较大冲刷。对于海况较为恶劣的港口,大型船舶靠泊时往往需要拖轮牵引,波浪水流引起的码头前沿冲刷是重要考虑因素,因此在使用本方法时需要考虑船舶靠泊时是否由船身螺旋桨系统作为动力。

3 结语

国内港口的设计对船舶引起的冲刷考虑不足,其实结合船舶实际尺寸、功率、靠泊情况进行的计算显示,船舶引起的冲刷往往不亚于波浪与水流引起的冲刷,特别是在风浪流条件好,有掩护的大型港口海岸工程中,靠泊船型较大,螺旋桨功率大,相比较弱的波浪和港池水流冲刷,螺旋桨冲刷对码头前趾冲刷更为显著。本文计算部分参考了国际航运协会 2015 版《靠泊时船只冲刷对结构影响指导手册》[1],对该方向的研究计算方法做了整理,该方法通过对船型的调研总结出船型尺寸与船只功率、射流速度的关系,建立数学模型研究射流速度与底流速关系,结合受力平衡得到护底块石重量,对比以往经验公式,该方法理论依据充分、较为可靠,希望以此为国内港口工程设计施工提供借鉴。

参考文献

[1] PIANC. Guidelines for Protecting Berthing Structure from Scour Caused by Ships[Z]. 2015.
[2] PIANC. Guidelines for the Design of Armored Slopes under Open Piled Quay Walls[Z]. 1997.
[3] CIRIA, CUR, CETMEF. Rock Manual— The use of Rock in Hydraulic Engineering. C683 CIRIA[M]. 2nd edition. London: CIRIA, 2007.

中欧规范关于重力式码头地基承载力计算方法的对比

方 波[1,2],符 成[1,2]

(1. 中国港湾西部非洲区域公司,科特迪瓦阿比让 06BP6687;
2. 中交第四航务工程勘察设计院有限公司,广东广州 510230)

摘 要:针对欧洲规范体系和中国规范体系中重力式码头地基承载力计算方法不同的问题,通过对两套规范体系的设计方法和计算模型对比和分析,并结合某工程实例计算排水情况下的地基承载力,结果表明二者存在明显差异。欧洲规范通过荷载分项系数反映了荷载的不确定性;中国规范则在地基承载力计算时考虑竖向应力和地基承载力竖向应力的关系,计算结果介于欧标设计方法两种组合的结果之间。用欧洲规范英国国家附录进行设计时须验算两种组合方法,计算重力式码头地基承载力时还应注意计算面的选取。

关键词:港口工程;地基承载力;中欧规范;对比分析

1 研究现状

欧洲结构规范制定开始于 20 世纪 70 年代中期,随着时间的推移,欧洲规范已基本替代各成员国的国家标准,形成了统一的设计准则。我国在国际土木工程市场中占有一定份额,工程项目主要集中在非洲、东南亚及拉丁美洲等,而这些地区的国家也逐渐认可欧洲结构规范,在工程设计及施工中经常要求使用欧洲规范。因此,对欧洲结构规范的认识显得十分重要。

欧洲结构规范发布之后,国内外学者对规范内容开展了研究。而作为欧洲结构规范的基石,Eurocode 7 特别受到学者和工程师的关注。Orr T. L. L.[1]介绍了欧洲结构规范的基本情况,并着重介绍了 Eurocode 7 的设计思想及岩土工程与结构工程之间的协调关系;Frank R.[2]则较详细地从验证程序、岩土工程分类、特征值、派生值、极限状态验证、正常使用极限状态验证及基础允许位移等方面描述了 Eurocode 7 中主要的设计原则;王永强等[3]评述了欧洲规范的基本情况和进展,并介绍了极限状态、设计基准期、目标可靠度指标以及推算分项系数简化方法;陈立宏[4]简要描述了欧洲结构规范的特点和 Eurocode 7 中的 3 种计算方法。而针对特定结构形式的设计方面,国内外学者及工程师也进行了分析。Onisiphorou C.[5]以浅基础为例,进行岩土随机 $c-\varphi$ 值条件下 GEO 极限状态失效的可靠度分析;李元松等[6]以浅基础为例,对比分析了 Eurocode 7 中 3 种设计方法与中国规范设计方法结果的差异;王桂林等[7]对挡土墙进行抗倾抗滑验算,分析了中欧标准在计算过程中的不同之处;李元松等[8]运用中欧规范对桩基承载力进行验算。王桂林等[9]以挡土墙为例说明了欧洲规范中 3 种分项系数组合的取值选择。

由于欧洲结构规范未专门制定港口工程的行业规范,因此,针对港口工程方面的规范研究未见报道。当前的研究主要针对具有普遍性的浅基础、挡土墙等,港口工程中重力式码头可按一类特殊的挡土结构考虑,本文将以重力式码头的沉箱结构为例,研究中欧规范中的地基承载力验算的差异。

2 Eurocode 7 设计思想及计算方法

2.1 设计思想

极限状态设计是 Eurocode 7 的主要设计思想，这在 Eurocode 0 结构设计基础中表述得十分清晰。规范中要求明确区分承载力极限状态（ULS）和正常使用极限状态（SLS）。ULS 关注的是涉及安全方面的问题，包括人员安全问题及结构自身安全问题，而结构坍塌、失衡、过大的变形、结构改造后形成机构、结构稳定性等都必须作为 ULS 进行验算。SLS 则包含了结构的功能、人员舒适度及建筑工程的表观等问题，正常工作状态下由于变形、沉降、振动或局部破坏而使结构不能按照预定目的进行工作的情况都应按照 SLS 进行验算。

2.2 计算方法

欧洲规范中规定，使用不同的计算方法来验算 ULS 和 SLS。而传统的岩土工程设计通常对于 ULS 和 SLS 使用同样的破坏分析计算，只是使用大的全局安全系数来限制变形，从而满足 SLS 要求。对于正常使用极限状态，Eurocode 7 沿用了 Eurocode 0 的规定，即验算时，分项系数取 1.0。

检查结构和土层（STR 和 GEO）中出现破坏或过度变形的极限状态时，必须满足不等式 $E_d \leqslant R_d$，其中：E_d 为作用效应设计值，R_d 为抗力设计值。作用效应设计值及抗力设计值的计算表达式参见 Eurocode 7 的相关内容。

根据不同的设计状况，Eurocode 7 介绍了 3 种设计方法，分别采用不同的分项系数。这些分项系数分为 3 组，分别是作用或作用效应（A）、土体参数（M）和抗力（R）。分项系数须依据不同的设计方法选择不同的分项系数。

设计方法 1（DA1）根据计算情况的不同，分为"非桩与锚固结构"以及"桩与锚固结构"两种情况。本文仅考虑"非桩与锚固结构"的作用组合，其表达式分别为 A1＋M1＋R1（组合 1）和 A2＋M2＋R1（组合 2），式中各参数及符号的含义详见规范描述，参数的值则按照 Eurocode 7 附录 A.3 的表格选取。设计方法 2（DA2）仅有一组分项系数组合，其表达式为 A1＋M1＋R2。设计方法 3（DA3）的表达式为（A1 或 A2）＋M2＋R3，其中 A1 的系数适用于结构作用，A2 的系数适用于地质作用。欧洲各国可根据自身情况选择设计方法。本文选择英国国家附录所采用的设计方法 1 进行计算分析，详见 4.2.1。

2.3 地基承载力计算方法

对于地基土排水情况，Eurocode 7 的附录 D 给出了一种基于 Terzaghi 等式的计算地基承载力的分析方法，其表达式为：

$$R/A' = c'N_c b_c s_c i_c + q'N_q b_q s_q i_q + 0.5\gamma' B' N_\gamma b_\gamma s_\gamma i_\gamma \tag{1}$$

其中的承载力系数（N_q, N_c, N_γ）、基础倾斜系数（b_q, b_c, b_γ）、基础形状系数（s_q, s_c, s_γ）、水

平荷载倾斜系数(i_q,i_c,i_γ)等详见规范说明。

需要注意的是,在计算水平荷载倾斜系数时,公式中的参数 m 是一个与基础的尺寸有关的参数,若为条形基础,L' 近似认为是无穷大的,则 $m=[2+(B'/L')]/[1+(B'/L')]=2$。

3 中国规范地基承载力计算方法

《港口工程地基规范》(JTS 147-1-2010)(简称《规范》)考虑计算面的工作应力来计算地基承载力,并且按极限状态验算。

《规范》规定,地基承载力按极限状态设计表达式验算:

$$\gamma'_0 V_d \leqslant F_k/\gamma_R \tag{2}$$

式中 γ'_0 为重要性系数,对于二级建筑物取 1.0;γ_R 为抗力分项系数,综合考虑强度指标的可靠性、结构安全等级和地基土情况等因素,对于持久状况下取直剪固结快剪指标计算时,取 $2.0\sim3.0$。

地基承载力计算表达式为

$$V_d = \gamma_s V_k \tag{3}$$

式中:γ_s 为作用综合分项系数,取 1.0,V_k 为作用于计算面上竖向合力的标准值。地基承载力的竖向合力标准值按《规范》所述方法进行计算。计算图示见图1。在《规范》的计算模型中,计算宽度范围内分块考虑竖向应力和极限承载力竖向应力二者中的较小值,这一点是与 Eurocode 7 最大的不同。

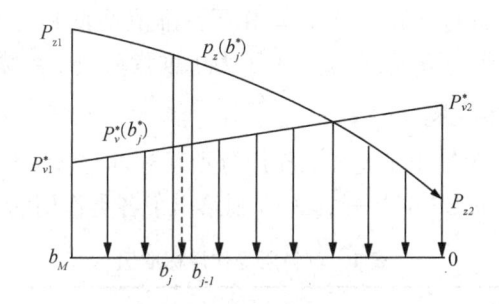

图 1 地基承载力的竖向合力计算示意图

4 工程实例

4.1 工程数据

某 150 000 吨级集装箱码头,采用沉箱结构形式。码头面顶高程+3.5 m,前期港池底标高-16.0 m。沉箱底宽 16.52 m(含前趾),纵向长度 18.89 m。码头断面见图2。

设计水位:大潮平均高水位 1.44 m,小潮中等高水位 1.23 m,小潮中等低水位 0.86 m,大潮平均低水位 0.65 m。由于该工程位于潟湖内,不考虑波浪作用。

地质资料:主要地质为黏土—砂质黏土、黏土混砂以及中粗砂。持力层为中粗砂,$c=0$,

$\varphi=31°$。

码头面荷载:码头前方70 m范围内均布荷载为30 kPa;70米范围外为堆场,均布荷载为60 kPa。集装箱装卸桥基距14 m,轨距30.48 m,工作状态下,前轨最大轮压1 100 kN,后轨最大轮压900 kN;非工作状态下,前轨最大轮压980 kN,后轨最大轮压1 210 kN。

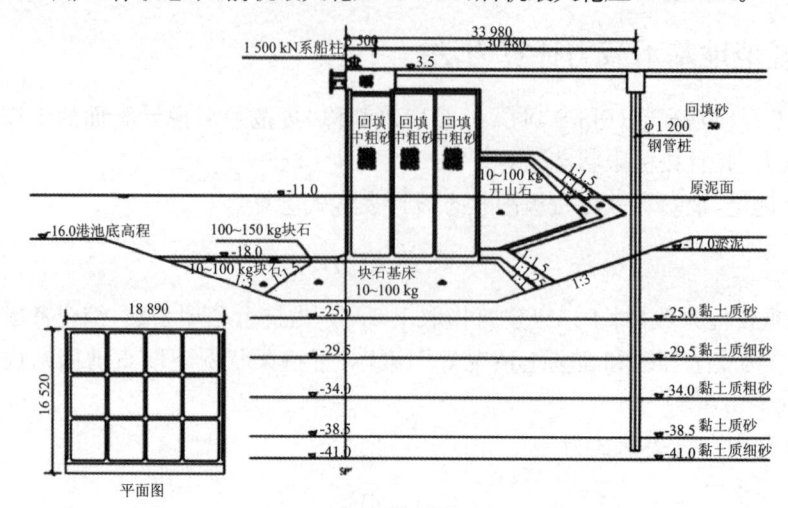

图2 集装箱码头断面图
(高程:m;尺寸:mm)

4.2 地基承载力计算

沉箱结构所受作用有自重、土压力、剩余水压力、均布荷载、门机荷载和系缆力,取大潮平均低水位(0.65 m)进行计算。经计算,作用标准值见表1。

考虑以下作用效应组合方式:自重+土压力+堆货荷载+系缆力+门机荷载。

4.2.1 Eurocode 7 计算结果

Eurocode 7的附录A给出了笼统的作用分项系数,即把作用仅划分为永久作用和可变作用两类。而英国规范BS 6349—2:2010则给出了各类作用的分项系数,详见表2、3。

表1 沉箱所受作用标准值

项目	合力(kN·m^{-1})
胸墙自重	370.50
胸墙后填料自重	414.83
沉箱及填料自重	3 307.30
主动土压力的竖向分力	134.29
沉箱范围内堆货荷载	472.00
堆货荷载产生的土压力竖向分力	28.31
门机荷载竖向力	917.00
主动土压力的水平分力	611.09

(续表)

项目	合力(kN·m⁻¹)
堆货荷载产生的土压力水平分力	152.37
系缆力水平分力	38.43
门机荷载水平力	96.00

表2 作用分项系数

作用	STR/GEO(A1) 有利情况	STR/GEO(A1) 不利情况	STR/GEO(A2) 有利情况	STR/GEO(A2) 不利情况
永久作用	1.35	1.00	1.00	1.00
堆货荷载	1.50	0	1.30	0
门机荷载	1.35	0	1.15	0
波浪力	1.40	0	1.30	0
系缆力	1.40	0	1.30	0

表3 土体参数分项系数

土体参数	符号	M1	M2
内摩擦角	$\gamma\phi'$	1.0	1.25
有效黏聚力	$\gamma c'$	1.0	1.25

分别考虑码头前方是否有均载的两种情况，对沉箱中心的作用效应组合值见表4。

表4 对沉箱中心的作用效应值

组合	均载	竖向合力 V(kN)	水平合力 H(kN)	合力矩 M(kN·m)
DA1-组合1	有	6 262	1 237	17 701
	无	5 554	1 237	17 984
DA1-组合2	有	5 761	984	14 511
	无	5 147	984	14 756

若直接将表4的作用效应值代入Eurocode 7的公式进行计算，则承载力的计算面为抛石基床顶面。为与《规范》进行对比分析，须将承载力计算面选在基床底面。通过计算沉箱前后趾应力以及应力扩散，将计算面下移至基床底面。结果见表5。

表5 Eurocode 7计算结果

符号	单位	DA1-组合1		DA1-组合2	
沉箱范围均载		有	无	有	无
B_e	m	25.52	25.52	25.52	25.52
σ'_{max}	kPa	546.90	526.79	481.75	461.37

(续表)

符号	单位	DA1-组合1		DA1-组合2	
σ'_{min}	kPa	49.50	49.50	68.72	49.50
e'	m	3.55	3.52	3.19	3.43
V_k'	kN/m	7 610	7 353	7 024	6 519
H_k'	kN/m	1 237	1 237	984	984
$\gamma_{砂}$	kN/m³	9.50	9.50	9.50	9.50
C'	kPa	0.0	0	0	0
φ'	°	31.0	31.0	24.8	24.8
$B1'$	m	18.43	18.47	19.14	18.66
A'	m	18.43	18.47	19.14	18.66
$q'_{边载}$	kPa	33.25	33.25	33.25	33.25
Nq		20.631	20.631	10.440	10.440
Nc		32.671	32.671	20.431	20.431
$N\gamma$		23.591	23.591	8.724	8.724
$bc*sc$		1	1	1	1
$bq*sq$		1	1	1	1
$b\gamma*s\gamma$		1	1	1	1
m_B		2	2	2	2
ic		0.686	0.676	0.712	0.691
iq		0.701	0.692	0.739	0.721
$i\gamma$		0.587	0.575	0.636	0.612
R/A'	kPa	1 694	1 666	761	724
R	kN	31 209	30 779	14 563	13 504
$FOS=R/V_k'$		4.101	4.186	2.073	2.072

对于重力式码头承载力计算，设计方法 DA1 的安全系数 FOS 最小限值为 1。经计算，安全系数最小值为 2.072>1，满足规范要求。

4.2.2 "地基规范"计算结果

将表 1 外荷载值代入《规范》公式计算，计算结果见表 6。

表 6 "地基规范"计算结果

基床底面竖向合力设计值计算		
沉箱范围均载	无	有
前趾 σ' (kPa)	322.388	425.796

(续表)

基床底面竖向合力设计值计算		
沉箱范围均载	无	有
后趾 σ' (kPa)	99.480	104.897
Be (m)	25.520	25.520
Vd' (kN/m)	5 234.908	6 623.508
地基承载力计算		
码头前方均载	无	有
Vk' (kN/m)	5 234.908	6 623.508
Hk' (kN/m)	1 246.785	1 246.785
$Zmax$ (m)	13.132	15.815
Nc	16.912	20.596
Nq	11.572	13.959
Nr	7.211	10.057
Fk' (kN/m)	21 434.725	27 623.439
γR	4.095	4.171
$\gamma R\min$	3.000	3.000
备注	满足	满足

表 5 和表 6 的结果均以抛石基床底面为计算面进行计算得到的。表 6 所应用的外荷载为标准值,为便于对比,考虑一个近似等效的荷载分项系数 1.4,则其安全系数分别为 4.095/1.4＝2.925 和 4.171/1.4＝2.979。将对比结果汇总于表 7。

表 7 Eurocode 7 与《规范》安全系数对比

码头前方均载	组合 1	组合 2	《规范》
有	4.101	2.073	2.979
无	4.186	2.072	2.925

5 结论

(1) 尽管欧标"DA1-组合 1"的考虑了外荷载分项系数,但《规范》在承载力计算面上分块考虑了竖向应力和极限承载力竖向应力中的较小值,《规范》的安全系数结果更加保守。而欧标"DA1-组合 2"中同时考虑了较小的荷载分项系数和土体参数折减系数,其计算的安全系数比《规范》的计算值更小。《规范》计算的承载力安全系数介于"组合 1"和"组合 2"之间。

(2) Eurocode 7 采用极限状态设计思想,在计算过程中考虑作用或作用效应或土体参数的分项系数,是在计算过程中进行控制;而《港口工程地基规范》虽然采用极限状态验算，但是计算过程中作用或作用效应未考虑分项系数，计算结果仍然以全局安全系数表示，是对结果进行控制。二者的计算方法存在差异。

（3）Eurocode 7 旨在建立一种统一的计算方法，以适应所有结构形式。《港口工程地基规范》则有较强的针对性，适用于港口工程。二者适用范围不同。

鉴于上述的不同之处以及实例设计过程中遇到的问题，以下 4 点建议可供设计人员参考：

（1）欧洲标准的英国国家附录推荐采用设计方法 1 进行结构设计，设计人员选用欧标或英标设计时必须验算组合 1 和组合 2 两种方法。对于不同的工程项目，有可能出现组合 1 计算结果更小的情况。

（2）对基床块石参数的选取应慎重。中国规范规定在计算时可取基床块石的 φ 值为 45°，而国外咨工在校核时通常建议采用的 φ 值为 40°。这是因为中国规范一般要求对抛石基床进行夯实，而国外规范未见抛石基床夯实要求。本例抛石基床下方地基土为无黏性土，因此对地基土的 φ 值较为敏感。计算时应对各土体参数认真分析，合理选取。本例中考虑基床经夯实处理，可取块石的 φ 值为 45°。

（3）若直接套用欧标 Eurocode 7 计算地基承载力时，其计算面为沉箱底面（即抛石基床顶面），块石基床作为换填的地基土考虑，应将其 φ 值与下方土层加权平均后参与计算。但由于欧标"DA1-组合 2"考虑了土层分布的不均匀性，对土体参数进行了折减，使用组合 2 计算地基承载力时安全系数可能不满足要求。如本例中直接套用组合 2 计算的最小安全系数为 0.961，不满足最小安全系数 1 的要求。不过在实际施工过程中，抛石基床的原料开采以及抛填、夯实等工序均能较好地进行控制。若直接套用组合 2，考虑土体参数折减进行计算，则过于保守。在设计成果报批的过程应与咨工做好沟通工作。

（4）Eurocode 7 和《港口工程地基规范》中地基承载力计算公式实际上都是基于太沙基公式的变形，均包含 3 个主要因素：基础的平面几何尺寸、地基土参数以及边载。若基础平面尺寸不宜增大时，可以考虑增加基础（结构）埋深以提高边载，一方面，这对提高地基承载力有较大帮助，另一方面也可以满足码头结构防冲刷的要求。

参考文献

[1] Orr T L L. Harmonization of geotechnical with structural design codes in Europe [C]//ACECC Workshop on Harmonization of Design Codes in the Asian Region. Tokyo：ACECC，2006：1-6.

[2] Frank R. Basic Principles of Eurocode 7 on 'Geotechnical Design' [C]// Ancona：18th EYGEC，2007：1-15.

[3] 王永强，王勇. 欧洲规范的现状与未来发展[J]. 公路工程，2007，32(5)：167-170+184.

[4] 陈立宏. 欧洲岩土工程设计规范 Eurocode7 简介[J]. 岩土工程学报，2009，31 (1)：135-138.

[5] ONISIPHOROU C. Reliability analysis of bearing capacity for shallow foundations based on Eurocode 7[J]. ISGSR 2011 - Vogt, Schuppener, Straub & Bräu (eds), Bundesanstalt für Wasserbau, 2011：463-469.

[6] 李元松，余顺新，邓涛. EN1997-1 设计方法与国内规范设计方法对比[J]. 岩土力学，2012，33

(S2):105-110.

[7] 王桂林,黄德信,戴俊巍. 中欧重力式挡土墙设计的对比研究[J]. 西部探矿工程,2011,23(6):23-25.

[8] 李元松,夏进,余顺新,等. 中欧规范关于基桩承载力确定方法的比较[J]. 武汉工程大学学报,2012,34(02):44-49.

[9] 王桂林,王靖,王韵斌,等. Eurocode7直接法中极限状态三种分项系数组合的选择[J]. 建筑结构,2011,41(3):84-87.